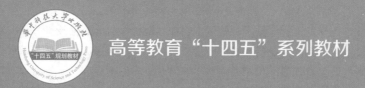

高等教育"十四五"系列教材

IT职业素养

（第2版）

主　编　曹琳琳　李喜文　李海波
副主编　彭　军　李　敏　邓　奕

电子课件

华中科技大学出版社
http://www.hustp.com
中国·武汉

内 容 简 介

IT职业素养是针对计算机科学与技术、软件工程和数据科学与大数据技术等相关专业学生开设的课程，随着IT产业规模不断扩大，专业门类日益齐全，技术水平显著提高，这就要求IT行业从业人员不仅要有相应的岗位技能，还要具备与岗位相关的基本素养和职业道德，以及了解行业法律法规。本书通过一些实际案例让学生可以更好地了解相关行业的趋势，提高IT从业人员的基本素养和能力，使其具备一个IT行业从业人员从事相关职业的基本素养。

为了方便教学，本书还配有电子课件等教学资源包，任课教师可以发邮件至hustpeiit@163.com索取。

图书在版编目(CIP)数据

IT职业素养/曹琳琳,李喜文,李海波主编.—2版.—武汉：华中科技大学出版社,2022.8(2022.11重印)
ISBN 978-7-5680-8633-2

Ⅰ.①I… Ⅱ.①曹…②李…③李… Ⅲ.①IT产业-职业道德-高等学校-教材 Ⅳ.①F49

中国版本图书馆CIP数据核字(2022)第143980号

IT职业素养(第2版) 曹琳琳 李喜文 李海波 主编
IT Zhiye Suyang(Di-er Ban)

策划编辑：康　序
责任编辑：李曜男
封面设计：孢　子
责任监印：朱　玢

出版发行：华中科技大学出版社（中国·武汉）　　电话：（027）81321913
　　　　　武汉市东湖新技术开发区华工科技园　　邮编：430223
录　　排：武汉创易图文工作室
印　　刷：武汉市首壹印务有限公司
开　　本：787 mm×1092 mm　1/16
印　　张：15.75
字　　数：393千字
版　　次：2022年11月第2版第2次印刷
定　　价：45.00元

本书若有印装质量问题，请向出版社营销中心调换
全国免费服务热线：400-6679-118　竭诚为您服务
版权所有　侵权必究

前言

PREFACE

IT职业素养是针对计算机科学与技术、软件工程和数据科学与大数据技术等相关专业学生开设的课程。随着IT产业规模不断扩大,专业门类日益齐全,对学生的从业技术水平要求更加严格,这就要求IT从业人员不仅要有相应的岗位技能,还要具备与岗位相关的基本素养和职业道德,以及了解行业趋势和相关的法律法规,这些基本素养对于一个IT行业从业人员来说是从事相关职业的基础和基本素质。

在计算机相关专业中,专业技能能够从专业学习中获取,工作经验可以从实践中得到,但并不是有良好的专业技能和丰富的工作经验就能够处理好工作中遇到的问题,好的工作习惯和优秀的职业素养也在工作中起着重要的作用。如果一个IT从业者缺乏良好的习惯,缺乏对工作岗位中职业素养要求的了解,就很难在工作中有优异的表现,因此,即将成为IT从业者的相关专业的大学生必须重视职业素养的学习。

当今很多学生不能够很好地就业或者不能满足企业对于IT从业人员的相关要求,一方面是因为所掌握的IT行业专业知识或者专业能力的准备不足;另一方面是因为对IT行业的了解不够和综合素质的欠缺,如行业趋势、职业技能、职业道德、职业素养、人际沟通和团队合作、能否融入企业当中的能力等。为了能够更好地做好从事IT行业工作的准备,学生需要在学校学习期间就对自己的职业生涯进行规划。

本书以IT行业和行业内的职业岗位设置为基础,以IT行业需要具备的基本素质和素养为内容,分为8章进行阐述。

第1章介绍了学生刚刚进入大学应注意的事项,通过实例分析了学生面临的困境、大学生所处的角色和地位,以及大学生活的规划,让学生了解什么是大学。

第 2 章、第 3 章主要针对 IT 行业和 IT 岗位进行了分析,主要对 IT 行业的现状和趋势进行了分析,对学生就业的趋势进行了阐述,对岗位需求进行了深入分析,帮助学生对 IT 岗位有一定的基本认识。

第 4 章主要介绍了职业道德相关内容,阐述了职业道德的基本概念,以及 IT 行业从业人员需要具备的职业道德。

第 5 章介绍了从事行业需要具备的职业能力。从业人员在工作中不仅要具备职业道德,而且要具备职业能力,比如创新能力、思维能力和管理能力等。

第 6 章、第 7 章介绍了职业生涯和职场规则,介绍了如何对自己的职业生涯进行规划和从事 IT 行业需要遵守的行业规则。

第 8 章介绍了求职的准备,介绍了求职材料准备、求职礼仪、求职心理准备、面试技巧等内容,并进行了面试案例分析。

本书由哈尔滨远东理工学院曹琳琳,黑龙江省民政职业技术学校李喜文,江苏城市职业学院李海波担任主编;由江西应用科技学院彭军,南宁学院李敏,武汉纺织大学邓奕担任副主编。

为了方便教学,本书还配有电子课件等教学资源包,任课教师可以发邮件至 hustpeiit@163.com 索取。

本书既可作为高等学校计算机专业本科、专科学生的教学用书,又可作为 IT 行业从业人员的业务参考书。

由于时间仓促,加之编者水平有限,书中错误之处在所难免,还望读者批评指正。

编　者
2022 年 5 月

目录

CONTENTS

第1章 进入大学 /001

1.1 从学生时代开始规划 /003
1.2 什么是大学 /006
    1.2.1 大学的发展历史 /006
    1.2.2 大学应当具有的理念 /008
    1.2.3 大学的角色和地位 /009
    1.2.4 大学生生活现状 /010
1.3 大学生活的规划 /011
    1.3.1 行为规划 /011
    1.3.2 行为准则 /012
    1.3.3 学习方法 /014
1.4 大学生如何预防上当受骗 /016
    1.4.1 上当受骗的几种情况 /016
    1.4.2 大学生防范上当受骗的原则 /019

第2章 IT行业 /023

2.1 IT和IT行业 /025
    2.1.1 IT和IT行业的概念 /025
    2.1.2 IT行业概况 /027
    2.1.3 IT行业发展趋势 /030
2.2 IT职位分类 /032
    2.2.1 软件类职位 /032
    2.2.2 嵌入式软件开发类 /034
    2.2.3 移动应用软件开发类/无线应用件开发类 /035
    2.2.4 IT应用类职位 /036
    2.2.5 硬件类职位 /037
    2.2.6 大数据开发类 /038
2.3 IT专业人才状况调查 /038
    2.3.1 高校毕业生就业调查 /038
    2.3.2 从业经历及工作职责分布 /039
    2.3.3 行业薪资情况 /039
2.4 IT就业前景分析 /040

第3章 IT岗位分析 /042

3.1 IT主要岗位类别 /045
    3.1.1 研究开发类 /045
    3.1.2 测试集成类 /046
    3.1.3 维护支持类 /046
    3.1.4 运营管理类 /047
    3.1.5 大数据开发 /048
3.2 IT岗位能力要求 /049
    3.2.1 研究开发类岗位能力要求 /049
    3.2.2 测试集成类岗位能力要求 /050
    3.2.3 维护支持类岗位能力要求 /051
    3.2.4 运营管理类岗位能力要求 /052
    3.2.5 大数据开发岗位能力要求 /053
3.3 IT职业技能证书 /054
    3.3.1 计算机软件水平考试 /054
    3.3.2 研究开发类职业技能证书 /060
    3.3.3 测试集成类职业技能证书 /061
    3.3.4 维护支持类职业技能证书 /063
    3.3.5 网络安全领域的相关资格认证 /067
    3.3.6 大数据领域的相关证书 /069
3.4 IT职业发展 /070
    3.4.1 职业发展规划 /070
    3.4.2 职业发展路线 /071

第4章 职业道德 /073

4.1 职业素质 /075
    4.1.1 职业素质的概念 /075
    4.1.2 职业素质的基本内容及特征 /076
    4.1.3 职业道德 /078
4.2 工作效率 /083
    4.2.1 明确目标 /083
    4.2.2 提示方式 /086
    4.2.3 工作方法 /087

4.3 时间管理 /088
- 4.3.1 时间管理简介 /088
- 4.3.2 工具的使用 /091
- 4.3.3 目标与时间 /092
- 4.3.4 时间管理技巧 /094

4.4 法律法规 /098
- 4.4.1 法律观念 /098
- 4.4.2 网络安全 /099
- 4.4.3 IT 职业道德 /100

第 5 章 职业能力 /103

5.1 创新能力 /105
- 5.1.1 创新的种类 /106
- 5.1.2 知识与创新 /115
- 5.1.3 创新的途径 /117
- 5.1.4 创新能力的培养 /119

5.2 思维能力 /122
- 5.2.1 逻辑思维的概念 /122
- 5.2.2 逻辑思维的意义 /123
- 5.2.3 逻辑思维的培养 /124

5.3 管理能力 /127
- 5.3.1 项目管理的含义 /127
- 5.3.2 项目规划 /129
- 5.3.3 项目管理能力培养 /132

第 6 章 职业生涯 /136

6.1 设计职业生涯 /138
- 6.1.1 计算机从业人员的共性 /138
- 6.1.2 基本素质 /139

6.2 职业发展 /141
- 6.2.1 职业发展的概念 /141
- 6.2.2 员工职业发展规划 /142
- 6.2.3 IT 职业发展 /143

6.3 职业规划 /144
- 6.3.1 了解 IT 职业生涯规划 /145
- 6.3.2 职业规划发展路径 /148
- 6.3.3 职业规划设计 /150

第 7 章 职场规则 /154

7.1 什么是职场规则 /156

7.2 职场新人应该具备的素质 /164
- 7.2.1 职场新人会出现哪些不成熟 /164
- 7.2.2 职场新人成长的要点 /165
- 7.2.3 初入职场的原则 /165

7.3 与客户沟通的方法 /167
- 7.3.1 沟通的基础 /168
- 7.3.2 与客户沟通的技巧 /169

7.4 与同事和领导沟通的方法 /170
- 7.4.1 与同事协作完成工作 /170
- 7.4.2 处理与同事之间的矛盾 /172
- 7.4.3 与领导沟通 /173
- 7.4.4 处理上下级之间的矛盾 /175

7.5 什么是团队 /176
- 7.5.1 团队的概念 /177
- 7.5.2 开发和管理团队 /180
- 7.5.3 IT 团队 /182
- 7.5.4 企业文化 /184

第 8 章 求职的准备 /188

8.1 求职材料准备 /190
- 8.1.1 简历 /190
- 8.1.2 求职前的准备 /192

8.2 求职礼仪 /194
- 8.2.1 仪容礼仪 /194
- 8.2.2 举止礼仪 /194
- 8.2.3 语言礼仪 /195
- 8.2.4 时间礼仪 /196

8.3 求职心理准备 /196
- 8.3.1 合理的自我定位 /196
- 8.3.2 自我肯定的意识 /199
- 8.3.3 正确的职业观念 /199
- 8.3.4 职业能力的提升 /200

8.4 面试技巧 /201

8.5 面试案例分析 /202

附录 /204

- 附录 A 相关的法律法规 /205
- 附录 B 中华人民共和国高等教育法（2018 修正）/222
- 附录 C 求职简历模板 /230
- 附录 D MBTI 职业性格测试题 /234

参考文献 /246

第1章 进入大学

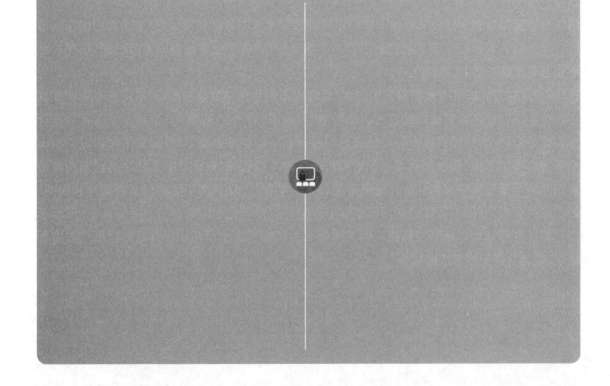

导读资料

张旭豪白手起家的创业故事

我们总是遥望大洋彼岸，疑惑为什么那里可以出现扎克伯格和乔布斯这样的人。本质上，他们都受到了某种个人英雄主义的感召，相信人要独立创造，并且改变这个世界。

2008年，还在上海交通大学机械与动力工程学院读硕士一年级的张旭豪也认为，只要自己做的东西被市场认可，个体就是有价值的。一天晚上，他和室友一边打游戏一边聊天，突然感到饿了，打电话到餐馆叫外卖，要么打不通，要么不送。创业就这样从不起眼的送外卖服务开始了。张旭豪和康嘉等同学一起，将交大闵行校区附近的餐馆信息搜罗齐备，印成一本"饿了么"的外送广告小册子在校园分发，然后在宿舍接听订餐电话。接到订单后，他们先到餐馆取快餐，再送给顾客。这个模式完全依靠体力维持业务运转，没有太大的扩张余地，唯一的好处是现金流充沛：餐费由他们代收，餐馆一周结一次款。

只有互联网能够大规模复制并且边际成本递减。2008年9月，"饿了么"团队开始研发订餐网络平台，张旭豪先通过校园BBS招来软件学院的同学入伙。用了半年左右，他们开发出首个订餐网络平台。在网址注册上，他们使用"饿了么"的汉语拼音(eleme)，网站订餐可按需实现个性化功能，比如顾客输入所在地址，平台便自动测算周边饭店的地理信息及外送范围，并给出饭店列表和可选菜单。

网络订餐系统初运营时，已有30家加盟店支持，日订单量达500~600单。可那段时间，张旭豪和康嘉却因为过于劳碌而"后院起火"，先是窃贼光顾宿舍将电脑等财物掠而空，接着，一位送餐员工在送外卖途中出了车祸，随后，又有配送外卖的电动车被偷……重重压力下，张旭豪不得不撤销热线电话和代店外送，让顾客与店家在网上自动下单和接单。

不停参赛给网站造势，"饿了么"引来风投青睐。为了给网站造势，张旭豪不停地参加各种创业大赛，以扩充创业本金。2009年10月，"饿了么"网站在上海慈善和觉群大学生创业基金联合主办的创业大赛中，获得最高额度资助10万元全额贴息贷款。2009年12月，网站在欧莱雅大学生创业大赛上，获得10万元冠军奖金……通过创业竞赛，团队总共赢得了45万元创业奖金，获得资金的"饿了么"网站如鱼得水。到2009年底，订餐平台已有50家餐厅进驻，日均订餐交易额突破万元。

为了网站的发展，张旭豪招来了网站技术总监汪渊，汪渊专门编写了一个小软件，在校内BBS上给每个会员用户群发站内消息，其中规模最大的一次发了六万条。"饿了么"网站因此访问量大增。

靠线上和线下广告吸引学生订餐容易，但吸引更多饭店加盟绝非易事。多数店家保持半信半疑的态度：我在你们网站开个页面，放几份菜单，你凭什么就要抽8%？对此，张旭豪的策略是"谈，不停地谈"。他们每天出门"扫街"时一天要"扫"100多家饭店，最难谈的饭店，谈了40多个回合才拿下。

2010年5月，网站2.0版本成功上线。"饿了么"不仅攻下华东师大，而且将附近紫竹科学园区也纳入自己的"势力范围"，顾客群从大学生拓展到企业白领。仅隔一个月，"饿了么"就推出了超时赔付体系和行业新标准。2010年9月，"饿了么"全上海版上线，合作餐厅超过千家，单月最高交易额达到百万元。

2010年11月，手机网页订餐平台上线，订餐业务不仅覆盖全上海，目标还直指杭州、北京等大城市。2011年3月，"饿了么"注册会员已超过两万人，日均订单3000份。这个战绩，很快引起了美国硅谷一家顶级投资公司的高度关注，接洽数次后，"饿了么"成功融得风险投资100万美元。

> 2015年1月,"饿了么"宣布获得新一轮3.5亿融资,在短短两年内,"饿了么"就获得了四笔融资,本轮投资方包括中信产业基金、红杉资本、大众点评,以及腾讯和京东。2015年8月"饿了么"获得6.3亿美元融资,由中信产业基金、华联股份领投,创下了全球外面平台单笔融资金额最高纪录。
>
> 2018年4月2日,张旭豪担任"饿了么"董事长。2018年4月,阿里巴巴以95亿美元收购"饿了么",创始人张旭豪不再担任CEO,数月后,张旭豪先后卸任"饿了么"多个相关公司的股东和高管。
>
> 张旭豪在接受媒体采访时说出了自己创业的一点感悟:互联网创业时,产品才是最重要的,互联网创始人一定要花很多心思在自己的产品上。

1.1 从学生时代开始规划

大学是很多人向往的地方,从小学开始我们就或多或少听说过大学这个词,到了高中我们更加想进入大学学习。大学到底是什么样的呢?

很多大学生在上学期间都曾憧憬过,有朝一日自己能够坐在宽敞明亮的办公室中,与来自不同地方的高级客户进行沟通或谈判,承担组织发展的重大任务,成为组织中重要的一员。但是,尽管每个人都有这样美好的憧憬,真正能够做到的却寥寥可数,因为现实生活中会有很多困难,这些困难将阻碍我们走上成功的道路。

我们满怀期待地上了大学,终于不再需要像高中一样,每个星期上着同样的课,坐着同样的位置,面对堆积如山的作业。我们有了更多的空闲时间,可以花更多的时间投身于自己热爱的事,结交更多朋友,学到更多知识。但是在大学里,你会明显发现两个不同的现象。一部分同学每天起早贪黑背书学习,巴不得住在图书馆里,用知识武装自己,完美利用大学四年不断进步。但是大学生在学习方面存在的问题主要是学习没有计划性,学习环节上不够完整,大部分学生的学习仍然处于传统与被动的状态之中,没能真正掌握主动学习的能力。还有一些同学,对学习没有那么认真,每天游戏、娱乐,仿佛只有吃喝玩乐才能弥补他们高中时的遗憾。期末临近时,他们总会担忧挂科,但并不会为了学习而付出。

在大学生活中我们会看到这样的情景,白天上课是去补觉的,课还没上到一半就睡着了,毕竟学生那么多,老师只有一个,而且大学更讲究自主,老师更多的只是引导。回到宿舍,学生就像回到自己的天堂,吃零食、看小说、打游戏、视频通话,反正不折腾到手机没电是不会睡觉的。没有一个大学生在入学之初就这样打算:每天晚上都玩游戏或看小说到深夜;每天旷课半天以上;不打算学习,上课就睡觉;每个期末都做好补考的准备;毕业后就回家待着。几乎所有的学生在入学和每个学期开始的时候都下定决心戒掉所有不良习惯,认真听课,取得良好的成绩,希望有一个好的开始,可是到了学期末进行总结的时候,他们发现一个学期白白浪费了,这已经成为一些大学中普遍存在的现象。

随着各大高校的不断扩招,大学生的数目逐年增多,随之而来的是大学生的就业形势问题。当前,大学生就业形势严峻,大部分大学生能够找到适合自己的岗位,但是有些大学生在就业上还存在问题,主要的原因是在主观上不能很好地评价自己,不能认清自己存在的不足和问题,就业观念不明确,不能够很好认清当前就业形势和所处的位置,不能很好地转变职业观念，最后导致不能很好地就业。

为什么会存在这样的问题呢？因为这些大学生缺乏学习指导和职业素养培训。如果能提前进行规划，我们不仅能对我们的大学生活乃至以后的职业生涯提出完整的规划，也能对我们的人生提前进行规划。以计算机专业的学生为例，一些基础性课程被大量删减和压缩，专业课程铺天盖地，很多课程对学生来说枯燥乏味。而且20岁左右的年轻人对周围环境充满了好奇心，在学习的过程中经常将注意力转移到一些新鲜事物上，自然就无法把精力集中于学习上。而高校的教师大部分只负责讲课，对学生的心态了解较少，再加上大学生独立性强，使得彼此之间的交流和沟通更加困难，造成学生职业道德教育的缺乏，直接导致学生在就业和职业生涯发展上的被动局面。

大学四年是我们人生发展过程中的一个重要阶段，也是职业规划的关键时期，在这个阶段很容易迷失自我。许多大学新生在经历过刚进入大学的喜悦和兴奋后，大学初期的迷茫也立马出现了。

马云的创业经历

1982年，18岁的马云第一次高考失败后辍学谋生，先后当过秘书，做过搬运工，后来给杂志社蹬三轮送书。一次偶然的机会马云在帮浙江舞蹈家协会主席抄文件的时候接触到路遥的代表作《人生》，这本书迅速改变了马云的想法，他从书中领悟到：人生的道路虽然漫长，但关键处却往往只有几步。马云遂下定决心，参加二次高考。1983年，19岁的马云第二次高考依然失利，总分离录取线差140分，但受"排球女将"永不言败的精神激励，准备参加第三次高考，因为家人反对只得白天上班，晚上念夜校，但决心永不放弃。

1984年，20岁的马云第三次高考艰难过关。他的成绩离本科录取分数线还差5分，后因马云同专业招生不满，马云被调配到外语本科专业，总算跌跌撞撞的进入杭州师范学院学习。

1988年，24岁的马云大学毕业后进入杭州电子科技大学当英语老师。1988年—1995年，他在杭州电子科技大学任教期间业余时间在杭州一家夜校兼职教英语，同时帮助别人从事英语翻译。1995年，他辞去大学教师工作。1994年，30岁的马云开始创业，创立了杭州第一家专业翻译社——海博翻译社。1995年，31岁的马云受浙江省交通厅委托到美国催讨一笔债务。虽然没有成功追回债务，马云却发现了一个"宝库"——在西雅图，对计算机一窍不通的马云第一次上了互联网。刚刚学会上网，他竟然就想到了为他的翻译社在网上做广告，上午10点他把广告发送上网，中午12点前他就收到了6封E-mail，分别来自美国、德国和日本，邮件中说这是他们看到的有关中国的第一个网页。马云当时就意识到互联网是一座金矿，开始设想回国建立一个公司，专门做互联网。马云最初的想法是把国内的企业资料收集起来放到网上向全世界发布，他立即决定与西雅图的朋友合作。一个全球首创的B2B电子商务模式，就这样产生了，并起名中国黄页(chinapage.com)。回国当晚，马云约了24个做外贸的朋友(也是他在夜校名义上的学生)，给他们介绍这个想法，结果23人反对，只有一个人说可以试试。马云想了一个晚上，第二天早上还是决定干，哪怕24人都反对，他也要干。"其实最大的决心并不是我对互联网有很大的信心，而是我觉得做一件事，经历就是成功，你去闯一闯，不行你可以调头，但是如果你不做，就像你晚上想想千条路，早上起来走原路，一样的道理"。马云提起当初，赞赏的是自己的勇气而不是眼光。

1995年4月,31岁的马云投入7000元,又联合妹妹、妹夫、父母等亲戚凑了两万元,创建了"海博网络","海博网络"从此成为中国最早的互联网公司之一,其产品就是"中国黄页"。1996年,32岁的马云艰难的推广自己的中国黄页,在很多没有互联网的城市,马云被认为是骗子,但马云仍然像疯子一样不屈不挠,他天天都这样提醒自己:互联网是影响人类未来生活30年的3000米长跑,你必须跑得像兔子一样快,又要像乌龟一样耐跑。出门跟人侃互联网,说服客户,业务就这样艰难地开展了起来。1996年中国黄页的营业额不可思议地做到了700万!也就是这一年,互联网逐渐在中国普及了。1996年3月,因为杭州电信的竞争,最后马云不得已和杭州电信合作,马云的中国黄页资产折合成人民币为60万元,占30%股份,杭州电信投入140万元,占70%股份。后来因经营观念不同,马云和杭州电信分道扬镳,放弃了自己的中国黄页,并将自己拥有的21%的中国黄页股份,全数送给了一起创业的员工。这年是1997年,这是马云创业生涯第一次的失败,这年马云33岁。1997年,马云离开中国黄页后,受当时外经贸部的邀请,加盟了外经贸部新成立的公司,中国国际电子商务中心(EDI),负责组建、管理,占30%股份,参与开发了外经贸部的官方站点以及后来的网上中国商品交易市场。在这个过程中,马云的B2B思路渐渐成熟——用电子商务为中小企业服务。连网站的域名他都想好了:阿里巴巴。他认为互联网像一个无穷的宝藏,等待人们前去发掘,就像阿里巴巴用咒语打开的那个山洞。

　　1999年,35岁的马云受够了在政府企业做事条条框框的束缚、磕绊与畏首畏尾,不甘心受制于人的马云推辞了新浪和雅虎的邀请,决心南归杭州创业,团队成员全部放弃其他机会决心跟随。这是马云遭逢的人生的第二次创业失败。1999年1月15日,马云和他的团队悄然南归。1999年2月,在杭州湖畔家园马云的家中召开第一次全体会议,18位创业成员或坐或站,神情肃穆地围绕着慷慨激昂的马云,马云快速而激动地发表激情洋溢的演讲。在这次会议上,马云和伙伴共筹集了50万元资金,并按照惯例进行了全程录像,马云坚信这将有极大的历史价值。在这次会议上,马云说:"我们要办的是一家电子商务公司,我们的目标有三个:第一,我们要建立一家生存102年的公司;第二,我们要建立一家为中国中小企业服务的电子商务公司;第三,我们要建立世界上最大的电子商务公司,要进入全球网站排名前十位。"从这天开始,马云开始铁下心来做电子商务。尽管只有50万创业资金,但马云首先花了1万美元从一个加拿大人手里购买了阿里巴巴的域名,并细心注册了alimama.com和alibaba.com。他们没有租写字楼,就在马云家里办公,最多的时候一个房间里坐着35个人。他们每天工作16~18个小时,日夜不停地设计网页,讨论网页和构思,困了就席地而卧。马云不断地鼓动员工:发令枪一响,你可不能有时间去看对手是怎么跑的,你只有一路狂奔。他还告诫员工:最大的失败是放弃,最大的敌人是自己,最大的对手是时间。阿拉巴巴就这样孕育、诞生在马云家中。1999年3月,阿里巴巴正式被推出,直至逐渐为媒体、风险投资者关注,并在拒绝了38家不符合自己要求的投资商之后分别于1999年8月接受了以高盛基金为主的500万美元投资,于2000年第一季度接受了软银的2000万美元的投资,成为全球最大网上贸易市场、全球电子商务第一品牌,并逐步发展壮大为阿里巴巴集团,成就了阿里巴巴帝国。2003年5月,马云建立个人网上贸易市场平台淘宝网,2004年10月,马云成立支付宝公司。2007年12月,马云推出更新版阿里巴巴日本网站。2008年4月11日,阿里巴巴战略级产品"旺铺(winport)"正式开放体验,该产品是企业级电子商务基础平台,将帮助中小企业迈开网上生意第一步。2010年12月,马云成功收购已经破产了的汇通快递。使阿里巴巴进入物流行业。2011年5月26日,支付宝经中国人民银行批准,获得第三方支付牌照,成为首批通过的27家企业之一。2013年1

月10日,阿里巴巴宣布了一项重大的结构调整计划:整个阿里巴巴集团除支付宝、阿里金融、阿里云等业务外,被拆分为25个事业部。新的阿里巴巴集团已经没有"淘宝事业部",而是根据淘宝上的各个重点领域将其拆分为物流事业部、商家业务事业部、航旅事业部等众多小部门。2022年2月17日,阿里巴巴全资收购的餐饮、零售、美业saas平台客如云将会独立运营,同时阿里巴巴持股份额将有所缩减。

从1995年接触网络到1999年阿里巴巴问世,马云用了5年的时间,经历了两次失败才获得了第一阶段的成功。从马云的第一阶段创业经历中我们可以看出马云性格中的几大优点:①不甘落后、永不放弃,三次高考,二次失败只是更加激励马云坚持不懈,必须成功的信念;②反应敏锐、思路清晰,善于发现和把握网络发展规律,从中国黄页到阿里巴巴到淘宝到支付宝都验证了这一点;③胆大心细、一往无前,先是作为杭州十佳教师辞职下海,然后离开与杭州电信合作的中国黄页,离开和外经贸部合作的中国国际电子商务中心(EDI),不仅大胆、一往无前、不留退路,而且心细,虽然离开,其实心中已经酝酿了一盘更大的棋局;④激情四射、魅力服人,马云先后离开与杭州电信和外经贸部合作的公司,手下员工都愿意放弃更好条件甘愿吃苦受累追随马云重新创业,当年创业的18个人至今仍然追随马云发展,更能通过个人魅力和激情吸引某国际风险投资公司的亚洲代表蔡崇信放弃工作追随,六分钟搞定软银孙正义投入2000千万美元的风投;⑤相信自己,理智分析,马云对自己有超级的自信,在阿里巴巴创业的第一次会议上马云就预告了未来,要求全程摄影,以此作为历史见证,很多人说马云狂妄,但马云说过自己创立海博网络的时候靠的是勇气而非眼光。阿里巴巴创立的成功首先是马云选对了时间抢占了先机,选对了行业,使互联网在国内迅速发展起来;其次马云拥有了充足的资金来进行发展,再次马云最初在北京推广失败的时候,跟随他的团队没有一个人离开,这与良好的团队精神是分不开的;最后,阿里巴巴有着明确的大目标,大理想。马云从一开始创业就定义了要做80年的企业,一直坚持不转型,执着地从事电子商务领域,做到拥有自己的核心竞争力,独立专业化的队伍,这是很重要的。

大学时代是人一种重要的阶段,是一个人世界观、人生观和价值观从成熟到发展的重要时期,大学阶段所养成的生活方式和习惯将影响人的一生。在大学期间所学习到的知识和学习知识的能力也将会影响人的一生。当代大学生不仅要注重提升自己的学习能力,还要注重职业素养培养,重视职业生涯规划,培养自己良好职业道德,找到适合自己的岗位,才能使自己不被社会淘汰。

1.2 什么是大学

1.2.1 大学的发展历史

近现代大学起源于12、13世纪的欧洲中世纪大学。古埃及、古印度、古代中国等都是高等教育的发源地,古希腊、古罗马、拜占庭及阿拉伯国家都建立了较完善和发达的高等教育体制,虽然许多教育史学家把上述地方的高等学府称为大学,但严格来说,它们不是真正意义上的大学。

1088年，意大利建立了第一所正规大学——博洛尼亚大学，如图1-1所示，它是欧洲最著名的罗马法研究中心（其也被称为"母大学"，是一所学生大学）。随后，欧洲各地相继出现了多所大学。巴黎大学是由巴黎圣母院的附属学校演变而来的。1200年法国国王承认巴黎大学的学者具有合法的牧师资格，有司法豁免权。

图1-1　博洛尼亚大学

现代大学开始于19世纪初，是指启蒙运动以后、经过理性主义改造的大学，特别是指以德国洪堡创办的柏林大学为代表的新型大学。一般认为，1809年德国柏林大学的创立标志着现代意义上的大学的诞生。现代大学与中世纪大学的根本区别在于大学职能的转变。中世纪大学是传授已有知识的场所，将研究和发现知识排斥在大学之外，而现代大学则将科学研究作为自己的主要职能，将扩展人类的知识和培养科学工作者作为自己的主要任务，推崇学术自由和教学与研究的统一。柏林大学精神推动了德国的科学事业的发展与繁荣，使19世纪初到20世纪初的德国成了世界科学的中心。这个思想对世界高等教育也产生了深远影响，为近代大学的形成奠定了基础。

中国大学的起源是北洋大学堂，如图1-2所示。当年中国在甲午海战中惨败日本后，变法之声顿起，天津中西学堂改办为北洋大学堂，标志着中国近代第一所大学诞生。1898年戊戌变法后，京师大学堂成立，这是中国近代的第一所公立大学和综合性大学。图1-3所示为我国第一张大学毕业证。

图1-2　北洋大学堂

图 1-3 我国第一张大学毕业证

1.2.2 大学应当具有的理念

我国现代大学源于西方,现代西方大学又是从欧洲中世纪大学、英国大学、德国大学到美国大学这样逐渐演化过来的。欧洲中世纪大学的产生与当时的宗教有着密切的联系,它的理念是追求一种超国界的精神世界,以教化人的心灵为目的。英国大学的理念主要是以培养有教养的绅士为目的。19世纪中叶的英国教育家纽曼认为,大学的目的在于"传授学问"而不是"发展知识",大学是一个"教学机构",学问传授的目的在于培养绅士,主要培养人的价值观。在英国发展大学教育的同时,德国也开始发展大学教育,以德国著名学者洪堡等人为代表的学者认为,大学不仅应传授知识,即培养人的价值观,重要的是还应"发展知识",也就是说教师的首要任务是自由地从事"创造性的学问"。德国大学的这种理念,比英国大学的理念更具有先进性。到 20 世纪 30 年代,通过美国大学的先驱者弗莱克斯纳的努力,英国和德国大学的传统在美国得到了发扬,而美国大学的理念发展成了"为人才培养、科学研究和社会服务"。美国著名教育家弗莱克斯纳说:"我一向主张大学与现实世界保持接触,同时继续保持不承担责任,工业界已经发展了利用纯科学研究的方式,因此它不需要大学的实用性,如果社会科学要作为科学来发展,它们就必须脱离商业行为、政治行为以及这样那样的改革。"

我国在 2018 年 12 月 29 日对《中华人民共和国高等教育法》进行了第二次修订,指出高等教育必须贯彻国家的教育方针,为社会主义现代化建设服务、为人民服务,与生产劳动和社会实践相结合,使受教育者成为德、智、体、美等方面全面发展的社会主义建设者和接班人。高等教育的任务是培养具有社会责任感、创新精神和实践能力的高级专门人才,发展科学技术文化,促进社会主义现代化建设。接受高等学历教育的学生,由所在高等学校或者经批准承担研究生教育任务的科学研究机构根据其修业年限、学业成绩等,按照国家有关规定,发给相应的学历证书或者其他学业证书。接受非学历高等教育的学生,由所在高等学校或者其他高等教育机构发给相应的结业证书。结业证书应当载明修业年限和学业内容。

设立高等学校,应当具备教育法规定的基本条件。大学或者独立设置的学院还应当具有较强的教学、科学研究力量,较高的教学、科学研究水平和相应规模,能够实施本科及本科以上教育。大学还必须设有三个以上国家规定的学科门类为主要学科。设立高等学校的具体标准由国务院制定。设立其他高等教育机构的具体标准,由国务院授权的有关部门或者省、自治区、直辖市人民政府根据国务院规定的原则制定。设立高等学校,应当根据其层次、类型、所设学科类别、规模、教学和科学研究水平,使用相应的名称。

由《中华人民共和国高等教育法》可以看出,高等学校是在基础教育的基础上实施进一步教育的机构,除了教育之外,还具有进行科学研究、技术开发、文化创作以及社会服务等功能。

◆ 1.2.3 大学的角色和地位

角色一直是戏剧舞台中的用语,是指演员在舞台上按照剧本的规定扮演的某个特定人物,美国社会学家米德和人类学家林顿则较早把"角色"这个概念正式引入社会心理学的研究,角色理论也就成为社会心理学理论的一个组成部分。角色定义包含三种社会心理学要素:角色是一套社会行为模式;角色是由人的社会地位和身份所决定的,而非自定的;角色是符合社会期望的(如社会规范、责任、义务等)。因此,对于任何一种角色行为,只要符合上述三点特征,都可以被认为角色。角色即为"一定 社会身份所要求的一般行为方式及其内在的态度和价值观基础"。角色是指人在组织中所扮演的位置,而地位是指人为将组织划分为不同的阶层团体,组织中的地位就是指组织中的人处在组织的哪个团体中。组织中的人都分别处于属于自己角色和地位上,作为组织中的一员,了解组织的角色和地位有助于人更好地融入组织。

人具有自然属性和社会属性,由自然人向社会人的转化是其社会化的过程。

在这个过程中,每一个人都承担着各种各样的社会角色。大学生作为社会的一分子也不例外,大学生社会角色的成功扮演是其顺利完成社会化的前提和保障,大学生社会化的目的和结果是其人生价值的实现,能否扮演好社会角色,直接关系到其人生价值能否实现。尤其是大学生是否能够及时调整自己,适应社会要求,是能否走向社会的关键。

在家庭里,我们承担着典型的代际更替功能,寄托着家庭对于优化社会分层的迫切需要。立足于家庭生活层面,我们应与父母建立直接对话交际沟通最佳模式,父母不是我们的保姆,更不是我们的代言人,平等与自由的家庭角色沟通,才是营造良好大学生社会角色沟通的关键。大学生作为家庭的一员,其社会角色的扮演与家庭幸福也有着紧密的联系。在父辈面前,尽孝道赡养老人;在同辈面前,互相照顾互相扶持;成家后,大学生的社会角色多了伴侣甚至父母。那么大学生之前社会角色的成功扮演,则有利于在较短时间内定位、学习和领悟新的社会角色,避免新旧社会角色之间的差距所带来的困惑和烦恼。大学生对自身社会角色的成功扮演,有利于家庭成员的和睦,便于节省时间和精力去学习和发展事业,进而促进人生价值的实现。

在学校里,在校大学生大都是成年人,是享有充分权利的公民,但他们又是没有经济来源的人,是经济上不能独立的公民。这是我们的国情所决定的。任何社会角色都是社会地位的外部表现,社会地位是社会角色的内部依据。大学生在社会角色扮演过程中,应当正确定位,正确定位有利于大学生清楚所处的社会地位、明确社会角色,有利于增强在社会角色扮演过程中行为的目的性。大学生应明确其基本角色是"学生",主要表现为"德、才、能"的定位。"德"的定位,就是具有高尚的道德品质、完善的人格修养。"才"的定位,就是不断自主学习和创新学习,学习先进科学知识,培养创新精神,提高综合素质。美国未来学家托夫勒曾指出:"在知识经济时代,决定一个国家和民族发展潜力的最重要的因素就是人才。"大学生是国家建设的后备力量,是这种"人才"的主力军。"能"的定位,就是大学生在课余时间进行社会实践活动,在活动中积累工作经验,锻炼交际能力。在社会实践方面,我们要意识到知识学习与能力培养并行的重要性。

大学生是即将进入社会的主力后备队伍。大学教育应发挥知识改变命运、教育提升阶层的示范效应,进而优化中国人口的教育及知识结构,并形成中国经济长期持续发展的活力。因此,大学生是和谐社会建设具有较高社会预期值的潜在力量。而我们的大学生普遍与社会分离,缺乏必要的社会关注度。作为当代大学生,我们应为社会创造物质财富和精神财富,肩负起自己的历史使命。

树立学习信心,克服畏难情绪,充分发挥自己的主观能动性,相互竞争与合作,与老师成为朋友,与同学成为"战友"让大学生有良好的社会行为习惯,承担大学生社会角色的第一步。大学生应清楚认识自己的角色和地位,有意识地提高自主能力,避免行为的盲目性,梳理合理的志向,培养恰当的兴趣和爱好,做一个成功的大学生。

◆ 1.2.4 大学生生活现状

随着大学的扩招,大学生不再是一个充满光环的字眼。大学文凭仅仅能证明我们顺利通过了大学里所有课程理论知识的考核,并不能说明我们在大学期间对所学专业的各类知识的具体掌握情况。随着社会进步和科技进步,很多职位的要求比以前更加具体和复杂,各个用人单位对人才的考核越来越严格。很多职位需要从业人员掌握更多计算机相关的知识,要求专业的计算机从业人员掌握更丰富的专业知识,这就要求计算机专业的学生在大学学习期间,不仅能够掌握课程的理论知识,而且能够具备独立思考和创新的意识。

什么是大学生活?大学生活应该是在学习上,掌握扎实的理论,使知识得到扩展;在工作上,使个人能力得到充分的发挥和锻炼;在生活上,有健康向上的兴趣爱好,有规划地生活,有良好的生活习惯;在思想上,有正确的思想道德价值取向,有明确的奋斗目标。在大学里,我们要学习的是人类智慧的结晶,汇集了现代最前沿的科学知识。校园的各类社团活动则为我们提供了展现自我的最佳舞台,让我们能提前体验职场中的各种职业角色,从中我们可以找出在将来的就业岗位做好自己工作的有效方法,了解作为职业人应具备的素质。这样我们的大学生活就会过得非常充实。

我们可以按下面的方式度过我们的大学生活。

(1)认真完成学校安排的理论课程的学习,在课外时间多学习一些与专业相关的知识,充实自己的专业课知识。

(2)不要总"宅"在寝室,多出去参加学校组织的社团活动、讲座或者创新创业活动,这样就可以培养我们的人际交往能力等综合能力。

(3)增加户外活动和体育锻炼的时间,可以参加学校组织的一些体育项目,养成良好的作息习惯,早睡早起,不熬夜。

(4)我们要对自己的生活有所规划,特别是要找到适合自己的学习生活方式,对自己严格要求,主动与人交流,向别人学习。

(5)在学习的同时,我们还要有针对性地考取各种资格证书,如大学英语四六级、计算机等级考试、普通话考试等都是一些比较实用的证书,还要考取一些与自己专业有关的证书。

1.3 大学生活的规划

神像和木鱼

有位雕刻大师在森林中漫步,找到了一块上等的木头。大师将木头拿回家之后,决定将木头雕刻成一尊神像。他花了许多时间,花费了大量的心血,终于雕刻出自己心目中满意的神像。大师完工以后,看了看一旁剩下的木料,捡起一块较大的,顺手将它做成了一个木鱼。

安置在庙里的神像,日日受到信徒的顶礼膜拜,享受着香火和供奉,身份地位荣尊备至。而那个木鱼则被放在神桌前,随着和尚早课、晚课的诵经声,不断被敲打着。

一天夜里,木鱼问神像道:"我们来自同一块木头,你可以享受供奉,而我却每天要被人打,难过死了。为什么我们的命运会相差这么大呢?"神像说:"当初你不肯接受刀斧加身,而我受到的雕琢之苦,不是语言可以形容的。因此,今天你我所受到的待遇,当然会有天壤之别了。"

为什么相同的木头受到了不同的待遇呢?他们的差别就在于"神像"木头非常明确自己想要的,所以忍受着在身上一刀刀的痛,努力地塑造自己,最终成了人人敬仰的神像;"木鱼"木头并不明确自己想要的是什么,随遇而安,最终只能成为无人关注的木鱼。

其实,人与人之间的际遇也如同这个"神像和木鱼"的寓言,也许同是儿时的伙伴、同在一所学校念书、同在一家单位工作,经过若干年后,你会发现这些伙伴、同学和同事都变了,有人变成了"神像"木头,有人变成了"木鱼"木头。能实现自己的理想和目标的人,非常明确自己将来想要什么样的生活、要怎么样生活在世界上、未来要成为一个什么样的人、自己最想得到的是什么。如果一个人不明确自己最想要的是什么,那么他的未来也不够明确,他也不能对未来做出很好的规划。所以规划是对未来的谋划和计划,有了目标和计划,才能实现自己的理想和目标,努力也才更有针对性和方向性。

◆ 1.3.1 行为规划

在大学生活中,对每个学期、每个学年的目标和任务进行规划,可以让你的行动更有针对性,能带来更高的效率。一般来说,我们可以从以下三个方面来进行大学的行为规划。

1. 对自己的专业知识和技能认真进行规划

大学里的学习内容非常丰富,而且在教师的精心设计和安排中能实现循序渐进的知识累积和由浅入深的技能训练。面对这么多的基础课程、选修课程和专业课程,我们有必要对其进行一次分类。对于自己将来感兴趣的专业方向和要用到的知识需要有意识地进行储备。当然,既然选择了这个专业,大部分人还是沿着这个专业的方向来发展的,所以专业课程以及配套的基础前导性的课程都是需要认真学习和掌握的。

另外,我们还需要拓展自己的知识面,在深入掌握本专业知识的基础上,储备一些应用面更广的知识,例如金融理财方面的知识、生活常识技巧方面的知识等,这些都是在以后的生活中肯定可以用到的。我们还可以选修一些与自己专业相关的课程,将自己的视野拓展开去,使自己的就业面更加宽泛,适应能力更强。同时,我们还要积极规划自己的资格和技能证书的考试,很多证书的取得对于今后自己离开校园踏入社会,是非常有益的岗前培训和能力证明。准备出国留学的同学,则要关注相关考试资讯,尽可能多渠道搜集各种资料。

2. 对自己的社会活动和社会关系积极进行规划

我们要有意识地培养自己的社交能力,积极参与学校和学生事务。如果有义工活动和公益活动的招募,我们在条件许可的情况下也要积极参与,通过积极参与,完善自己的社交手段、丰富自己的社会性格,让自己先适应学校这个小社会,毕业后再去适应大社会。在各方面条件许可的情况下,我们不妨规划进入学生会或者其他社团组织,借此机会锻炼自己的社会活动能力和事务处理能力,为今后进入社会,接触和处理更复杂的社会交往和社会关系做足功课。同时,在大学的高年级阶段,我们也可以尝试走出校门,提前接触社会,通过实习和社会实践来了解社会,同时丰富自己的人生阅历,汲取更多的社会经验。

3. 对自己的职业生涯提前进行规划

虽然刚进入大学,似乎进行职业生涯规划的时间还太早,但是要知道职业一般都对应着一些相关的专业,专业的人才才能做好对应的职业。进入大学时,大多数人对于专业的了解还只限于宣传材料上的了解,最多也就是从亲朋好友和同学学长口中得到的间接感受。进入某个特定的专业后,开始了一段时间的学习,我们就会慢慢对本专业有所了解,这个时候可以逐步培养自己对于本专业的兴趣,身体力行看看自己是否适合这个专业的发展。如果实在觉得不是以前所想,还是有机会可以换专业的。

通过对自己职业生涯的初步规划,经过逐步的调整,我们最终在大二、大三时应该可以选准自己的专业方向。为了实现自己的职业规划,我们可以多接触社会,多走访公司和申请本行业的实习机会,多利用假期对自己心目中的职业进行实践。我们可以在学校里可以主动加深专业课程的学习,多向师兄师姐打听求职信息、面试技巧和职场需求情况,请教写求职信、个人简历的经验。我们可以编写好个人求职材料,同时参加和观摩一些招聘活动,多上求职网站和论坛看一看,领会市场对于人才的需求动向。

◆ 1.3.2 行为准则

《高等学校学生行为准则》

《高等学校学生行为准则》是为了全面贯彻党的教育方针,加强高等学校学生思想政治教育工作,引导学生坚定理想信念,形成良好的道德品质,养成文明行为习惯制定的,具体阐述了学生的权利与义务。

一、志存高远，坚定信念。努力学习马克思列宁主义、毛泽东思想、邓小平理论和"三个代表"重要思想，面向世界，了解国情，确立在中国共产党领导下走社会主义道路、实现中华民族伟大复兴的共同理想和坚定信念，努力成为有理想、有道德、有文化、有纪律的社会主义新人。

二、热爱祖国，服务人民。弘扬民族精神，维护国家利益和民族团结。不参与违反四项基本原则、影响国家统一和社会稳定的活动。培养同人民群众的深厚感情，正确处理国家、集体和个人三者利益关系，增强社会责任感，甘愿为祖国为人民奉献。

三、勤奋学习，自强不息。追求真理，崇尚科学；刻苦钻研，严谨求实；积极实践，勇于创新；珍惜时间，学业有成。

四、遵纪守法，弘扬正气。遵守宪法、法律法规，遵守校纪校规；正确行使权利，依法履行义务；敬廉崇洁，公道正派；敢于并善于同各种违法违纪行为作斗争。

五、诚实守信，严于律己。履约践诺，知行统一；遵从学术规范，恪守学术道德，不作弊，不剽窃；自尊自爱，自省自律；文明使用互联网；自觉抵制黄、赌、毒等不良诱惑。

六、明礼修身，团结友爱。弘扬传统美德，遵守社会公德，男女交往文明；关心集体，爱护公物，热心公益；尊敬师长，友爱同学，团结合作；仪表整洁，待人礼貌；豁达宽容，积极向上。

七、勤俭节约，艰苦奋斗。热爱劳动，珍惜他人和社会劳动成果；生活俭朴，杜绝浪费；不追求超越自身和家庭实际的物质享受。

八、强健体魄，热爱生活。积极参加文体活动，提高身体素质，保持心理健康；磨砺意志，不怕挫折，提高适应能力；增强安全意识，防止意外事故；关爱自然，爱护环境，珍惜资源。

《高等学校学生行为准则》是提高大学生思想素质和养成良好道德品质的重要途径，行为准则中要求高等学校的大学生、研究生应当有坚定正确的政治方向，热爱社会主义祖国，拥护共产党领导和社会主义制度，努力学习马克思列宁主义等思想。行为准则中还指出：大学生应当自觉地遵守宪法、法律，严格遵守校纪校规，增强法制观念，有良好的品德。大学生要努力为人民服务，为实现具有中国特色的社会主义现代化而献身；当代大学生应当勤奋学习，努力掌握现代科学文化知识。立志成为有理想、有道德、有文化、有纪律的社会主义现代化建设事业的合格人才。

学生在校期间依法享有下列权利：

①参加学校教育教学计划安排的各项活动，使用学校提供的教育教学资源；

②参加社会服务，勤工助学，在校内组织、参加学生团体及文娱体育等活动；

③申请奖学金、助学金及助学贷款；

④在思想品德、学业成绩等方面获得公正评价，完成学校规定学业后获得相应的学历证书、学位证书；

⑤对学校给予的处分或者处理有异议，向学校、教育行政部门提出申诉；对学校、教职员工侵犯其人身权、财产权等合法权益，提出申诉或者依法提起诉讼；

⑥法律、法规规定的其他权利。

学生在校期间依法履行下列义务：

①遵守宪法、法律、法规；

②遵守学校管理制度；

③努力学习，完成规定学业；

④按规定缴纳学费及有关费用,履行获得贷学金及助学金的相应义务;
⑤遵守学生行为规范,尊敬师长,养成良好的思想品德和行为习惯;
⑥法律、法规规定的其他义务。

大学生不仅要遵守《高等学校学生行为准则》,还要在日常的学习和生活中制订良好的行为规划,在制订行为规划之后,就要严格地去执行这个计划,向着目标前进。行为准则就是实施这个计划的强大保证。在大学短短几年的学习生活中,大学生应养成良好的学习生活习惯,这是做好一切事情的前提。良好的学习生活习惯有利于我们的顺利成长,能对我们的学习起到事半功倍的效果,能使我们的生活舒心,身心健康。想要养成良好的学习生活习惯就应该做到以下几个方面的内容。

在学习方面,提高学习兴趣,掌握学习规律,讲究学习策略和方法,提高学习效率,学会科学地安排学习时间,发挥学习的最佳效果。在具体学习内容安排上,应分清主次,认真掌握基础的、带规律性的、应用价值较大的专业知识,兼顾其他方面的知识;在学习方法上注意具体和抽象相结合、实践和理论相结合;制订自学、复习计划,做到循序渐进,有条有理。要重视课堂笔记的作用。听讲当然要认真,但是好的笔记会加深你的理解和记忆,还可以锻炼你的理解和提炼要点的水平,到了考试阶段还可以供回顾和复习使用,一举多得。

在生活方面,要保证合理的营养供应,养成良好的饮食习惯。身体健康是一切社会活动的根本。要进行适当的体育锻炼和文娱活动,让自己不但在身体素质上健康优秀,而且在心态上有朝气和闯劲。注意劳逸结合,保证有充沛的精力和良好的状态,全身心地投到学习中去。

在时间方面,要善于管理和计划,不把时间花在没有意义的事情上。大学的生活是短暂且丰富的,要充分利用好宝贵的时间,不要浪费珍贵的青春年华,尤其是不能养成沉溺于计算机网络游戏等不良习惯,要保证自己有着合理的作息时间。在不影响学习的情况下,应当积极地参加校内组织或团体。选择参加一两个社团组织,参与一些对专业要求不高的社会实践,如家教、促销员等,如有某项专业技能,也可尝试去公司做兼职。但是学业是最重要的,参加活动和社会实践投入的精力和时间不能过多,否则会影响学业。

1.3.3 学习方法

警枕的故事

司马光是我国北宋时期著名的政治家和文史学家,《资治通鉴》一书是他主持编写的。司马光小时候聪明好学,他常常担心自己的记忆力和学问不如别人,所以在学习时,总比别人花更多的工夫。当他的伙伴们读一会儿书就跑出去玩时,司马光总要把自己关在书房里,把文章背熟了才放下书本。

长大以后,司马光仍然坚持着这种勤恳用功的做法。他曾经用圆木做了一个枕头,并把这个枕头取名为"警枕"。因为枕头是圆的,所以一翻身枕头就会滚落到地下,"砰"的一声,自然会使人醒来。因此,司马光每次在半夜里睡觉时,枕头一滚下来,便立刻起床,点燃蜡烛读书。

由于司马光勤奋好学,他终于成了一位著名的学者。他在跟别人谈起读书经验时,说:"读书不可以不背诵,只有抓紧时间温习功课,才能把书读好。"

司马光能成为著名的政治家和文史家,与他勤恳用功的学习是分不开的。作为当代大学生,我们也应具备这样的精神,勤奋学习,不能因为在学习上遇到困难就停止不前。

学生最重要的任务是学习。在搞好学习的基础上,才能去参与各项活动。在大学新生阶段,生活的环境发生了很大的变化:由一个见识不深、交往范围较为狭窄的天地进入一个见识较为广博、交往活动范围较为宽阔的天地;由上课、作业、考试及活动均由老师统一安排的环境转化为需要自己来设计和安排的自觉学习的环境。在这个新的环境中,掌握如下一些科学的学习方法就显得尤为重要和关键了。

1. 培养学习兴趣

兴趣是最好的老师。如果对某个领域充满激情,就有可能在该领域中发挥自己所有的潜力,甚至为它废寝忘食。这时候,我们已经不是为了成功而学习,而是为了"享受"而学习了。如何找到自己的兴趣呢? 首先要客观地评估和寻找自己的兴趣所在。最好的寻找兴趣的方法是开阔自己的视野,接触众多的领域。只有接触你才能尝试,只有尝试你才能找到自己的最爱。大学生应当更好地把握在校时间,充分利用学校的资源,通过使用图书馆资源、旁听课程、搜索网络、听讲座、打工、参加社团活动、与朋友交流等不同方式接触更多的领域、更多的工作类型和更多的专家学者。在大学期间的学习过程中注意培养自己的学习能力,只要具备了这种能力,你也能在边做边学的过程中获取足够的知识和经验。

兴趣固然关键,但志向更为重要。学生不必把某种兴趣当作自己最后的目标,也不必把任何一种兴趣的发展道路完全切断,在志向的指引下,不同的兴趣完全可以平行发展,实在必要时再做出最佳的抉择。志向就像罗盘,兴趣就像风帆,两者相辅相成,缺一不可,它们可以让你驶向理想的港湾。

2. 锻炼自学能力

大学生在学校所学的知识五年或多年以后还管用吗? 这个问题不好回答,因为科技的发展是日新月异的。但是,如果学生学会了思考,并掌握了学习的方法,那么,无论五年以后出现什么样的新知识、新技术或新工具,应对起来都能游刃有余。

学生要想具备终身学习的能力,在大学期间就必须培养自学的能力,也就是举一反三或无师自通的能力。大学只是引路人的角色,学生必须学会自主地学习、探索和实践。学习时,不应亦步亦趋,而应主动走在老师的前面,在老师讲课之前就把课本中的相关问题琢磨清楚,然后在课堂上对照老师的讲解弥补自己在理解和认识上的不足之处。

大学生应当要求自己理解知识并善于提出问题。对每一个知识点,都应当多问几个"为什么"。真正理解了理论或方法的来龙去脉,大家就能举一反三地学习其他知识,解决其他问题,甚至达到无师自通的境界。很多问题都有不同的思路或观察角度。学习中要敢于创新,善于从全新的角度出发思考问题,潜在的思考能力、创造能力和学习能力才能被真正激发出来。

3. 学习需要积极主动

大学生必须做自己未来的主人,积极地管理自己的学业和将来的事业。理由很简单:没有人比你更在乎你自己的工作与生活。"让大学生活对自己有价值"是你的责任。一个主动的学生应该从进入大学时就开始规划自己的未来。积极主动的第一步是要有积极的态度;第二步是对自己的一切负责,勇敢面对人生,不要把不确定的或困难的事情一味搁置起来;第三步是要做好充分的准备,创造机遇,当机遇来临时,你才能抓住它;第四步是要积极地规划大学四年。

4. 学会管理时间

时间对于每个人都是公平的,每人每天都是24小时。进入大学之后有了更多的可以支配的时间,大学生需要学会安排自己的时间,管理自己的日常生活,这样才能使自己的生活变得丰富多彩。

大学是人的一生中重要的阶段,如何从高中的学习模式中转换出来对于一个大学生有着举足轻重的作用。大学生必须把学习方式从被动转向主动,才能积极地管理自己的学业,才能更好地规划未来。

1.4 大学生如何预防上当受骗

1.4.1 上当受骗的几种情况

大学生离开家庭的呵护,独自开始自己的求学之路,也逐步通过各种途径开始接触和了解社会,如假期的勤工俭学、社会实践和毕业实习等。没有了家长的建议和帮助,面对复杂的社会关系和纷繁的人际交往,遇到形形色色的各种人物,社会经验不足的大学生很容易上当受骗,轻则经济上遭受损失,重则危及人身安全。另外,大学生正处于情感的发育期,对爱情充满着期待和憧憬,然而爱情往往不是一帆风顺的,这有时候也给骗子以可乘之机。

1. 围绕着网络购物的骗局

银行卡骗局

> 在科技日益发展的今天,网购、手机支付早已不是新鲜事,似乎每过一段时间就会出现一种新的支付方式。这些支付方式带来方便的同时,也埋下不少安全隐患。
>
> 在长沙读大学的小卢就遇到了假客服,因不了解"蚂蚁借呗",她被骗走几千元。值得警惕的是,网络借款平台的出现,让骗子们也找到了"商机",因为即使受害者的账户余额为零,也可能被类似方式骗去钱财。"我当时就应该要求直接退款到支付宝啊!"小卢非常懊悔。某日,正在逛街的小卢接到一个电话,对方自称某网店客服,因衣服有质量问题,希望小卢将之前购买的衣服寄回,店家会退款。同时,该"客服"要求小卢开通"蚂蚁借呗"。因对"蚂蚁借呗"不熟悉,小卢被"客服"骗走近6000元。

这样的例子非常多,几乎都是使用冒充的身份,来骗取大学生的信任,最终导致大学生的财产受到了损失。

2. 勤工俭学的骗局

在校大学生利用课余时间或节假日到社会上勤工俭学的现象较为普遍,于是一些专门为学生提供信息的中介也应运而生。但一些不良中介提供假信息骗取学生的信息费和培训费，还有一些不良商户也想方设法给大学生设陷阱。下面，我们总结几种常见陷阱，提醒大学生要提高警惕，加以防范。

1) 支付押金要当心

一些用人单位在招聘时，往往收取不同金额的抵押金，或要求学生将身份证、学生证作为抵押物。这类骗局通常在招聘广告上称有文秘、打字、公关等比较轻松的岗位，求职者只需交一定的保证金即可上班，但往往是学生交钱后，招聘单位推说职位暂时已满，要学生回家等消息，接下来便如石沉大海，押金自然也不会退还。

2) 自垫货款要小心

有的传销公司会让学生缴纳一定的提货款，再靠卖货赚钱发展下线。有的学生只能卖给同学朋友，有的卖不出去的学生最后白搭进去一笔钱。

3) 虚假职位信息

一些不良的中介利用学生急于打工赚钱的心理，夸大事实，无中生有，以"急招"的幌子引诱学生前来报名登记，一旦中介费到手，便将登记的学生搁置一边，或找几个关系单位让学生前去"应聘"，其实只是做个样子。

4) "高薪"招工易受骗

有些酒店、娱乐场所以高薪来吸引学生从事所谓的"公关"工作，包括陪客人唱歌、喝茶，甚至从事不正当交易。年轻学生在这些场所打工，很容易上当受骗或误入歧途。常见工种还有代客泊车、导游、陪练等。

5) 家教、秘书防骗色

一些不法分子以高薪聘请家教、秘书等欺骗学生。一不小心落入陷阱后，大学生轻则失身，重则危及生命。

6) 扣取高额培训费

这类骗子在面试学生后，通常要求他们参加公司的上岗培训，并要求他们交高额培训费。有的公司其实根本不培训，只是收钱后做做样子。

7) 书面协议要慎重

有些单位以种种借口拒绝与学生签订"协议书"，打工结束后，因没有书面协议，劳务费无处可讨。

3. 网络游戏虚拟交易诈骗

骗子在社交平台、游戏社区等发布买卖游戏装备、游戏账号，低价销售游戏币等广告信息，诱导受害人在虚假的游戏交易平台进行交易，然后骗子用"注册费、押金、解冻费"等名义诱导其付钱，最后将受害人拉黑。

4. 刷单骗局

骗子通过网页、论坛、社交软件广泛发布兼职刷单广告，号称给网店刷单"足不出户、日赚千元"，诱骗同学们到网络平台上购买特定物品刷单，承诺交易成功后将本金和报酬一并返还。然而受害人一旦进行刷单,骗子就会以各种理由扣取其本金。

5. 校园贷诈骗

校园贷是近几年在大学生中出现频率比较高的词,校园贷指是在校生向正规金融机构或者其他借贷平台借钱的行为,但是有些非法机构和平台以免抵押、低利息为诱饵诱导学生贷款,最终导致学生贷款后无力偿还。2016年4月,教育部与银保监会联合明确要求各高校建立校园不良网络借贷日常监测机制和实时预警机制,同时,建立校园不良网络借贷应对处置机制。教育部明确指出取缔校园贷款业务,任何网络贷款机构都不允许向在校大学生发放贷款。常见的校园贷诈骗有以下几种形式。

(1)贷款公司通过互联网平台向在校大学生推送贷款广告,以免抵押、低利息为诱饵诱导学生贷款,并从学生贷款中的一部分抽取"手续费"和"保证金"等费用,收到学生支付款项后就不再联系。

(2)贷款公司虚假宣传、线下签约、做非法中介、收取超高费率,同时存在暴力催收等问题,受害者通常会遭受巨大财产损失甚至威胁自身安全。

(3)贷款公司串通所谓的培训机构举办就业指导和就业培训,抓住了学生对就业的渴望与学生签订有关提高技能的培训合同和贷款合同,诱导学生贷款支付学费,收取高额利息,诈骗学生。

(4)贷款公司要求学生提供照片、视频、身份证和家属电话号码等作为贷款抵押和担保,一旦学生无法如期还款,便以此威胁,勒索钱财。

6. 大学生求职遇到骗局

(1)手机来电,要求进行电话面试。

一般正规公司,HR进行电话面试会用座机打给你。如果你收到了手机打来的面试电话,那就要多留心一下了。电话中,要问清对方公司名字、职位信息、公司地址。电话面试后,可以到网上搜索一下公司的相关信息,强大的互联网信息库定会让骗子现出原形。

(2)面试时收取服装费、伙食费、体检费、报名费、办卡费、押金等各种费用。不要因为千辛万苦得到了一个工作机会就放松警惕,钱交到对方手里,想要回来就难了。第一次面试一般不谈钱,纵然谈钱,那也是谈谈公司能够给你多少工资,那些找你要钱的企业,还是赶快逃离吧。

(3)忽略求职的法律知识,如不签劳动合同、零工资、试用期陷阱等。

劳动合同:大学生在毕业后求职,一定要记得与企业签订劳动合同,只有签订了劳动合同,才能在个人权益受到侵犯时享受法律的保护。另外,根据《中华人民共和国劳动合同法》的规定,用人单位自用工之日起超过一个月不满一年未与劳动者订立书面劳动合同的,应当向劳动者每月支付两倍的工资。

零工资:《中华人民共和国劳动合同法》规定,劳动合同中必须包含劳动报酬这一项,且劳动报酬不得低于当地最低工资标准。零工资属于违法现象,就算是为了暂时积累经验,我们也不建议大学生接受这种工作。

大学生求职遇到骗局

小王是某大学的应届毕业生。她想通过网络求职,于是将个人资料在互联网上公开,并将手机、寝室电话同时公布。一段时间后,小王接到一个自称是上海一家公司的电话,称为了核实其大学生身份和家庭情况,要求小王告知其家庭电话号码。小王觉得用人单位想核实她的真实情况也是正常的,于是将家庭电话告诉了对方。就在这段时间里,远在郑州家中的王父接到了一个自称是某医院急救中心主任的电话,称其女儿因交通事故在医院抢救,需汇款30 000元到院方指定的账户,否则将影响抢救。王父在与校方、女儿同寝室同学多方联系未果的情况下,救女心切,当日先后分三次共汇款25 000元到指定账号。几个小时后,王父通过电话联系上女儿,才得知这一切竟是个骗局。现在这种骗术十分流行,有的人无意间被骗子探听到家中的电话号码,就容易被类似的骗局骗。有的人在手机丢失后,没来得及挂失,骗子就利用手机里存储的电话号码,一一打过去,由于亲友众多,难免有上当受骗的,所以大家都要对这种骗术提高警惕。

安徽省安庆市一名计算机专业大学女毕业生,到安庆市一家人才交流市场找工作,一则招聘软件开发员工的启事吸引了她。该招聘单位的一名自称姓黄的经理在简单询问后,表示其比较适合这个岗位,如果她愿意第二天可直接到公司办公室进行面试。毕业生第二天面试时才发现这个位于某小区的"软件开发公司"的办公条件格外简陋,办公室里除了一张大床外什么办公用品都没有。该公司经理见她进来后欲行不轨,该女毕业生夺门而逃。逃出来之后马上报警,警察在她的指引下找到该办公室时,发现所谓的黄经理已经逃跑,几天后才将这名"经理"擒获。经警方调查,黄某系无业游民,招聘启事中所讲的软件开发公司也是一个皮包公司。目前,黄某已被警方拘留。

王某,大学毕业生,由于急于找到工作,没来得及仔细推敲合同里的条款,结果不但失去了这份工作还支付了一笔违约金。据其称,他与公司签合同时还未毕业,但公司要求其进入实习期。在4个月的实习期里他卖力地工作,却只能得到300多元钱的"实习工资"。实习结束后,他以为工作已经敲定,打算回学校修完剩下的一些课程,9月再回到公司正式上班。但当他向公司请假时,公司却以合同中"工作前两年不得连续请假一周以上"的条款为由,认定王某违约,索要违约金。王某只好交了2000元的违约金。在大学生择业的过程中,像王某这种情况的比较普遍,由于就业形势比较严峻,大学生在求职过程中往往处于弱势地位,很多用人单位都提出了一些明显的不合理条款,如违约金、服务期等。对于毕业生来讲,虽然知道这些附加条款是显失公平的,但也不敢明确表示异议。现实生活中,在职场上把"试用期"当成"剥削期"已经成了一些无良老板逃避法定义务的惯用伎俩。

◆ 1.4.2 大学生防范上当受骗的原则

社会在不断进步,新的骗术也层出不穷,但是不论是如何包装和掩饰,我们还是可以从中间找到漏洞,识别出其中的破绽,就不难揭穿其中的骗局,保护自己不上当、不受骗。在防范的过程中只要注意以下几点,就可以保证自己在大部分场合不会落入骗子的圈套中。

1. 不能泄露自己银行卡的账号和密码

我们不仅不能泄露自己银行卡的账号和密码,还要注意自己计算机和手机的安全。不要点击一些不明链接、扫描来历不明的二维码。有时候账号密码是被动地被一些钓鱼网站和木马程序窃取,所以信息方面的安全要特别的注意。

2. 不应通过微信、支付宝、银行向陌生人转账汇款

如果一定要通过网络向对方汇款,也一定要使用具备验证货物之后才能转账的第三方支付工具,比如支付宝、微信等。没有可信的第三方支付工具的介入,千万不可盲目轻信"先付款,后发货"这样的承诺。

3. 不要参与购买违法商品,也不要参与违法活动

这样就不会心虚,也就不会接受一些奇怪的付款和转账条件。另外,在日常生活中不要贪图小利,个人及家庭的资料要注意保密,遇到事情要多理性思考,切忌感情代替理智。

4. 不要参与校园贷

2015年,中国人民大学信用管理研究中心调查了全国252所高校近5万大学生,调查显示,在弥补资金短缺时,有8.77%的大学生会使用贷款获取资金,其中网络贷款几乎占一半。大学生可以通过网络提交资料、通过审核、支付一定的手续费,就能申请贷款。校园贷虽然解决学生一时的燃眉之急,但是在还款上可能遇到诈骗和高利息等问题,最后导致还款金额过高等一系列问题的产生。

5. 多与自己的老师、父母、亲友沟通,交流防骗的经验

这样既能学习老师、家长和亲友的成熟经验,又能将自己的一些防骗原则传递给他们,共同进步。尤其是家长担心孩子在校的安全,特别要嘱咐他们不要向陌生人汇款,以及汇款前要通过电话或者视频交流确认。

6. 求职过程中提高警惕

求职大潮风起浪涌,既蕴含着无数机遇,又隐藏着险滩暗礁,毕业生只有牢牢系好求职安全带,不断增强安全防范意识,才能够做到一帆风顺,具体应注意以下几点。

(1) 层层过滤,确保就业信息的真实性、准确性和可靠性。

学校就业信息网上发布的就业信息,都经过了严格核实,包括核实用人单位的工商许可证、营业执照等,基本上确保了就业信息的真实性、准确性、安全性。对于通过其他渠道获得的就业信息,一定要想方设法通过各种途径进行核实。

(2) 面试过程中,要时刻保持安全的警惕性。

在求职过程中,毕业生更应保持高度的警惕性,擦亮眼睛,识别就业陷阱的迷惑。

① 面试的第一天或职前训练的前几天,要留意该单位是否继续隐瞒工作性质及业务性质。

② 面试地点偏僻、隐秘或是转换面试地点的状况,或是要求夜间面试者,皆应加倍小心。面试地点不宜太隐秘,过于隐秘的地点不要去。对于用人单位约定面试的地点,如果不是学校就业指导中心发布的信息,而是求职者从其他渠道获得的信息,以及用人单位约定到宾馆或其他非公开、非正式场合见面,绝对不能贸然前往。

③面试时,要注意以下环节:应详记该单位及主试官的基本情况及特征;对方所提工作内容空泛不具体时,不要被夸大言辞所迷惑;身份证、毕业证书及印章等证件,不宜给对方;不可轻易出示银行账户号码及密码,以免不法之徒有机可乘;主试官说话轻浮、暧昧不清、眼神不正常等都是危险的前兆;如果有不安全、不对劲的感觉或不正常的状况,要以某种借口来迅速离开该单位;拒绝不合理的邀约及要求;在面试时尽量不要随便喝饮料或吃东西。

④进行面试的过程中,如果遇到用人单位要求交保证金或其他培训费用(如报名费、训练费、材料费等)时,一定要慎重,千万不要为了保住工作而盲目交费。

⑤面试最好有同学陪同前往,并备有适当的防范器物。尤其是女性,要避免夜间到偏僻的地点面试。如果无法结伴而行,至少要将自己的行踪告知辅导员或同学,最好是让辅导员或同学知道面试的时间与地点。

⑥面试前后随时与学校辅导员、同学、家长保持联系,并告知面试场所地址及电话号码。

⑦要求提供亲友名单、身份证号码(复印件)均可能有诈财之患,要注意避免。在求职过程中,毕业生为了预防"陷阱",要做到:一忌贪心,看到"高薪"字眼首先要掂量一下自己,然后再摸清对方的背景;二忌急心,急于找工作的心理让一些人找到了借机骗财的机会,这些人以各种名义收取应聘者的费用后,便人去楼空;三忌糊涂,求职者要对自己的职业生涯发展脉络有清楚的构想,只要仔细研究还是能识别招聘中的骗局的。我们要时刻提醒自己,不缴不知用途的款,不购买自己不清楚的产品,不将证件及信用卡交给该公司保管,不随便签署文件,不为薪资待遇不合理的公司工作。

(3)求职后,要谨慎行事,学会用法律保护自己。

在找到合适的工作单位,双方达成就业意向后,毕业生需要签订就业协议书。就业协议书的签订在形式上宣告了就业工作的结束。但近年来,因就业协议引发的纠纷屡有发生。有的毕业生正式到单位报到后,单位却一改初衷,擅自降低劳动报酬,变更原来双方约定的工作岗位,更有甚者以"试用期"(或见习期)为由不签订劳动合同,使得毕业生长期处于"试用期",做最累的工作,拿最低的报酬,从而利益受到侵害。所以,在签订就业协议以前,一定要反复斟酌,多方面考察,方可落笔,三思后行。面试后应认真核查以下内容。

①上网或通过其他途径查看该单位(特别是企业单位、公司)登载的营业项目、报上刊登的项目、面试现场所见三者是否相符。

②登录有关部门的网站查看,或与亲友交谈,看看该公司是否被列入黑名单。

③问问自己,面试的职务内容是否与自己找工作时的初衷相符,并且所获得的待遇是否合乎期待值。

④当面试当天或初进该单位的数天内,单位要求求职者付给该单位任何费用,就要特别注意了。

7. 树立正确的人生观、恋爱观、金钱观

树立正确的价值观,提高自身综合素质,才是避免被骗的根本方法。

思考与练习

1. 结合自己的实际情况,谈谈刚进入大学的困惑。
2. 大学生活的规划一般可以分为哪几个方面?自己对大学生活的规划主要有哪?
3. 开展分组讨论,总结一下有哪些好的学习方法是适合自己的,并阐述理由。
4. 举一则大学生上当受骗的实例,并分析其骗术,总结防范这类骗局的原则。

第 2 章

IT 行业

> **导读资料**

高级程序员自述一天的工作

程序员生活中的每一天都是一样的。这主要是关于编写代码。所以,我会尽量让你更接近我的日常工作。

一、早上

我早上 6:30 左右来上班。为什么这么早？我住在一个大城市。其次,提早时间是希望避免交通拥堵并加快工作速度。同样,下午高峰时段,每个人都下班回家,一半的城市都堵车了。 当我在工作时,我做的第一件事就是打开我的笔记本电脑,这是我的主要工作工具。每个人,无论他们是否编程,都拥有一台公司计算机并在其上工作。接下来,我检查我的商务电子邮件以阅读昨天的新消息——也许最近安排了一次会议,或者有新的任务要完成。这通常需要几分钟。我的工作是以任务为导向的。我有一些编程任务要做,它们通常涉及添加新功能或修复现有代码中的错误。我可能需要工作几个小时,而其他人可能需要几个星期。当然,这一切都取决于任务的复杂程度。因此,我总是检查我当前正在处理的任务或接下来几天必须完成的任务——它们的状态如何、还有什么需要我做,以及需要花费我多长时间。这些信息对于我了解我的工作内容和时间,以及管理人员查看任务的状态和进度都很重要。我为此目的使用的工具是 Jira。

二、编码

接下来是运行必要的程序。所谓 IDE——集成开发环境。就我而言,它是 IntelliJ。这些环境用于更有效地处理代码——它们突出显示给定语言的语法,检测程序员犯下的编译错误,建议可以在给定情况下使用的函数。此外,您可以为其他工具安装插件。它们支持编译、调试,即调试和测试的内置机制。它非常方便,大大加快了工作速度。编写代码、调试和测试基本上是程序员的日常生活。

三、会议

白天可能有会议。大多数情况下,它们涉及对未来将实施的新功能的讨论。定期的日常会议之一是所谓的站立会议——持续几分钟的团队会议,每个人都在会上讨论他们正在做什么以及情况如何。有必要让团队中的其他人知道你在做什么,并且如果有必要,当你完成时,他们可以接管并完成你的任务。这同样适用于你——你知道别人在做什么,如果你无事可做,你可以支持别人。这种方法可以建立良好的团队合作。我认为会议并不总是面对面是 IT 的特点。我的意思是参与者的实际存在。很多时候,会议参与者可能在另一个城市甚至国家。因此,会议使用诸如 Skype 之类的通信工具进行。

四、代码共享

完成任务后,我必须与他人分享我的代码,即在存储应用程序代码的中央存储库中公开我的代码。这不是将代码在 Internet 上公开,而是将其放置在内部设计存储库中。后来这段代码被另一个人查看了。为什么？因为有了这个,更容易确保这段代码的质量——不熟悉你刚刚创建的功能的人会以全新的眼光看待你的代码,可能会发现代码中需要改进的地方。例如,以不同的方式编写一些东西以使其更具可读性,删除一些不必要的东西——注释或未使用的代码,以免整个事情变得混乱。在这方面,合作也发挥着重要作用。我经常查看别人的代码。有时没有什么可添加的。有时我会发现一些我认为可以做的不同的事情。这完全取决于编写了多少代码,以及它是横断面的还是相对集中在一个领域的。

当然，工作期间必须有休息的时间——咖啡是必需的。休息也是为了伸展你的骨骼——你不能一直坐在电脑前。休息的另一个好处，除了吃饭、喝咖啡和与人进行有趣的交谈，是暂时的工作休息。我发现这可以提升创造力。例如，如果我坐在某物上并且没有解决方案的想法，我会去厨房。通过做一些与以前完全不同的事情，我的头脑重新开始了，我开始有了新的想法。当我回来时，我再喝一杯咖啡或其他喜欢的饮料，并用代码交换所有新想法。

每一天都是相似的，但每一天也会带来新的东西，没有常规的地方。我的日子也不一样，有时沉闷，有时压力大。有时工作太多，你没有时间挠鼻子。但在大多数情况下，它非常好，它可以让你充实自己、获得新知识、与人交谈并做一些很有趣的事情。

2.1 IT 和 IT 行业

◆ 2.1.1 IT 和 IT 行业的概念

IT 是 information technology 的缩写，即信息科技和产业。它主要是应用计算机科学和通信技术来设计、开发、安装和实施信息系统及应用软件。它也常被称为信息和通信技术(information and communications technology, ICT)，主要包括传感技术、计算机与智能技术、通信技术和控制技术等。IT 行业划分为 IT 生产业和 IT 使用业。IT 生产业包括计算机硬件业、通信设备业、软件、计算机及通信服务业等。IT 使用业几乎涉及所有的行业，其中服务业使用 IT 的比例更大。由此可见，IT 行业不仅仅指通信业，还包括硬件和软件业，不仅仅包括制造业，还包括相关的服务业，因此通信制造业只是 IT 行业的组成部分，而不是 IT 行业的全部。

1. 信息技术的概念

(1) 凡是能扩展人的信息功能的技术，都可以称为信息技术。

(2) 信息技术包含通信、计算机与计算机语言、计算机游戏、电子技术、光纤技术等。

(3) 现代信息技术以计算机技术、微电子技术和通信技术为特征。

(4) 信息技术是指在计算机和通信技术支持下用于获取、加工、存储、变换、显示和传输文字、数值、图像以及声音信息的技术，包括提供设备和提供信息服务两大方面的方法与设备的总称。

(5) 信息技术是人类在认识自然和改造自然过程中所积累起来的获取信息、传递信息、存储信息、处理信息以及使信息标准化的经验、知识、技能和体现这些经验、知识、技能的劳动资料有目的的结合的过程。

(6) 信息技术是管理、开发和利用信息资源的有关方法、手段与操作程序的总称。

(7) 信息技术是指能够扩展人类信息器官功能的一类技术的总称。

(8) 信息技术是指应用在信息加工和处理中的科学、技术与工程的训练方法和管理技巧；上述方法和技巧的应用；计算机及其与人、机的相互作用，与人相应的社会、经济和文化等多种事务。

(9)信息技术包括信息传递过程中的各个方面,即信息的产生、收集、交换、存储、传输、显示、识别、提取、控制、加工和利用等技术。

(10)信息技术是研究如何获取信息、处理信息、传输信息和使用信息的技术。

2. 信息技术的应用范围

信息技术的研究包括科学、技术、工程以及管理等学科,以及这些学科在信息的管理、传递和处理中的应用,相关的软件和设备及其相互作用等。

信息技术的应用包括计算机硬件和软件、网络和通信技术、应用软件开发工具等。计算机和互联网普及以来,人们日益普遍地使用计算机来生产、处理、交换和传播各种形式的信息(如书籍、商业文件、报刊、唱片、电影、电视节目、语音、图形、图像等)。

3. 信息技术的分类

(1)按表现形态的不同,信息技术可分为硬技术(物化技术)与软技术(非物化技术)。前者指各种信息设备及其功能,如显微镜、电话、通信卫星、多媒体电脑等。后者指有关信息获取与处理的各种知识、方法与技能,如语言文字技术、数据统计分析技术、规划决策技术、计算机软件技术等。

(2)按工作流程中基本环节的不同,信息技术可分为信息获取技术、信息传递技术、信息存储技术、信息加工技术及信息标准化技术等。信息获取技术包括信息的搜索、感知、接收、过滤等,如显微镜、望远镜、气象卫星、温度计、钟表、Internet搜索器中的技术等。信息传递技术指跨越空间共享信息的技术,又可分为不同类型,如单向传递与双向传递技术、单通道传递、多通道传递与广播传递技术等。信息存储技术指跨越时间保存信息的技术,如印刷术、照相术、录音术、录像术、缩微术、磁盘术、光盘术等。信息加工技术是对信息进行描述、分类、排序、转换、浓缩、扩充、创新等的技术。信息加工技术的发展已有两次突破:从人脑信息加工到使用机械设备(如算盘、标尺等)进行信息加工,再发展为使用电子计算机与网络进行信息加工。信息标准化技术是指使信息的获取、传递、存储、加工各环节有机衔接,并提高信息交换共享能力的技术,如信息管理标准、字符编码标准、语言文字的规范化等。

按技术的功能层次不同,信息技术体系可分为基础层次的信息技术(如新材料技术、新能源技术等)、支撑层次的信息技术(如机械技术、电子技术、激光技术、生物技术、空间技术等)、主体层次的信息技术(如感测技术、通信技术、计算机技术、控制技术等)、应用层次的信息技术(如文化教育、商业贸易、工农业生产、社会管理中用于提高效率和效益的各种自动化、智能化、信息化应用软件与设备等)。

4. 信息技术的主要特征

(1)信息技术具有技术的一般特征——技术性。其具体表现为方法的科学性、工具设备的先进性、技能的熟练性、经验的丰富性、作用过程的快捷性、功能的高效性等。

(2)信息技术具有区别于其他技术的特征——信息性。其具体表现为信息技术的服务主体是信息,核心功能是提高信息处理与利用的效率、效益。信息的特性还决定了信息技术具有普遍性、客观性、相对性、动态性、共享性、可变换性等特性。

2.1.2 IT行业概况

IT行业称为信息技术产业，又称信息产业，它是运用信息手段和技术，收集、整理、储存、传递信息情报，提供信息服务，并提供相应的信息手段、信息技术等服务的产业。信息技术产业包含从事信息的生产、流通和销售以及利用信息提供服务的产业部门。

1. 信息技术产业种类

信息技术产业主要包括三个产业部门：①信息处理和服务产业，该产业的特点是利用现代的电子计算机系统收集、加工、整理、储存信息，为各行业提供各种各样的信息服务，如计算机中心、信息中心和咨询公司等；②信息处理设备产业，该产业的特点是从事电子计算机的研究和生产（包括相关机器的硬件制造）、计算机的软件开发等活动，如计算机制造公司、软件开发公司；③信息传递中介产业，该产业的特点是运用现代化的信息传递中介，将信息及时、准确、完整地传到目的地点，因此，印刷业、出版业、新闻广播业、通信邮电业、广告业等都可归入其中。信息技术产业又可分为一次信息技术产业和二次信息技术产业，前者包括传统的传递信息情报的商品与服务手段，后者指为政府、企业及个人等内部消费者提供的服务。

信息技术产业是一个新兴的产业。它建立在现代科学理论和科学技术基础之上，采用了先进的理论和通信技术，是一门带有高科技性质的服务性产业。信息产业的发展对整个国民经济的发展意义重大：信息产业通过其活动使经济信息的传递更加及时、准确、全面，有利于各产业提高劳动生产率；信息技术产业加速了科学技术的传递速度，缩短了科学技术从创制到应用于生产领域的时间；信息产业的发展推动了技术密集型产业的发展，有利于国民经济结构上的调整。

正是由于这些优点，计算机技术产生以来，信息技术便有了突飞猛进的进步。它的应用已经渗透到社会的各行各业、各个角落，极大地提高了社会生产力水平，为人们的工作、学习和生活带来了前所未有的便利和实惠。

虽然当今的信息技术已经给人们带来了极大的便利，但技术前进的脚步是不会停止的。在面向21世纪的技术变革中，信息技术的发展方向将是智能化。

当今的信息技术在某些方面已经超过了人脑在信息处理方面的能力，如记忆能力、计算能力等；但在许多方面，仍然逊色于人脑，如文字识别、语音识别、模糊判断、模糊推理等。尤其重要的是，人脑可以通过自学习、自组织、自适应来不断提高信息处理的能力；而存储程序式计算机的所有能力都是人们通过编制程序赋予它的，与人脑相比是机械的、死板的和无法自我提高的。

针对以上问题，人们从多年以前就开始研究智能理论与技术，探索人脑信息处理的机制，以便用机器更好地模拟人脑的功能。通过几十年的努力，智能理论与技术已经取得了很大进展。这些进展为信息技术的智能化提供了基础。

2. IT行业分类

过去五年，中国IT产业的增长速度一直保持在20%以上，IT技术的应用已经渗透到社会的各个角落，极大提高了社会生产力水平，为人们的工作、学习和生活带来了前所未有的便利和实惠。2016年4月19日，习近平在网络安全和信息化工作座谈会上发表重要讲话，勾勒出网信战略宏观框架。IT互联网行业早已进入高速发展期,成为目前就业前景最为光明的行业。根据国家权威部门统计,最近几年我国对IT行业人才的需求增速一直保持在10%左右,为行业之首。每年IT人才缺口均达到百万级,随着软件开发市场的日渐火热,软件开发类的专业人才的需求量将更为巨大。

通常我们将IT行业分为计算机硬件行业、计算机软件行业、IT服务业三大类。

1) 计算机硬件行业

计算机硬件行业主要包括从材料、芯片、板卡、显示、存储到整机产品等各个方面的研发、生产和制造。我国计算机硬件行业的主要构成包括整机组装以及部分外设的生产等领域。目前我国计算机硬件行业已经具备了一定的规模,同时也出现了联想、方正这样的在整个亚太地区竞争力较强、规模较大的企业。我国的整个计算机硬件行业高度市场化,企业都是在竞争中成长起来的。

2014—2019年,中国智能硬件终端产品出货量总体逐年增长,年均复合增速达9.5%。2019年中国智能硬件终端产品出货量为7.70亿台,同比增长21%。预测2021年中国智能硬件终端产品出货量将达8.8亿台。

2) 计算机软件行业

计算机软件行业是21世纪初期人类发展高科技的核心工程,其高新技术含量是最多的。它涉及计算机程序设计技术、国际互联网技术、各种应用专业技术、微电子技术、知识工程技术等高科技领域。计算机软件更新速度非常快,一些计算机软件的新技术开发周期为3~12个月。

2019年1—9月,中国软件业务收入保持较快增长,利润总额增速小幅回升,软件出口小幅回落,从业人员工资水平小幅回落。2019年1—9月,我国软件业完成软件业务收入51 896亿元,同比增长15.2%。软件产品实现收入14 643亿元,同比增长14.4%;信息技术服务实现收入30 670亿元,同比增长17.2%。全软件行业实现利润总额6518亿元,同比增长10.8%。软件业实现出口344亿美元,同比增长2.8%。当前,中国软件产业市场竞争力不断增强,正在步入加速迭代、群体突破的关键时期,迎来从量的增长转向质的提升的新阶段。

同时,5G商用为中国软件行业春风送暖。2021年中国软件产品收入为24 433亿元,较2020年增加了1675.3亿元;信息技术服务收入为60 312亿元,较2020年增加了10 444.3亿元;嵌入式系统软件收入为8425亿元,较2020年增加了932.7亿元;信息安全收入为1825亿元,较2020年增加了326.8亿元。中国软件业务收入主要来源于东部地区,2021年中国东部地区软件业务收入为76 164亿元,占软件业务总收入的80.18%,占比非常大;西部地区软件业务收入为11 586亿元,占软件业务总收入的12.20%;中部地区软件业务收入为4618亿元,占软件业务总收入的4.86%;东北地区软件业务收入为2627亿元,占软件业务总收入的2.76%。随着中国软件业务收入的增加,利润总额也随之增长,盈利能力稳步提升,2021年中国软件行业利润总额达11 875亿元,较2020年增加了1199亿元,同比增长11.23%。

中国新旧动能加快转换,也为软件产业发展创造了良好的外部环境。中国工业软件行业受到各级政府的高度重视和国家产业政策的重点支持。国家陆续出台了多项政策,鼓励工业软件行业发展与创新,《"十四五"工业绿色发展规划》《工业互联网创新发展行动计划

(2021—2023年)》《加强工业互联网安全工作的指导意见》等产业政策为工业软件行业的发展提供了明确、广阔的市场前景,为企业提供了良好的生产经营环境。

3) IT服务业

IT服务,是指在信息技术领域服务商为其用户提供信息咨询、软件升级、硬件维修等全方位的服务。其具体业务包括产品维护服务、IT专业服务、集成和开发服务、IT管理外包服务等。

IT服务,是指满足用户IT需求的服务产品与服务过程。IT服务产品包括硬件集成、软件集成(二者统称为系统集成)、通用解决方案、行业解决方案和IT综合服务,服务过程是指IT需求得以满足的全过程,从IT服务商为用户提供IT咨询开始,到定义IT需求,再到挑选合适的IT服务商和服务产品,实施IT项目,检测验收与评估IT服务效果,以及后期维护与升级。由于一个组织的IT需求总是在发生变化,因此,为这个组织提供的IT服务也必须是变化的,这种快速变化不仅让用户迷茫,有时也让提供服务的IT服务商深感困难。如今,要让一家IT服务商为一家企业进行全面的IT服务是一件困难的事,一个IT服务商不可能拥有所有的IT服务资源,一个用户的IT需求将由多家IT服务商来满足,所谓的IT一站式解决方案都只是信息不对称时出现的情况。

信息产业是与国民经济息息相关的战略性、支柱性产业,云计算、大数据、移动互联网等新业态的出现驱动信息产业迈向新的阶段,IT服务业发展成为引领科技创新、驱动经济社会转型发展的核心力量。2017年,云计算产业迎来了快速的发展,IT服务加速向云端迁移,云服务成为当前以及未来IT服务的主要范式。数据显示,2019年我国软件和信息技术服务业共实现业务收入7.18万亿元,同比增长15.4%。近年来行业收入占国内生产总值的比重逐步上升,由2012年的占比4.77%上升至2019年的占比7.24%。

随着传感技术、物联网通信技术、大数据、云计算等的快速发展,物联网不断向工业领域渗透融合,为工业和制造业企业的研发、生产、管理和服务等环节带来了深刻变革。工业物联网体系下的IT服务作为核心,主要负责对工业数据的采集、存储、分析和呈现。

云计算是近几年我国发展非常迅速的一个产业,随着国内基础设施,即服务层的建设部署完毕,平台层和应用层的发展会引来大量的新产品和新服务。未来,在云计算、物联网、大数据、人工智能等技术的逐步成熟落地下,融合这些技术的云计算平台将成为主流的分析和服务基础设施,从而将IT服务引领入云端层面。随着行业用户对信息化需求的不断提高,IT服务行业不仅要具有扎实的IT服务技能,还要具备对行业的更深层次的了解,IT服务提供商变为客户的合作伙伴。

2015年7月,国务院印发的《国务院关于积极推进"互联网+"行动的指导意见》中明确提出,到2018年,互联网与经济社会各领域的融合发展进一步深化,基于互联网的新业态成为新的经济增长动力,互联网支撑大众创业、万众创新的作用进一步增强,互联网成为提供公共服务的重要手段,网络经济与实体经济协同互动的发展格局基本形成。到2025年,网络化、智能化、服务化、协同化的"互联网+"产业生态体系基本完善,"互联网+"新经济形态初步形成,"互联网+"成为经济社会创新发展的重要驱动力量。"互联网+"正在不断夯实"IT服务化、服务IT化"基础,使IT服务商与用户之间形成深层次、高融合的互动关系,构建下一代自助式IT服务蓝图,催生IT服务合作协同新模式,持续创新IT服务新应用。

IT 外包服务市场已成为中国 IT 市场增长最快的领域,市场前景广阔。未来我国将继续发展 IT 外包服务业,争取逐步成为全球最大的 IT 外包基地之一。IT 外包服务可为企业节省 IT 运营成本,使 IT 系统的能力和质量提升,能够让企业集中资源确立核心竞争力优势。随着 IT 外包范围的不断扩展,外包服务供应商市场定位的差异性也日益明显。可以预见,未来 IT 外包的细分化趋势将给予众多的本土中小供应商带来难得的发展机遇,并最终改变该市场的整体格局。

◆ 2.1.3 IT 行业发展趋势

近年来,IT 行业发展的趋势主要有三个方面:互联网化、移动化和云化,如图 2-1 所示。这三个方向不是相互割裂的,而是相互结合的,如移动化的基础就是互联网化等。越来越多的用户在做 IT 战略时考虑的就是如何将他们自身的业务和这三个趋势相结合。

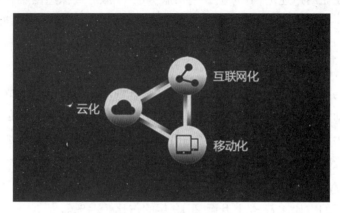

图 2-1 IT 行业发展趋势

互联网化就是指用互联网工具改造各个行业,促进各个行业发展。我们国家提出的"互联网+"战略,会进一步加快互联网化的进程。可能再过 5~10 年,大部分公司都会成为某种意义上的互联网公司。这个变化会促使用户 IT 部门的职能发生很重要的改变:一个是比以前更加深入地参与业务;一个是过去大部分服务从对内的业务转向通过互联网技术和平台对外的业务,包括如何促进销售、改善服务以及与伙伴协作。

移动化既包括移动应用对传统产业的改造,也包括使用移动网络将万物互联带来的变化,如共享单车、移动支付迅速普及等。移动化大大增强了业务在各种场景下的便利性,也使得业务时刻与用户、员工和合作伙伴连接在一起。现在越来越多的用户做 IT 战略时会考虑如何利用移动的便利性来提高业务的效率,也会考虑如何利用新的网络和新的终端来创新业务。

云化现阶段主要改变的是 IT 交付的方式,即所有的业务应用和数据都将运行在云数据中心上,终端只交付云计算的结果,应用和数据越来越多只由云计算中心提供,而不分散在终端和分支机构,使得整个 IT 交付变得更加简单。应用运行在数据中心,可以做很多以前做不了的事情,如人工智能、大数据分析等典型的云计算应用。然后再把运算的结果交付到终端,所有终端都拥有了这些能力。目前业界已基本达成共识,混合云会是未来企业云化的主流,通过云计算,能够使得 IT 快速的应对业务的变化。

IT基础设施也在业务的云化、互联网化的驱动下发生重大的变化。在传统的IT基础设施的模型中，计算、网络、存储有明确的分层，还有一些专门的安全设备，这些全部都是由特定厂商的专门的硬件构成的。为保证系统的稳定性，这些专用设备还要做双机部署。因此系统变得很复杂，几乎上线任何一套高可靠的业务系统都需要一堆硬件做支撑，所以总体成本也比较高。这样的系统肯定是缺乏弹性的。

这样的IT架构做成以后，如果裕量留得不多的话，将来每新上一套大系统，或者每增加一些容量用户就要去选型设备，要去更换硬件，去调整网络，带来的工作成本是非常高的。

为了避免出现这个问题，往往这样的一套IT基础架构要考虑三到五年的需求，要提前做规划。但是这种基础架构长期看没有办法适应互联网化、云化的业务交付需求。未来的业务需要快速适应外部的变化，新业务上线时间要短，支持的终端数量、服务的用户数量、产生的数据量都能满足需求。

当然，最先面对这种压力的肯定是互联网公司，我们看到很多互联网公司都使用了公有云或者和公有云一样的IT架构。

公有云的本质是什么？公有云的本质就是提供随需可取的IT基础设施。公有云的优点：要用多少资源，马上就能用，具有高度弹性；按需付费，浪费很小。很多企业IT系统考虑到安全性、内部体验等因素，不可能都使用公有云来满足业务未来的云化、互联网化和移动化的需求。但是用户可以参照公有云的模式来建设自己的IT基础架构。

亚马逊和Google的数据中心，基本都是清一色的服务器。这些公有云厂商建设的数据中心都有一些共同的特点：可以很容易进行弹性扩容，大部分情况下增加服务器就可以了；不用独立地存储，而是用分布式的计算和存储技术来确保性能和可靠性。为了适应未来的变化，传统的IT基础架构就要变成和这些数据中心一样，实现弹性扩容、随需可取。

新的IT基础架构还应该面向未来，要能够随着业务发展和技术发展而不断升级，比如支持容器技术的演进、支持自动化运维等。大中型用户的IT架构将来都会采用混合云，所以也要支持跨云的统一管理、统一协作，甚至实现业务跨云进行迁移。

要实现以上目标，只有将大量的基础架构都用软件实现。网络用软件、存储用软件，以及整个数据中心都用软件定义。硬件就用标准的服务器和简单交换机就可以了，就像Google数据中心一样。这些软件定义的技术之所以能够在最近几年出现，是因为芯片技术、虚拟化技术、闪存技术以及新的软件技术共同发展。软件定义技术将成为IT基础设施的未来。

"互联网+"成功案例

小米在"互联网+"上的玩法，值得我们借鉴的是"以用户为核心"的互联网思维。小米非常重视用户的建议和意见，并将此发挥到了极致。据统计，这几年，小米手机的用户建议和意见已超过了1.5亿条。而小米产品的设计、研发、迭代等，就是根据用户的建议和意见进行的。在用户看来，小米的产品也有自己的一份心血，这样就不难理解发烧友们为什么会如饥似渴地抢购了。

在2015年，李宁公司推出了智能跑鞋，主要在技术上体现了"互联网+"。李宁的智能跑鞋中安置了华米智芯，并通过蓝牙4.0与手机的客户端进行连接。这样一来，用户便能享受GPS、时速和配速、卡路里计算等功能。而且,这款智能跑鞋还可以分析脚步落地和步频,从而让用户知道该如何科学正确地跑步。

2015年,加多宝上线了"金罐加多宝2015淘金行动",构建生活圈。这个模式简单来说,就是消费者买了加多宝后,可以通过扫描罐子进入互联网的生活圈,再链接其他朋友,这样一来就可以与其他人联系起来。仅10天,加多宝就通过该活动发出了超过300万个金包。加多宝称将会围绕美食、娱乐、运动、音乐这4个主题,整合资源,为用户提供数以万计的生活方式。

为了获得80、90后消费者,颇具传统色彩的健力宝也积极向"互联网+"靠拢:健力宝围绕移动端,开发了健力宝健身房App,用户可以通过这个App享受健身课程和训练;健力宝还与京东连接,服务与销售两手抓。现在,健力宝不再是一家单纯做饮料的生产商,而是以体育文化为基础,为消费者提供个性化体验,始终影响消费者。

通过以上案例,相信你也得到了一些启发。互联网与我们的生活越来越密切,IT行业已经成为我们现在不可或缺的行业之一,成为我国科学发展的驱动力。

2.2 IT 职位分类

对于想进入IT行业工作的求职者而言,了解整个行业的就业动态和职位要求,可以帮助个人更好地规划自己的职业发展。

◆ 2.2.1 软件类职位

1. 程序员

这里所指的程序员不包括高级程序员。在互联网时代,程序员职位更多是由网站提供的。现在大约38%的程序员职位都是关于网站动态页面编码与设计的,如ASP、JSP、PHP、ASP.NET等;17%的程序员职位是关于Java编程的;Visual C++大约占了13%。这三类已经占据了普通程序员市场需求的三分之二。

一般来说,普通程序员的职位要求都有如下特征:精通所需要的编程语言,有1~3年的工作经验;精通某一类数据库的开发技术,其中网站动态页面程序员岗位以要求掌握SQL Server/MySQL居多,也有部分要求DB2的,Java程序员岗位以要求掌握Oracle的居多;普通程序员职位一般对学历要求不高,大学专科即可。由于应用领域的不同,有些行业要求的程序员职位还有其他方面的要求。

2. 高级程序员

高级程序员一般被用于开发大型的应用项目,现在约60%的高级程序员职位都要求应试者是Java程序员,另外有少数要求在Visual C++或PHP领域有3年的开发经验。一般来说,高级程序员职位都要求求职者具备如下素质:在精通所需要的编程语言的同时,精通两种数据库技术,以Oracle和SQL Server居多。同时多数公司要求应聘者具备UNIX/Linux开发经验。高级程序员一般要求本科学历,同样由于应用领域的不同,一般还有其他的开发经验要求,有的还有特殊的外语要求。

3. 高级软件工程师

对于这个层次的职位来说，已经不再简单地要求熟悉某种计算机语言，转而要求求职者对面向对象开发以及 Web 开发都要精通，掌握每类开发中的至少一种开发语言。此类职位一般要求有 3 年以上工作经验，并且有全程参与过大型项目开发、设计和构架的经验，精通 UML，至少精通两种数据库开发工具，以 SQL Server、DB2、Oracle 居多。特别要注意的是，由于要面对客户采集需求或者领导团队进行开发，这个层次的职位对求职者的沟通和协调能力要求较高，并且一般不招聘应届毕业生。

4. 系统分析员

与我国信息化建设的强烈需求相比，我国的系统分析员很少，而且信息化建设的形式发展要求系统分析员要不断学习、不断实践、不断更新知识、不断优化自己的知识结构，这一切都使得系统分析员成为稀有人才。好的系统分析员都是从优秀的程序员中产生的，坚实的编程功底，丰富的经验是做系统分析的基础。没有对系统本身进行过透彻剖析，很难领会到其中一些难以言述的精华。系统分析员是一个技术含量相对较高的职业，基于技术的发展可向软件设计师、系统工程师转型。系统分析员是系统开发的核心人物，主要承担系统的调查与分析工作，建立系统的逻辑模型。系统分析员要从详细调查的大量信息中完整地理解用户对系统的需求，正确地获取用户的需求是一个复杂的问题，要完成好这个责任重大的任务，系统分析员必须具备广博的知识。系统分析员不仅要懂得计算机硬件、软件的知识，掌握经济、现代管理的理论与数学模型等丰富的知识，还要具备较强的组织管理能力、人际交往能力，对信息高度敏感，能正确理解各级管理人员提出的需求，通过分析、抽象，将这些需求转换为计算机系统的逻辑模型。

5. 系统架构师

系统架构师是一个最终确认和评估系统需求，给出开发规范，搭建系统实现的核心构架，并澄清技术细节、扫清主要难点的技术人员。系统架构师主要着眼于系统的"技术实现"。系统架构师应该是特定的开发平台、语言、工具的大师，对常见应用场景能马上给出最恰当的解决方案，同时要对所属的开发团队有足够的了解，能够评估自己的团队实现特定的功能需求需要的代价。 系统架构师负责设计系统整体架构，从需求到设计的每个细节都要考虑到，把握整个项目，使设计的项目尽量效率高、开发容易、维护方便、升级简单等。

系统架构师必须成为所在开发团队的技术路线指导者；必须具有很强的系统思维的能力；需要从大量互相冲突的系统方法和工具中区分出哪些是有效的，哪些是无效的。系统架构师应当是一个成熟的、有丰富经验的、有良好教育的、学习能力强、善沟通和决策能力强的人。有丰富经验是指他必须具有业务领域方面的工作知识，知识来源于经验或者教育。他必须广泛了解各种技术并精通一种特定技术，至少了解计算机通用技术以便确定哪种技术最优，或组织团队开展技术评估。优秀的系统架构师能考虑并评估所有可用来解决问题的总体技术方案。他需要具备良好的书面和口头沟通技巧，一般通过可视化模型和小组讨论来沟通指导团队确保开发人员按照架构建造系统。

6. 软件测试工程师

这是一个比较乐意接收应届毕业生的职位。一般来说,面向应届毕业生的职位对计算机语种没有过多的要求,有些要求应聘者学过特定的课程,并对应聘者的英语水平要求较高,一般都要求英语达到四级或六级水平,有的招聘单位对学校和在校成绩也有要求。面向非应届毕业生的职位,对外语语种一般没有过多的要求,但一般要求有 2 年左右的工作经验,同时要求对各种常见的测试方法和技术熟悉,还要熟悉各类开发文档的编写和阅读。

7. 数据库工程师

数据库工程师主要从事数据库开发和维护工作,在招聘时用人单位对国际企业认证比较看重,同时对经验要求也较高,一般都是面向当前主流的数据库,主要是 Oracle、SQL Server 和 DB2 等。一般来说,该职位要求应聘者精通一种数据库技术,同时有 3 年左右的数据库项目工作经验。由于数据库涉及企业生存,所以数据库相关的职位对应聘者的文档能力和流程规范化习惯要求很高,也要求应聘者具有一定的需求分析和独立、快速解决问题的能力,还要求应聘者对数据库的操作系统及应用该数据库的编程语言比较熟悉。

◆ 2.2.2 嵌入式软件开发类

嵌入式软件开发类从业人员主要面向汽车、电器、家具等智能化产品的软件开发。

1. 嵌入式系统应用技术人员

嵌入式系统应用技术人员是从事嵌入式系统开发、应用、维护和管理等工作的人员。其职位的要求包括具备丰富的嵌入式专业知识;掌握较为全面的嵌入式系统开发应用技能;具有较强的学习能力和实践应用能力;能够准确判断问题和解决问题;语言表达清楚等。

2. 嵌入式软件工程师

嵌入式软件工程师可以分为系统构建工程师、上层驱动开发工程师、上层应用程序开发工程师三类;按照操作系统的种类又分为与各种操作系统相对应的工程师。目前在各领域应用的主流操作系统有 μC/OS-Ⅱ、Linux、WinCE、VxWorks 等操作系统。企业一般会按照不同的操作系统平台招聘相应工程师,如在研发部里有些人进行 Linux 系统研发,有些人进行 WinCE 系统研发,对应工作岗位就会有 Linux 驱动开发工程师、Linux 应用程序开发工程师、WinCE 驱动开发工程师、WinCE 应用程序开发工程师等。企业在进行嵌入式软件工程师招聘时,对系统构建工程师的要求最高,此岗位最少要有 3 年以上的相关工作经验,一般招聘对象的学历为研究生,主要工作是进行系统构建和系统分析。上层驱动开发工程师也需要至少 1 年以上的相关工作经验或者是嵌入式专业毕业的本科生,对嵌入式专业毕业的专科学生稍稍有点难,但如果是能力突出的学生应该也可以胜任。上层应用程序开发工程师则非常适合嵌入式专业毕业的本科生和高职生。

3. 嵌入式产品生产与测试工程师

研发部对研发的产品定型后会把 PCB 设计图、元器件清单等资料交付采购部和生产部,进行元器件采购和制板。大多数企业一般都不会设立加工厂,产品的制板和焊接都会采取外包的形式。

在加工厂将焊接好芯片的主板取回后在生产部进行硬件测试和部件组装、软件测试、整体功能测试。生产部的工作按照流程可分为焊接工程师、硬件测试工程师、软件测试工程师、系统功能测试工程师、硬件维修工程师等。这些工作岗位对学历的要求都不高,工作难度不大,主要的招聘对象就是专科的学生。

4. 嵌入式产品销售工程师

嵌入式技术专业性很强,对销售工程师和技术支持工程师都有一定的要求,不是什么专业毕业的学生都能做好的。如果不了解嵌入式技术,在开展销售和技术支持工作时会感觉难度比较大,在与客户在进行交流时缺少共同语言。所以对嵌入式专业毕业的专科学生和本科学生而言,从事这两个工作岗位较为合适。如果想在技术上有所发展,可以从技术支持工程师做起,逐渐向研发工程师过渡;如果想在营销管理上发展,那就从销售工程师做起,逐渐向管理层跃进。

◆ 2.2.3 移动应用软件开发类 / 无线应用软件开发类

随着移动终端在生活中普及得越来越多,人们的生活也逐渐离不开手机、平板等移动设备。为了适应这种潮流,移动应用软件开发也越来越受到人们的重视,有很多软件从业人员也加入这个行列。移动应用软件开发主要面向智能终端(以手机为主)软件应用开发,即使用Android、iOS等操作系统的移动终端的 App 前端设计、App 软件开发等。

1. 移动终端软件开发工程师

移动终端软件工程师首先需要有良好的 Java 技术功底,扎实的 C/C++ 语言基础,并有相应的开发经验;熟悉 Android、iOS 或 WP 系统架构及相关技术,有相关系统平台上的实际开发经验;有多媒体(流媒体、音视频编解码以及相关技术)和无线网络应用开发相关经验;可以熟练阅读软件技术文档;有相关专业的本科学历。

2. Android 工程师

Android 工程师有以下几类:①从事 Android 移动应用操作系统、游戏和各种 Android 平台功能的应用、开发和测试的技术人员;②以手机开发为主要对象,包括但不限于手机操作系统、手机游戏、手机其他多种功能的开发和优化人员;③从事 Android 移动应用操作系统、游戏和各种 Android 平台功能的应用、开发和测试的技术人员。

Android 工程师是移动应用开发者,希望将自己的应用移植到该平台上或者在该平台上开发应用,主要包括 Android 应用软件开发工程师、Android 游戏程序员、Android 网络游戏程序员、Android 软件移植工程师、Android 嵌入式设备软件开发工程师、Android 游戏开发工程师、Android 网络游戏开发工程师等。

3. iOS 工程师

iOS 工程师主要包括以下三种。

1)iOS 开发工程师

iOS 开发工程师包括操作系统开发、应用软件开发等多个方向的工程师,在开发中操作系统的开发国内相对接触的较少，因为 iOS 在目前来说是一个非常完善的系统，而且总部在美国，从操作系统开发的方向来发展，有着诸多的局限性，并不是最佳方向。

2) iOS 界面设计师

iOS 界面设计师与 UI 设计师类似，从事人机交互、操作逻辑、界面美观的整体设计，总体来说就是为了满足用户的视觉效果。视觉效果要从操作平台、应用软件等方面综合考虑。iOS 智能终端设备，之所以能成为全球性的品牌，主要也是因为其超强的用户体验效果，这效果正好也是 iOS 界面设计师给予用户最完美的呈现。

3) iOS 系统测试工程师

目前在所有的软件行业中，测试环节都是必不可少的，而且测试存在于我们每个开发的步骤之中。产品是否合格，需要经过测试工程师进行性能测试、功能测试和易用性测试（软件是否符合用户的习惯）。

◆ **2.2.4 IT 应用类职位**

IT 应用类职位，与 IT 行业密切相关，但从事这些工作的人并不从事软硬件的开发，而是利用既有的软硬件制作出其他行业的应用产品或提供相关的服务。其职位主要包括界面设计、网站编辑、数据采集分析专员、IT 服务客服、多媒体制作设计师等。

1. 界面设计

界面设计包括计算机平面设计和网页美工设计两种。计算机平面设计一般涉及各种平面广告、海报、包装等；网页美工设计通常涉及静态网页设计、页面图像制作、Flash 动画制作等。一般来说，此类职位招聘以作品质量为主要依据，经验和学历因素则考虑较少。根据行业不同，有些高级职位可能会要求有相关行业的工作经验。界面设计人才目前的需求量比较大。

2. 网站编辑

网站是一种新兴的媒体，而专门负责网站栏目更新的人员就是网站编辑，分为内容编辑和策划编辑两种。内容编辑只负责网站内容的更新，工作内容相对比较简单，包括收集和发布资讯；策划编辑主要负责策划网站栏目结构的更新，其工作具有一定的挑战性，要根据网站发展状况随时调整栏目。内容编辑的招聘要求通常比较低，专科层次毕业生就可以胜任；策划编辑一般需要 2 年以上的工作经验或相关专业本科学历，有时需要具备相关行业背景经验。

3. 数据采集分析专员

数据采集分析专员的主要职责是把公司运营的数据收集起来，再从中挖掘出规律性的信息来指导公司确定战略方向。这个职位常被人们忽视，但相当重要。数据库技术最先出现于计算机领域，同时数据库具有海量存储、查找迅速、分析半自动化等特点，所以数据采集分析专员最先出现于计算机行业，后来随着计算机技术应用的普及而扩展到了各个行业。该职位一般提供给熟悉数据库应用和具有一定统计分析能力的求职者。有计算机特长的统计专业人员，或学过数据分析的计算机专业人员都可以胜任此工作，不过最好能够对所在行业的市场情况有一定的了解。

4. IT 服务客服

IT 服务客服与传统行业的客服类似,都是接受用户的反馈并反映给相关部门解决。但 IT 服务客服一般也有对服务环境进行监督和维护的责任,还有部分处理问题的责任,如网络游戏行业中的 GM 不但需要接受用户意见,还有一定的账户管理的权限,这一点与传统客服不同。常见的 IT 服务客服有网络社区客服、网络游戏客服、网校客服、网上商城客服等。

5. 多媒体制作设计师

多媒体制作设计师的职位包括音频处理制作、视频处理制作、3D 设计等。这类职位负责对相关的材料进行制作或者处理,一般要求有较好的相关知识背景。不过除了 3D 设计需要较好的美术功底以外,其他的职位都可以通过培训上手。多媒体制作设计师除了可以在媒体相关的 IT 行业工作外,还可以在娱乐业、广告业、游戏软件业等其他行业工作。音频和视频处理制作比较强调制作经验,对行业经验的要求较少;3D 设计的职位有些单位对行业经验略有要求,同时主要看作品的质量。

◆ **2.2.5 硬件类职位**

硬件类职位主要包括硬件开发工程师、硬件维护工程师和网络工程师等。

1. 硬件开发工程师

硬件开发工程师通常负责硬件产品(一般是硬件设备的一部分)的设计和开发。这个职位一般要求应聘者熟练掌握数字电路和模拟电路设计及相关设计工具的使用,精通单片机、可编程逻辑电路的开发以及精通汇编语言,熟悉各种硬件接口,有时还要求应聘者熟悉 C 语言开发,熟悉移动设备的应用开发,精通嵌入式系统原理和开发。该职位通常要求应聘者具有本科学历和 2 年以上相关工作经验。不过很多单位招聘硬件开发工程师时,一般不是很愿意接收计算机专业的人才,而是对自动化、电子、通信类专业的人才情有独钟。

2. 硬件维护工程师

这个职位又称内部技术支持,一般负责为其所在单位的硬件设备提供日常维护、新设备配置及实施、故障处理及维修等工作。硬件维护工程师按照就业的单位类别不同还分为 IT 行业的硬件维护工程师和非 IT 行业的硬件维护工程师。IT 行业的硬件维护工程师对技术要求很高,不但要精通办公 PC 的维修,还要精通服务器、网络设备的配置和维护,有时还根据具体单位的性质有附加要求,如服务器客户端专用软件的安装配置,一般要求有 2 年以上的工作经验。非 IT 行业的硬件维护工程师的要求相对较低,一般就是对办公自动化设备(主要是 PC 和小型局域网)进行日常维护,计算机专业的应届毕业生就可以胜任此职位。

3. 网络工程师

这个职位主要负责办公、商用型网络的构架实施以及维护工作,同时现在企业对办公自动化和网络协同工作要求也日益增加了。网络工程师的技术要求:熟悉各类服务器、路由、交换设备等硬件的结构、性能指标,能独立进行系统设计,精通网络所用的操作系统(一般为 Windows 或 Linux)的操作和配置;熟悉路由交换设备的配置方法,较好地掌握 TCP/IP 协议。

一般来说,网络工程师岗位的要求为计算机或通信类专业本科以上,有2年以上相关工作经验。如果有相关的认证,应届生也可以从事此类工作,不过一般是辅助性质的岗位。

硬件人才的需求虽然不像软件人才那样火热,但是就业形势还是不错的,同时薪资水平也不会比软件行业差。

◆ 2.2.6 大数据开发类

1. 大数据开发工程师

大数据开发工程师负责开发、建设、测试和维护架构;负责公司大数据平台的搭建和维护,负责大数据平台持续集成相关工具平台的架构设计与产品开发等。

2. 数据分析师

数据分析师负责数据的收集、处理和执行统计数据分析,运用工具提取、分析、呈现数据,实现数据的商业意义,需要业务理解和工具应用能力。

3. 数据挖掘工程师

数据挖掘工程师的工作是数据建模、机器学习和算法实现商业智能、用户体验分析、预测流失用户等,需要过硬的数学和统计学功底,对算法的代码实现也有很高的要求。

4. 大数据运维工程师

大数据运维工程师主要负责大数据相关系统/平台的维护,确保其稳定性,更多的是对大数据系统的维护。

2.3 IT专业人才状况调查

随着我国经济产业结构的不断升级,电子商务产业、移动互联产业的发展及云计算技术在全球范围内的推广,智能手机终端、移动应用、云管理、云物流、云手机等技术领域将产生巨大的人才缺口,催生出更多职位需求,为IT专业人才的就业提供了广阔的空间。

◆ 2.3.1 高校毕业生就业调查

2020年7月9日发布的《就业蓝皮书:2020年中国本科生就业报告》告诉我们一个事实:2019届本科毕业生平均月收入为5440元。疫情时代,不少传统线下业态受到的冲击较大,旅游、广告传媒、金融等行业对应届生的招聘需求下降明显。但是与此同时,新基建、医疗健康、在线教育、直播带货等领域发展迅猛,相关行业应届生的机会增多。其中,就业绿牌专业计算机类、电子信息类、自动化类等本科专业毕业生薪资较高,老牌热门专业金融毕业生薪资依然表现稳定。虽然越来越多高薪行业已经不再看重专业,但是专业仍然潜移默化地影响部分毕业生进行求职决策。而高校专业的设置除了自身水平过硬以外,是否符合国家发展前景,也成为影响着学校整体薪资指数的重要因素。除了专业以外,毕业生就业地同样很重要。因为就业城市的不同,大家的薪资水平差异很大。很多高校毕业生都选择本地就业,这会大大受到当地薪资水平的影响。在榜单中,一线城市的院校领跑全国。知名985高校武汉大学、湖南大学明显比预期排名更加靠后,这和湖北和湖南的地理位置不无关系。但需要注意的是,这并不能表明这些学校的毕业生工作不好,因为这样的工资水平在当地城市还是很有竞争力的。近年来,越来越多数据显示,大多数名校学生,依然钟情于北上广深杭等一线或新一线城市,希望自己能杀出一条血路来。对于广大年轻人来说,经济实力强劲的城市即使因为房价等原因备受吐槽,但是有更高的薪资、更多的机会、创新前沿、产业成熟、开放的社会环境,一线城市和新一线城市,依然是梦想起航的地方。

◆ 2.3.2 从业经历及工作职责分布

2019年我国IT专业人才的工作经历在3~4年和5~6年的分布有明显上升趋势,与过去几年调查数据相比,工作1~6年的比例明显减少趋势。随着企业信息化建设的成熟,有一定工作经验的人才更能够在企业得到持续发展。而有7年以上的工作经验,真正经过企业信息化锻炼的中高级IT专业人才在企业中的比例是稳定上升的。

尽管不同的企业对IT专业人才从事的职位的称呼不同,但从其所从事工作的性质看,IT专业人员从事工作主要为企业应用开发、数据库管理与维护、系统管理与维护、网络管理与维护和企业应用系统维护五大类。

◆ 2.3.3 行业薪资情况

艾媒咨询调研数据显示,专业就业前景和薪资情况是中国高考关注者选择专业的首要考虑因素,占比为56.8%。2019年我国高校应届毕业生薪酬最高的三个省市分别为北京、上海和广东,北京最高为月薪7750元,排名前十的省份月薪均在6000元以上。2019年应届毕业生薪酬最高的前五名学科大类分别为软件工程类、航空航天类、物理学类、大气科学类和电子信息类,均在9000元以上,其中软件工程类领跑全国,薪酬为9265元。

2020年在调查的全国985高校本科毕业生薪资水平的14所高校中,对外经济贸易大学以11 028元的平均月薪排名第一,其次是北京外国语大学和清华大学。2020年软件工程专业、计算机科学与技术专业、交通运输专业的应届毕业生月薪酬可观,为11 000元以上,电子信息科学与技术专业超过10 000元,如图2-2所示。

2020年中国收入最高的大学专业薪酬排名TOP10
Ranking of China's Highest Paid Majors by 2020 (Top 10)

单位:元/月

专业	薪酬
软件工程专业	11844.7
计算机科学与技术专业	11440
交通运输专业	11202.3
电子信息科学与技术专业	10190.7
电子信息工程专业	9970.7
工商管理专业	8924.2
药学专业	8812.1
市场营销专业	8810.7
电气工程及其自动化专业	8704.9
化学专业	8688.2

图2-2 2020年中国收入最高的大学专业薪酬排名

2.4 IT 就业前景分析

就中国来说，IT 产业从 2015 年—2020 年经历了年 28% 的增长速度，是同期国家 GDP 增长速度的三倍，对 GDP 增长的拉动作用已进一步增强，对我国国民经济增长的贡献率不断提高。2020 年度，在云科技、开放资源、移动、大数据和安全领域，科技人才需求量是最大的。随着社会对 IT 人才需求逐渐增多，很多公司的管理层更加注重对于技术人才的招聘。医疗保健、金融和制造业对科技人才的需求越来越大。因此，随着网络信息技术的迅速发展和普及，对 IT 技能人才的需求正在并将在相当长的时间内出现供不应求的局面，IT 技术服务市场需求空缺会越来越大。精通一门 IT 技术，将拥有更多的就业选择。因此，IT 技能培训企业的发展前景将是十分广阔的。

BOSS 直聘发布的《2021 应届生秋招早鸟报告》显示，2021 应届生招聘规模最大的前五个行业分别为互联网 /IT、教育培训、房地产 / 建筑、专业服务和金融。报告中的数据显示，有 47.2% 的高薪岗位来自千人以上的大公司，岗位以产品、研发和设计三大块构成，其中 Java 工程师招聘数量最多，充分说明了 IT 互联网行业对于人才的需求，而且能开出更高的薪资。在此时代背景下的 IT 行业，正以其超强的发展势头吸引着人才的涌入，成为发展前景好、薪资水平高的高薪行业之一，连续四年雄踞行业榜首。纵观现在 IT 行业的大趋势，未来十年，IT 行业仍旧会处于高速发展的态势，而且随着 IT 行业的发展 IT 行业对于人才的需求量也会变得越来越大。IT 行业的就业前景分析如下。

1. 就业前景好

IT 行业的岗位缺口大。IT 行业不断有新技术出现，而由于 IT 行业技术的不断更新，专业人员随时都处于匮乏的状态。据 CNN 和 Payscale 的调查，在最具潜力的薪酬职业中，前二十位里有 5 个职业属于 IT 行业，而前五十个中有 14 个属于 IT 行业。

2. 薪资水平高

如今，IT 业以其超强的发展势头，成为目前最具前景的高薪行业之一。软件工程师、网络工程师、影视动画设计师等 IT 人才为市场紧缺人才，发展前景好，薪资水平也较高。据 CSDN 发布的《2021—2022 中国开发者现状调查报告》显示国内程序员的月薪主要集中在 8K～17K 这个范围，占 49.2%，月薪为 17K～30K 的占 20.5%，如图 2-3 所示。

3. 行业专业性

IT 从业人员的项目意识和专业性是非常强的。工程师、项目经理等人员都要具备非常专业的技术知识，因此，IT 业人士都拥有很强的专业性，特别是一些新技术领域，对于从业人员的要求都是比较高的。

4. 职位适应性强

IT 人才不但是核心人才，而且是通用人才，所以哪个行业发展快，就可以去哪个行业的企业，能更大限度提高人才的价值而降低职业风险。

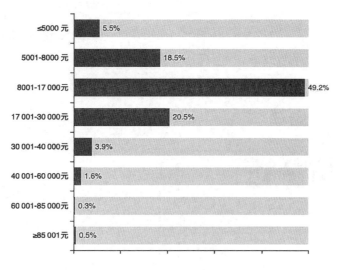

图 2-3 2021 年开发者月薪分布情况

5. 提升速度快

IT 人才需要一定的技术性,因此一个熟练的 IT 工程师,特别受用人单位的欢迎。

6. 职业生涯长

很多人都说 IT 工程师的职业生涯短,其实这是一个误解。IT 工程师是通用型人才,不受行业发展的限制,也不受年龄和体力的影响,与医生、律师一样,年龄越大,经验越丰富,也就越受欢迎。

7. 工作环境优越

伴随着全球新一轮产业结构调整和转移的浪潮,我国信息产业快速发展,成为仅次于美国和日本的第三大电子信息产业大国。北京、上海、广州、深圳及沿海发达城市成为我国信息产业较密集的地区。一般从事信息产业的企业大都集中在高级写字楼或国家级、省级软件科技园。工作环境优越,生活设施完善,同行业人才聚集,有利于建立广阔的人脉,为自己的事业奠定稳固的基础。

综上,无论是大专毕业,还是本科、硕士,选择进入 IT 行业都是不错的选择,因为相较于其他职业,IT 行业更看重从业人员的实践能力,而不是高学历。只要你掌握了系统的知识理论,扎实的技术,且拥有了一定的项目实践能力,就能够在 IT 行业获得一份满意的工作,拥有一片广阔的就业前景。

思考与练习

1. IT 人才在各行业中的分布如何。
2. 分析 IT 人才招聘中对知识和能力方面的要求。
3. 查阅资料,了解软件行业的职业发展情况。
4. 谈谈目前 IT 职位的需求状况,以及自己期望的公司、职位以及薪酬。

第 3 章
IT 岗位分析

> 导读资料

华为创业史

1987年9月15日,43岁的任正非集资2.1万元在深圳创立华为公司,经过30年的艰苦奋斗,华为由一个小作坊成长为全球通信技术行业的领导者和世界500强前百强企业,业务遍布全球170多个国家和地区,2016年销售收入达到5200亿元,其中销售收入65%都来自海外市场,创造了世界企业发展史上的奇迹。

一个43岁的男人,在经营中被骗了200万,被国企南油集团除名,曾求留任遭拒绝,还背负200万债务。创立华为公司时,没有资本、没有人脉、没有资源、没有技术、没有市场经验,看谁都比他强的一个人,成功逆袭,用27年把华为带到世界第一!任正非创办华为30年是如何一步步让华为由弱变强,称霸世界的?

1944年10月25日,任正非出生于贵州镇宁县一个贫困的小村庄(靠近黄果树瀑布)。他的父母是乡村中学教师,家中还有兄妹6人。任正非从小就经历了磨炼。任正非的童年虽然是在贫穷中度过,却是快乐美好的。

任正非中、小学就读于贵州边远山区的少数民族县城。因为父母对知识的重视和追求,即使在三年自然灾害时期,父母仍然坚持让孩子读书。吃不饱,穿不暖。直到高中毕业,任正非都没穿过一件衬衣,夏天,他还穿着厚厚的外衣。家里几个人合用一条棉被,在地炕里做饭,他每天饥肠辘辘,无心读书,最大的理想就是能吃一个白面馒头。

高中那年,一家人穷到得去山上挖野草根煮来充饥。偶然有一个馒头,母亲也会切成九等份,每个人只有一口,为的是让每个孩子都能活下去。

1963年,任正非考上了重庆建筑工程学院(现并入重庆大学),但此时家里的经济状况更加捉襟见肘,弟妹的处境也更加艰难。母亲竭尽全力为他买的两件衬衣和一条拼接起来的被单,陪伴任正非度过了四年艰苦的大学生活。他学习很刻苦,在大学里自学自动控制学、逻辑学、哲学和几门外语。苦难是人生一笔最宝贵的财富。任正非说:"如果没有经历童年的贫苦饥饿以及人生的挫折,就不可能有今天的成就。如果不艰苦奋斗,就不可能有今天的华为。"

1987年,43岁的任正非集资2.1万元,在深圳创立了华为公司;次年,任正非出任华为公司总裁。随后28年间,任正非凭借持续创新创业的精神,引领华为不断创造商业奇迹,走出中国,走向世界。如今,华为从一家立足于中国深圳特区的民营企业,稳健成长为年销售规模超过2880亿元人民币的世界500强公司。华为的电信网络设备、IT设备和解决方案以及智能终端已应用于全球170多个国家和地区。作为华为创始人,任正非成为中国杰出的企业家之一,曾两度登上美国《时代》杂志全球100位最具影响力人物榜单。《时代周刊》曾这样评价他:"任正非是一个为了观念而战斗的硬汉。"

有句话说:"25岁到35岁为创业最佳期,40岁已经相当迟,40岁以后则是例外中的例外。"言外之意就是,一个人创业时越年轻,也就越有更多尝试的机会、更大的冲劲和实力。相比之下,任正非的成功更像是例外中的例外:创业的时候,他已经43岁了。但是,即使到了这个年岁,任正非依旧保持着年轻人的冲劲和锐气。创办华为公司后不久,任正非即决定走一条自主创新之路。1991年9月,华为租下了蚝业村工业大厦三楼作为研制程控交换机的场所,50多名年轻员工跟随任正非开始了充满艰险和未知的创业之路。虽然环境艰苦，但是大家对未来充满信心。怀着勇往直前的干劲，任正非几乎每天都到现场检查生产及开发进度，开会研究面临的困难，分工协调解决各类问题。

任正非就是用这种精神弥补了当时公司物质极度短缺的劣势，使得大家都为一个美好的明天而齐心协力。10年后，华为年销售额已经达到200多亿元人民币，公司总部搬到了深圳龙岗坂田华为工业园。华为熬过了创业的艰苦岁月。

在过去近30年的发展历程里，华为始终保持着快速的前进步伐，创造着各种令人瞠目结舌的商业神话，将个个历史悠久、资金技术实力雄厚的对手甩在身后。华为能够取得今天这样的成就，任正非起到了重要的引领和决定性作用。

正是一种无时不在的危机感，默默引领着这个庞大的通信帝国披荆斩棘。华为内部不时传出任正非"泼冷水"的声音，比如，"华为没有成功，只是在成长""华为的冬天"，他甚至要求员工们坚持对自己、对今天、对明天做出批判以及对批判的批判等。

任正非曾幽默地称他在华为最大的权力就是思想权，而思想家的作用就是假设。他阐述了假设之于思想的重要性："只有有正确的假设，才有正确的思想；只有有正确的思想，才有正确的方向；只有有正确的方向，才有正确的理论；只有有正确的理论，才有正确的战略。"这种忧患意识的假设，让华为员工戒骄戒躁，奋斗不息。

同时，华为做任何事情，都以客户为中心，全力以赴，甚至不顾个人安危，生怕做不好让客户产生不满情绪。这种思想理念正是华为持续发展的源头活水。"思想有多远，我们就能走多远"。这句广告语无形中为华为的持续高成长做了最好注脚。

"华为的追求是在电子信息领域实现顾客的梦想，并依靠点点滴滴、锲而不舍的艰苦追求，使我们成为世界级领先企业。"华为不仅输出了优质产品、行业标准和先进的管理制度，更输出了思想。事实上，任正非的企业理念在中国企业界乃至其他领域都产生了广泛的影响。

任正非说，华为需要一批各方面的统帅人物，需要在管理、研发等领域造就出一批战略家，也需要一批仰望星空、假设未来的思想家。

这是一个互联网的时代。当下，互联网正在以其无时不在、无处不在的信息沟通、交流以及海量的信息资源传送、呈现、挖掘和共享，颠覆传统经营模式，并对越来越多的行业造成巨大影响和冲击。互联网思维开始盛行，甚至颠覆、超越以往的工业科学管理模式。

2015年10月，任正非接受了《福布斯》杂志专访，畅谈了对中国创新、"互联网+""工业4.0"等热门话题的看法。任正非认为，互联网只是工具，我们的目的是发展实业，解决人们的生存、幸福问题。实业是就业和社会稳定的基础。这中间，保护知识产权对于创新至关重要。另一方面，云计算正在摧毁基于卖产品和卖服务的传统IT业，包括软件、硬件、网络设备和传统IT服务厂商等。云计算的颠覆性有可能是IT业有史以来最大的一场革命。

面对这样的形势和挑战，任正非对云计算和大数据提出了富有前瞻性的认识，并吹响了坚定的冲锋号角。"当前4K/2K/4G和企业政府对云服务的需求，使网络及数据中心出现了战略机会。这是我们的重大机会窗，我们要敢于在这个战略机会窗开启的时期，聚集力量，密集投资，饱和攻击。扑上去，撕开它，纵深发展，横向扩张。我们的战略目的就是高水平地把管道平台做大、做强。"2016年1月13日，任正非在华为市场工作大会上这样表示。

> 任正非以"纵深发展,横向扩张"为核心,分析了华为如何立足主航道,在已发现的战略机会上累积能量,迅速做大。他提出,终端业务要在5年内超越1000亿美元的销售收入;企业业务要抓住成功的部分,先纵向发展,再横向扩张。智慧城市、金融行业的IT正向云架构转型,电力行业转向数字化,政府和企业扩大对云服务的需求,这些都是重要的战略机会。华为要敢于和大数据、云计算的科技巨头博弈,以迎来新的历史转折,实现更好发展。
>
> 近年来,华为在运营商业务、终端业务和企业业务三个方面,齐头并进,步入了有史以来最辉煌的时期。但是,对于华为来说,最大的变量,也是更具战略性和颠覆性的,还是云计算技术,这关系到华为的立身之本以及未来生死。这一次,任正非再次表现出高涨的创新创业热情,向世界水平高科技发起冲击。
>
> "未来将是一个全球互联的世界。"这是任正非领导下的华为孜孜以求的信念。多年来,华为抓住中国改革开放和ICT行业高速发展带来的历史机遇,基于客户需求持续创新,赢得了客户的尊重和信赖。华为坚持聚焦战略,对电信基础网络、云数据中心和智能终端等领域持续进行研发投入,以客户需求和前沿技术驱动创新,使公司始终处于行业前沿,引领行业的发展。华为在构建高效整合的数字物流系统,促进人与人、人与物、物与物的全面互联和交融等方面一马当先,推动了行业和社会的进步。

随着信息技术的不断发展,IT行业的分工也日益精细化。一方面是科技的迅猛发展,涌现出很多新的领域,比如以前只有台式机或者笔记本,现在则大量在使用平板计算机和手机等移动设备;以前只有局域网的一些应用,而现在的互联网应用无处不在。再加上通信、电子等行业的飞速发展,云计算、嵌入式开发、可携带设备等领域也在不断拓展,IT与具体应用结合的岗位也就五花八门,多种多样。另一方面,随着信息技术复杂度的提高,其自身分工也越来越细致,一个岗位就可以操作所有IT业务的时代已经不存在了,比如出现了专门的数据库管理员,出现了专门的网络管理员等。所以在IT行业,有着大规模的分工与协作,形成了一个相对系统化的、结构清晰的、职责明确的岗位分配和设置。

3.1　IT主要岗位类别

根据具体工作内容的差异,以及工作方式、方法与使用工具的不同,IT主要岗位可以分为研究开发类、测试集成类、维护支持类和运营管理类四大类。每一类别中又可细分设置多重岗位,分别有着不同的工作侧重点。

◆ 3.1.1　研究开发类

研究开发类岗位一般指软件方面的系统架构、程序编写等。如果细分,研究开发类岗位还可以分为系统架构师岗位、软件工程师岗位和高级软件工程师岗位等。

系统架构师(又称企业架构师或者系统设计师)是一个最终确认和评估系统需求,给出开发规范,搭建系统实现的核心构架,并澄清技术细节、扫清主要难点的技术人员,主要着眼于系统的技术实现,应该是特定的开发平台、语言、工具的大师,对常见的应用场景能马上给出最恰当的解决方案,同时要对所属的开发团队有足够的了解,能够评估自己的团队实现特定的功能需求需要付出的代价。系统架构师负责设计系统整体架构,从需求到设计的每个细节都要考虑到,把握整个项目,使设计的项目尽量效率高、开发容易、维护方便、升级简单等。

软件工程师(又称程序员)是一个主要从事编程任务的岗位,对于当前项目所采用编程语言要非常熟悉和精通,能按照公司规定的编程规范和项目所设定的编程约定,把业务逻辑完备地表达成为可以正确执行的程序代码。这样的代码不但要经受住测试人员在发布前的检验,而且在发布之后,还要经历所有可能的修改或升级,以满足和响应客户的使用反馈。

◆ 3.1.2 测试集成类

测试集成类岗位一般有软件测试工程师和系统集成师。

1. 软件测试工程师

软件测试工程师是指能够理解产品的功能要求并对其进行测试,检查软件有没有错误,决定软件是否具有稳定性,写出相应的测试规范和测试用例的专门工作人员。简而言之,软件测试工程师在一家软件企业中,是对程序员的编码进行"质量管理"的角色,从而能帮助程序员及时纠错、及时更正,确保软件开发工作的正常推进以及相关产品的正常运行。

2. 系统集成工程师

从字面上来讲,系统集成工程师的工作就是将各个功能部分综合、整合为统一的系统。系统集成工程师一般负责将多个程序模块进行组合,还要搭建运行多个程序模块的运行环境,然后统一测试各个模块的配合度、协调度。一般在较为大型系统的开发中,会设立这个岗位。其工作主要是进行更加综合的测试,而不仅仅是编写简单的测试用例来测试一般的软件模块。这样的测试通常都是比较高层级的、跨越多个系统的联合调测。

◆ 3.1.3 维护支持类

除了研究开发和测试集成类岗位,事实上IT行业还有非常多的维护支持类岗位。日常工作中,对于开发人员或者管理人员,针对他们所使用的操作系统以及其上的一系列软硬件工具的使用进行帮助和指导乃至问题的解决,这些工作都需要专门的IT人员来操作。另外,几个最常见的工作(防病毒软件的统一管理和更新、工具软件的升级和打补丁等),都需要专门的人员和专门的时间来进行。维护支持类岗位主要有以下几种。

1. 桌面系统支持工程师

桌面系统支持工程师即负责用户终端的管理及日常维护的人员,其工作内容主要分为两个方面:一是对设备的分配调动进行管理并妥善记录;二是对终端进行软件安装和策略应用。50人以上的大公司一般是设有专门的桌面系统支持人员的。桌面运维的工作非常繁杂,在完成日常工作以外还要应对各种突发事件。该职位要求求职者具有极高的响应能力,以便快速地解决故障以保证他人的工作可以顺利进行。对于从事桌面系统支持的工程师来说,具备较高的计算机理论知识和熟练的操作能力是必不可少的,通过自己的工作节约他人在计算机操作方面所耗费的时间就是桌面系统支持工作的核心价值。在千人以上的企业,桌面系统支持工程师所发挥的作用更大。其主要的工作内容是对每个企业员工进行软件、硬件和网络维护，保证企业为每个员工配备的IT系统的正常运行，如计算机、打印机、扫描仪、IP电话、网络设备等。

2. 配置管理员

在软件开发从手工作坊阶段向工业化大规模生产阶段迈进的阶段，软件工程师的方法被广泛使用，其对于大规模软件的开发有着严格的控制。当软件的规模达到一定程度，开发的人员数量也急剧增长。这就要求每个程序员将软件代码的产生和修改都纳入规范化的控制里，否则就会产生一堆杂乱、相互干扰的程序代码。软件的配置管理工作就是要对每个程序员生产的代码进行规范化的存储、修改和发布。配置管理岗位主要使用特定的配置管理工具，对每个项目的代码变更进行版本控制，并维护不同项目之间的版本关联，以使软件在开发过程中任一时间的内容都可以被追溯，包括某几个具有重要意义的版本。一般使用到的工具有SourceSafe、CVS、Subversion、Git和ClearCase等。

3. 数据库管理员

数据库管理员简称DBA，是负责管理和维护数据库服务器的工作岗位。数据库管理员负责全面管理和控制数据库系统。数据库系统有非常多的种类，我们常见到的有甲骨文公司的Oracle、IBM公司的DB2、微软公司的SQL Server、Access，还有免费的MySQL等，当然还有一些非主流的数据库系统，如Sybase、Informix、Visual FoxPro等。大型的数据库系统非常需要专门的数据库管理人员，因为大型的数据库功能非常强大，配置和管理的任务复杂度高，从而对于人员的各方面的要求也非常高，不单是技术上要很全面，还需要其具有非常丰富的实践经验的积累。

4. 网络管理员

很难想象没有网络的计算机世界会是什么样子。事实上当今的信息世界是高度连接的，每台计算设备都需要连接到网络中，获取或者共享宝贵的信息资源。网络的重要性不言而喻，其专业性和复杂性也迫切需要设置一个专门的岗位来对一个企业或者一个部门的网络进行设置、监控和进行其他的管理任务。正因为网络的重要性和关键性，网络管理员的职责也很关键。按照国际标准化组织(ISO)的定义，网络管理是指规划、监督、控制网络资源的使用和网络的各种活动，以使网络的性能达到最优。一般而言，网络管理有五大功能，即失效管理、配置管理、性能管理、安全管理和计费管理。

◆ **3.1.4 运营管理类**

与其他领域一样，在IT领域内也需要有自己的管理方式和运营方法，只有这样才能将各种职责有机统一起来，协调有序地实现一定的任务目标，IT部门也才能以一个整体的形式与其他部门或者企业进行合作和协作。运营管理类岗位主要有以下几种。

1. 项目管理岗位

在信息技术推动的各行各业进行信息化发展的过程中，其发展的历程往往是以一个工程、一个项目的形式来进行组织和行动的。与其他行业类似，一般通过项目的形式可以合理有效的组织起资金、人员，在指定的时间内达成计划的任务目标。项目经理往往是项目管理岗位的核心人员。项目经理对自己的项目实行全面负责制，从项目的设立、计划和日常运行推进都要有细致全面的把握，另外还要应对危机管理、变更管理等挑战。

2. 运营管理岗位

当IT服务以一个整体的形式对内或者对外发布时，就需要一个统一的接口来提供。无论是企业内部使用的IT服务，还是提供给企业外部使用的IT服务，一般都会设置一个运营管理岗位来对应管理这项IT服务。

◆ 3.1.5 大数据开发

1. 大数据开发工程师

大数据开发工程师要负责数据仓库建设、ETL开发、数据分析、数据指标统计、大数据实时计算平台及业务开发、平台建设及维护等工作内容。大数据开发工程师要熟练掌握数据仓库、hadoop生态体系、计算及二次开发、大数据平台工具（开发平台、调度系统、元数据平台等工具）的开发。该岗位对于技术要求较高。

1）数据仓库开发工程师

数据仓库开发工程师负责人力资源系统核心业务模块数据仓库的构建；负责数据模型的设计，ETL实施、ETL性能优化、ETL数据监控以及一系列技术问题的解决；负责构建用户主题、各业务线主题、推荐主题、BI门户系统；负责全产品线数据字典维护，提升数据资产质量。

2）大数据平台开发工程师

大数据平台开发工程师负责游戏大数据应用系统的后端开发工作，处理包括高并发场景和复杂业务逻辑下数据平台的开发设计工作。

2. 数据分析师

从事数据分析工作的前提就是懂业务，即熟悉行业知识、公司业务及流程，最好有自己独到的见解，若脱离行业认知和公司业务背景，分析的结果只会是脱了线的风筝，没有太大的使用价值。一方面是搭建数据分析框架的要求，比如确定分析思路就需要用到营销、管理等理论知识来指导，如果不熟悉管理理论，就很难搭建数据分析的框架，后续的数据分析也很难进行。另一方面的作用是针对数据分析结论提出有指导意义的分析建议。数据分析师要掌握数据分析基本原理与一些有效的数据分析方法，并能灵活运用到实践工作中，以便有效的开展数据分析。基本的分析方法有对比分析法、分组分析法、交叉分析法、结构分析法、漏斗图分析法、综合评价分析法、因素分析法、矩阵关联分析法等。高级的分析方法有相关分析法、回归分析法、聚类分析法、判别分析法、主成分分析法、因子分析法、对应分析法、时间序列等。数据分析师要掌握数据分析的常用工具。数据分析方法是理论，而数据分析工具就是实现数据分析方法理论的工具，面对越来越庞大的数据，我们不能依靠计算器进行分析，必须依靠强大的数据分析工具帮我们完成数据分析工作。懂设计是指运用图表有效表达数据分析师的分析观点,使分析结果一目了然。图表的设计是门大学问,如图形的选择、版式的设计、颜色的搭配等,都需要掌握一定的设计原则。

3. 数据挖掘工程师

数据挖掘工程师要有良好的编码与代码控制能力,有扎实的数据结构和算法功底,也要能通过分析每个数据从大量数据中寻找其规律,还要熟悉 Linux 开发环境,熟悉 Python 语言,熟悉 Hadoop 相关开源组件。如果你有大规模的数据挖掘、机器学习的相关经验,一定要在简历中详细说明。数据挖掘工程师是从大量的数据中通过算法搜索隐藏于其中知识的工程技术专业人员。这些知识可用使企业决策智能化、自动化,从而使企业提高工作效率,减少错误决策的可能性,以在激烈的竞争中处于不败之地。

4. 大数据运维工程师

大数据运维工程师最基本的职责是负责服务的稳定性,确保服务可以 $7 \times 24h$ 不间断地为用户提供服务,负责维护并确保整个服务的高可用性,同时不断优化系统架构提升部署效率、优化资源利用率。实施工程师(以软件实施工程师为例)的工作内容:负责工程实施,包括常用操作系统、应用软件及公司所开发的软件的安装、调试、维护,以及少部分硬件、网络的工作;负责现场培训,包括现场软件应用培训;协助项目验收;负责需求的初步确认;把控项目进度;与客户沟通个性化需求;负责项目维护。大数据运维工程师,主要负责大数据相关系统/平台的维护,确保其稳定性,更多的是对大数据系统的维护。

5. 大数据架构师

大数据架构师负责企业级混合存储的相关架构设计、编码、性能优化等工作;负责基于 SQL 的离线计算、OLAP 的任务调度、执行引擎的研发;负责持续对大数据系统技术架构进行优化,降低成本,提升系统的性能和用户体验。

3.2 IT 岗位能力要求

◆ 3.2.1 研究开发类岗位能力要求

1. 系统架构师岗位能力要求

研究开发类岗位中,系统架构师岗位要求比较高,一般都由该技术领域的业内专家级别的人担任。除了要求程序的编写非常有经验,还要求对相关的领域有非常透彻的理解,如多用户并发如何处理,如何搭建一个结构良好、易于维护的系统。另外,系统还要修改方便,使投入的修改工作量可以降到最低等。系统架构师,应当是一个成熟的、有丰富经验的、有良好教育的、学习能力强的、善沟通和决策能力强的人。其能力具体如下。

1)技术能力强

系统架构师必须成为所在开发团队的技术路线指导者;必须广泛了解各种技术并精通一种特定技术,以便确定哪种技术最优,或组织团队开展技术评估。

2)系统思维能力强

系统架构师需要从大量互相冲突的系统方法和工具中区分出哪些是有效的,哪些是无效的。优秀的系统架构师能考虑并评估所有的可用来解决问题的总体技术方案。

3)业务知识丰富

业务知识丰富是指必须具有业务领域方面的工作知识,对于业务有深刻的理解。

4)需要良好的书面和口头沟通技巧

系统架构师必须通过组织小组讨论来沟通指导团队,确保开发人员按照架构建造系统。

2. 软件工程师岗位能力要求

研究开发类岗位中的软件工程师岗位最重要的能力要求在于良好扎实的程序设计能力,对于当前项目采用的编程语言及相关知识要非常熟悉,甚至精通。

比如,一个 .NET 软件工程师,就需要具有如下工作能力。

①熟悉 .NET 开发体系,熟悉 C#、ASP.NET 程序设计(这是最低的要求)。

②熟悉相应的数据库连接和开发。

③具备一定的开发经验和对业务知识的了解。

④善于沟通,能独立撰写开发文档。

再比如,一个 Java Web 软件工程师,需要具有如下工作能力。

①了解相关的系统结构,如 Struts2+Spring+Hibernate。

②掌握一些前端设计框架,如 jQuery 等。

③熟练掌握 Java 程序设计语言。

④掌握数据库的连接编程。

⑤具备面向对象的程序设计思想和开发文档的写作能力。

◆ 3.2.2 测试集成类岗位能力要求

1. 软件测试工程师岗位能力要求

测试集成类岗位中的软件测试工程师承担着对项目代码进行质量检验的任务。检验需要在一定的方法指导下进行,故其不但要对结构进行静态分析测试,还要对代码的执行进行动态的检验。对于软件测试工程师的要求一般有如下几点。

(1)掌握测试的专业技能,包括黑盒测试、白盒测试、测试用例设计等基础测试技术,也包括单元测试、功能测试、集成测试、系统测试、性能测试等测试方法,还包括基础的测试流程管理、缺陷管理、自动化测试技术等知识。

(2)具备一定的软件编程能力。这种编程能力有别于一般的软件开发,测试人员编写的程序应着眼于运行正确,同时兼顾高效率,尤其是体现与性能测试相关的测试代码。因此测试人员要具备一定的算法设计能力。依据资深测试工程师的经验,测试工程师至少应该掌握一门 Java、C#、C++ 之类的语言以及相应的开发工具。

(3)具备相关的网络、操作系统、中间件等知识。与开发人员相比,测试人员掌握的知识具有"博而不精"的特点,"艺多不压身"是个非常形象的比喻。测试中经常需要配置、调试各种测试环境,而且在性能测试中还要对各种系统平台进行分析与调优,因此测试人员需要掌握更多的编程之外的环境配置和工具安装调试知识。

(4) 对于行业知识有相当程度的了解。在测试的过程中,测试计划不仅是从编程角度出发进行设计的,而且要从应用的行业角度编写。

(5) 测试者需要有良好的从业素质,应具有强烈的质量意识,工作方式系统且认真细致。

2. 系统集成工程师岗位能力要求

测试集成类岗位中的系统集成工程师,除了应具备测试工程师应该具备的素质之外,还要对各个模块的关系、组合、连接有着更为深入的理解,更加擅长测试环境的搭建和配置。对于系统的了解,系统集成工程师应有更加宽广的视野和更丰富的时间经验。

◆ 3.2.3 维护支持类岗位能力要求

1. 桌面系统支持工程师岗位能力要求

桌面系统支持工程师主要负责为每个公司员工进行电脑软件安装,解决每个员工遇到的个人办公计算机方面的问题,所以必须具备良好的客户服务态度,还需要具备扎实、广博的桌面系统(尤其是 Windows 系列操作系统)的知识,如处理计算机蓝屏、计算机报警、计算机不能开机、打印机安装、Office 办公软件、计算机系统安装与杀毒、邮箱或者办公软件等问题的知识。

2. 配置管理员岗位能力要求

配置管理员主要是使用版本控制和管理工具对公司每个项目的软件版本进行管理和配置,在能力上要求如下。

(1) 能熟练使用或者是精通多种版本管理工具,如 CVS、Subversion 等,包括能够精通软件配置管理方面的规范、流程、工具的编写、培训与实施;能按照项目创建配置管理库,简历配置基线、配置清单、控制权限等。

(2) 了解软件开发及流程:对于软件的生命周期和版本发布比较了解,也对自动化构建、需求跟踪、需求管理等流程和平台比较熟悉。

3. 数据库管理员岗位能力要求

在数字化时代,数据对于一个企业而言是非常关键和重要的,所以对于数据库管理员第一个要求就是从业素质好,对于公司的保密纪律要严格履行,不该看、不该查的资料,坚决不看不查。另外,在专业技能领域,数据库管理员还需要具备如下能力。

(1) 熟练的日常数据库操作能力,包括数据库安装、数据库配置和管理、权限设置和安全管理、备份和恢复。

(2) 对于数据库具备专家级的了解,熟悉系统架构和数据库设计,并能对数据库进行各种级别的优化,解决数据库运行中的问题等。

4. 网络管理员岗位能力要求

网络管理员要有能力负责网络构架的设计、安装和配置,其能力要求主要体现在如下几点。

(1) 了解网络设计:拥有丰富的网络设计知识,熟悉网络布线规范和施工规范,了解交换机、路由器、服务器等网络设备,掌握局域网基本技术和相关技术,规划设计包含路由的局域网络和广域网络,为中小型网络提供完全的解决方案。

(2) 掌握网络施工的技能:掌握充分的网络基本知识,深入了解 TCP/IP 网络协议,独立完成路由器、交换机等网络设备的安装、连接、配置和操作,搭建多层交换的企业网络,实现网络互联和 Internet 连接;掌握网络软件工具的使用,能迅速诊断、定位和排除网络故障,正确使用、保养和维护硬件设备。

(3) 熟悉网络安全:设计并实施完整的网络安全解决方案,以降低损失和被攻击风险。在 Internet 和局域网络中,路由器、交换机和应用程序,乃至管理不严格的安全设备,都可能成为攻击的目标。网络管理员必须全力以赴,加强戒备,以防止来自黑客、外来者甚至心怀不满的员工的攻击,保证信息完整性以及处理日常业务操作的威胁。

(4) 熟悉网络操作系统:熟悉 Windows 和 Linux 操作系统,具备使用高级的 Windows 和 Linux 平台为企业提供成功的设计、实施和管理商业解决方案的能力。

(5) 有相应的素质能力:具有强烈的求知欲、自学能力、相关的计算机专业词汇阅读能力、动手能力、较强的应变能力、敏锐的观察能力和出色的分析判断能力。

◆ 3.2.4 运营管理类岗位能力要求

1. 项目管理岗位能力要求

项目管理岗位是为了对项目实行全方位管理(如质量、安全、进度、成本等)而设立的重要管理岗位。项目经理是项目的总负责人,其首要职责是在预算资金范围内,领导项目小组在规定的时间内优质完成全部项目工作内容,并使客户满意。其能力要求有如下几点。

(1) 一定深度的专业知识:对于所领导的项目具备一定的专业了解,不一定要是专家,但是越了解越有利于项目的领导和推进。

(2) 具备团队领导能力:具备调动项目组成员以及相关人员(如客户、供应商、其他部门的经理、政府部门人员等)的工作积极性的能力;能有效倾听、劝告和理解他人行为,与其他人能建立融洽的人际关系;最关键的是能激励全体项目组成员,为实现项目目标而协同工作,强有力地推动项目的执行。

(3) 具有一定的财务知识和一定的法律知识(民法),有能力对项目的人力、材料、设备、资金、技术、信息等生产要素进行优化配置和动态管理。

2. 运营管理岗位能力要求

运营管理岗位是对所提供的服务内容、服务质量和服务的持续性、可靠性等方面进行管理的岗位。这类岗位属于 IT 行业的中高级管理岗位,除了对相关的 IT 领域具备广博的知识和一定深度的了解之外,还需要对 IT 的发展趋势和市场定位有相当的认识,同时应具备团队的领导力、多个项目之间的协调能力。最关键的是需要有对客户强烈的服务意识,能够在 SLA(server level agreement) 合同所规定的时间和条件下,为客户提供优质、满意和及时的 IT 服务。

◆ 3.2.5 大数据开发岗位能力要求

1. 大数据开发工程师岗位能力要求

(1) 计算机、软件工程等相关专业,本科及以上学历,具有 3 年及以上 Java 开发经验;1 年及以上互联网或大数据分析工作经验优先;

(2) 熟悉 Hadoop 或 Spark 生态相关技术,包括 MapReduce、hdfs、Hive、Spark 等,1 个以上大数据平台项目实施经验;熟悉 Oracle 或 MySQL 数据库技术;

(3) 具有 BI 系统的开发实施经验,能够独立开发设计数据仓库、ETL 设计、Cube 建模、OLAP 开发、报表开发等;一定的应用系统分析与设计能力,有良好、规范的编程习惯和文档编写习惯;

(4) 有较强的学习能力,对技术有钻研精神,并有较高的热情,热衷于新技术、新理论、新开发实践的学习和实践。

2. 数据分析师岗位能力要求

(1) 结构化分析能力:具有严密的逻辑思维能力,能够系统的分析一个问题或者一个主题,而不是零散的分析某些点,分析过程严谨、合理,层次分明,遇到了问题大体知道该从哪些方面着手,而不是一团糨糊,大胆假设,小心求证,这是数据分析师最基本、最重要的能力。

(2) 业务理解能力:将所有的数据分析都落脚到业务,对业务的深入理解必不可少,对业务的洞察不能弱于产品经理、运营人员,熟悉所拥有的数据,作为数据和业务的桥梁,关注业务指标和工作方向,也是很重要的能力。

(3) 数据分析能力。工具是用来辅佐数据分析的,数据分析人员没有一两件称手的数据分析工具是不行的,包括 excel、SAS、Python、R、SPSS、IBM modeler 等。数据分析师要熟悉 SQL、Shell 语言,还要熟悉 Hadoop、Spark 等大数据架构,了解逻辑回归、决策树、神经网络等流行的机器学习算法,熟悉数据仓库的知识。

(4) 沟通表达能力:能够和业务方很好地沟通,挖掘业务人员需求,了解产品和运营的工作计划和方向,构思数据产品;能够推动数据化运营,并能够分享、扩散数据化运营思维,能够表达清楚自己的意见。卓越的数据分析师要有良好的沟通表达能力,不断扩大自己和数据分析的影响力。

(5) 创造性思维能力。数据分析师要能够积极主动思考数据运用场景,创造性解读数据包含的信息,提出创造性的解决方案和建议,创新数据应用。具有这种能力的人较少,具有的人有很大的加分,创造性思维来自勤于思考和广阔的视野。

(6) 项目推动能力。数据分析师要能够推动数据分析结果的落地执行,有相应的方法论,并不断量化数据分析成功,扩大数据分析的影响力。具有这种能力的人较少。

(7) 报告撰写能力。数据分析师要能够熟练撰写数据分析报告,使报告有逻辑、美观大方。

数据分析师的工作离开不各种各样的分析报告,写好报告算是分析师的一种基本功力。

3. 数据挖掘工程师岗位能力要求

(1) 具有深厚的统计学、数学、数据挖掘知识,熟悉数据仓库和数据挖掘的相关技术。

(2) 掌握 Oracle、SQL、DB2、SybaseIQ 等一种以上的主流数据仓库产品。

(3) 熟悉 Phython、C++、C 语言中的一种或以上。

(4) 熟悉 BusinessObjects、Cognos、MicroStrately、Hyperion 等主流数据仓库的前端展现工具;熟练常用数据挖掘工具 SAS、SPSS,熟练掌握常用的数据挖掘算法;有较强的数学功底和扎实的统计学、数据挖掘理论功底;有较强的中文文档编写能力和英文阅读能力。

(5) 具有海量数据挖掘、分析相关项目实施的工作经验。

(6) 能根据数据的实际情况设计数据挖掘模型,有良好的逻辑分析能力和良好的沟通能力。

4. 大数据运维工程师岗位能力要求

(1) 计算机相关专业本科及以上学历,3 年以上大数据产品相关的实施、运维经验。

(2) 具备大数据项目实施、运维经验,熟悉 hadoop、spark、flink 等主流大数据产品。

(3) 精通 shell、python 或 perl 至少一种脚本语言,会利用脚本进行批量部署。

(4) 具备 MySQL 或 Oracle 数据库安装配置、实施交付及运维能力。

(5) 对 Linux 操作系统有使用经验和技术背景,能够熟练运用 Linux 命令。

(6) 熟悉数仓理论及建模技术,有 BI 报表开发工具使用经验优先。

5. 大数据架构师岗位能力要求

(1) 从事数据仓库工作至少 2 年以上,熟悉数据仓库模型设计与 ETL 开发经验,掌握维度建模设计方法等思想,具备海量数据加工处理(ETL)相关经验。

(2) 具备大型数据仓库架构设计、模型设计和处理性能调优等相关经验。

(3) 精通数据仓库各类模型建模理论,熟悉 MySQL、SQL Server、Greenplum 等主流数据仓库模型设计之一。

(4) 熟悉 Hadoop、Hive、Memcached、Mongo,具备海量数据处理和性能调优经验,对 Hadoop 生态体系源码有研究更佳。

(5) 具备良好的团队精神,沟通能力较好,性格积极乐观,具备强烈的进取心。

3.3 IT 职业技能证书

◆ 3.3.1 计算机软件水平考试

计算机软件水平考试(简称软考)是对原中国计算机软件专业技术资格和水平考试的完善与发展,是由人力资源和社会保障部和工业和信息化部领导下的国家级考试,其目的是科学、公正地对全国计算机与软件专业技术人员进行职业资格、专业技术资格认定和专业技术水平测试。上半年考试时间为 5 月底(5 月的第三个星期的周六、周日),下半年考试时间为 11

月中旬(11月的第二个星期的周六、周日)。软考颁发的证书如图3-1所示。

	计算机软件	计算机网络	计算机应用技术	信息系统	信息服务
高级资格	信息系统项目管理师	系统分析师	系统架构设计师	网络规划设计师	系统规划与管理师
中级资格	软件评测师 软件设计师 软件过程能力评估师	网络工程师	多媒体应用设计师 嵌入式系统设计师 计算机辅助设计师 电子商务设计师	系统集成项目管理工程师 信息系统监理师 信息安全工程师 数据库系统工程师 信息系统管理工程师	计算机硬件工程师 信息技术支持工程师
初级资格	程序员	网络管理员	多媒体应用制作技术员 电子商务技术员	信息系统运行管理员	网页制作员 信息处理技术员

图3-1 软考颁发的证书

1. 初级资格

1) 程序员

考核内容:计算机相关基础知识;基本数据结构和常用算法;C程序设计语言,以及C++、Java中的一种程序设计语言。

岗位描述:从事软件开发和调试工作的初级技术人员。

2) 网络管理员

考核内容:计算机系统、网络操作系统、数据通信的基础知识;计算机网络的相关知识;以太网的性能、特点、组网方法以及简单管理;主流操作系统的安装、设置和管理方法;Web网站的建立、管理与维护方法;交换机和路由器的基本配置。

岗位描述:从事小型网络系统的设计、构建、安装和调式,中小型局域网的运行维护和日常管理,构建和维护Web网站的初级技术人员。

3) 信息处理技术员

考核内容:信息技术的基本概念;计算机的组成、各主要部件的功能和性能指标;操作系统和文件管理的基本概念和基本操作;文件处理、电子表格、演示文稿和数据库应用的基本知识和基本操作;Internet及其常用软件的基本操作。

岗位描述:从事信息收集、存储、加工、分析、展示等工作,并对计算机办公系统进行日常维护的初级技术人员。

4) 信息系统运行管理员

考核内容:计算机系统的组成及主要设备的基本性能指标;操作系统、数据库系统、计算机网络的基础知识；多媒体设备、电子办公设备的安装、配置和使用；信息处理基本操作；信息化及信息系统开发的基本知识。

岗位描述：从事信息系统的运行管理、安装和配置相关设备、熟练地进行信息处理操作、记录信息系统运行文档、处理信息系统运行中出现的常见问题的初级技术人员。

5）网页制作员

考核内容：Internet、网页、网站的基本知识；HTML 语言及其应用；CSS 及其应用；网站设计的步骤、原则、布局等知识；使用 Photoshop 进行平面设计的基本方法和技巧；使用 Flash 进行动画设计的基本方法和技巧。

岗位描述：从事网站结构与内容的策划与组织、网站的页面设计及美观优化、网站栏目内容的采编与日常维护的初级技术人员。

6）电子商务技术员

考核内容：现代电子商务的定义、作用、特点；电子商务模式；网络营销的定义和内容；现代电子商务的相关技术基础；电子商务网站的维护和管理；电子商务安全的概念和技术基础；电子支付技术。

岗位描述：从事电子商务网站的维护和管理、网络产品的营销策划的初级技术人员。

7）多媒体应用制作技术员

考核内容：计算机相关基础知识；多媒体数据获取、处理及输出技术；数字音频编辑；动画和视频的制作；多媒体制作工具的使用。

岗位描述：从事多媒体系统制作的初级技术人员。

初级资格如图 3-2 所示。

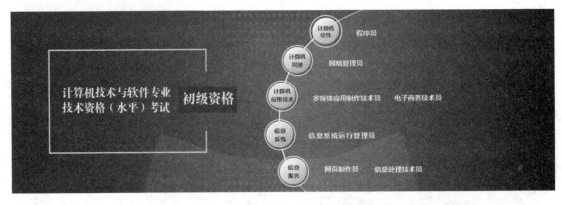

图 3-2 初级资格

2. 中级资格

1）软件评测师

考核内容：操作系统、数据库、中间件、程序设计语言、计算机网络基础知识；软件工程知识；软件质量及软件质量管理基础知识；软件测试标准、测试技术及方法；软件测试项目管理知识。

岗位描述：从事软件测试工作的中级技术人员。

2）软件设计师

考核内容：计算机相关基础知识；常用数据结构和常用算法；C程序设计语言，以及C++、Java中的一种程序设计语言；软件工程、软件过程改进和软件开发项目管理的基础知识；软件设计的方法和技术。

岗位描述：从事软件设计与开发工作的中级技术人员。

3）网络工程师

考核内容：计算机系统、网络操作系统、数据通信的基础知识；计算机网络的相关知识，包括计算机网络体系结构和网络协议、计算机网络互联技术、网络管理的基本原理和操作方法、网络安全机制和安全协议；网络系统的性能测试和优化技术，以及可靠性设计技术；网络新技术及其发展趋势。

岗位描述：从事计算机网络系统的规划、设计，网络设备的软硬件安装调试，网络系统的运行、维护和管理的中级技术人员。

4）多媒体应用设计师

考核内容：多媒体计算机的系统结构；多媒体数据获取、处理及输出技术；多媒体数据压缩编码及其适用的国际标准；多媒体应用系统的创作过程，包括数字音频编辑、图形的绘制、动画和视频的制作、多媒体制作工具的使用等。

岗位描述：从事多媒体系统的设计、制作和集成的中级技术人员。

5）嵌入式系统设计师

考核内容：嵌入式系统的硬件、软件基础知识；嵌入式系统需求分析方法；嵌入式系统设计与开发的方法及步骤；嵌入式系统实施、运行、维护知识；软件过程改进和软件开发项目管理等软件工程基础知识；系统的安全性、可靠性、信息技术标准以及有关法律法规的基本知识。

岗位描述：从事嵌入式系统的设计、开发和调试的中级技术人员。

6）电子商务设计师

考核内容：电子商务基本模式、模式创新及发展趋势；电子商务交易的一般流程；电子支付概念；现代物流技术和供应链技术；电子商务网站的运行、维护和管理；电子商务相关的经济学和管理学基本原理、法律法规等。

岗位描述：从事电子商务网站的建立、维护、管理和营销的中级技术人员。

7）系统集成项目管理工程师

考核内容：信息系统集成项目管理知识、方法和工具；系统集成项目管理工程师职业道德要求；信息化知识；信息安全知识与安全管理体系。

岗位描述：从事信息系统项目管理的中级管理人员、中级项目经理等。

8）信息系统监理师

考核内容：信息系统工程监理知识、方法和工具；信息系统工程监理师的职业道德要求；

信息系统工程监理的有关政策、法律、法规、标准和规范。

　　岗位描述：从事信息系统监理的中级技术人员。

　　9) 数据库系统工程师

　　考核内容：数据库系统基本概念及关系理论；常用的大型数据库管理系统的应用技术；数据库应用系统的设计方法和开发过程；数据库系统的管理和维护方法。

　　岗位描述：从事数据库系统设计、建立、运行、维护的中级技术人员。

　　10) 信息系统管理工程师

　　考核内容：信息化和信息系统基础知识；信息系统开发的基本过程与方法；信息系统管理维护的知识、工具与方法。

　　岗位描述：从事对信息系统的功能与性能、日常应用、相关资源、运营成本、安全等进行监控、管理、评估、提出系统改进建议的中级技术人员。

　　11) 信息安全工程师

　　考核内容：信息安全的基本知识；密码学的基本知识与应用技术；计算机安全防护与检测技术；网络安全防护与处理技术；数字水印在版权保护中的应用技术；信息安全相关的法律法规和管理规定。

　　岗位描述：从事信息系统安全设施的运行维护和配置管理，处理信息系统一般安全风险问题的中级技术人员。

　　12) 计算机辅助设计师

　　考核内容：计算机相关基础知识；计算机辅助设计的基本知识；相关计算机辅助设计软件的使用；属性、图块与外部参照在图形绘制中的应用；图形的着色与渲染。

　　岗位描述：运用相关计算机辅助设计软件从事机械设计、数字制图等的中级技术人员。

　　13) 信息技术支持工程师

　　考核内容：信息技术知识；计算机硬件和软件知识；计算机日常系统安全与维护知识；文字处理、电子表格、演示文稿和数据库软件的操作；多媒体、信息检索与管理的基础知识；常用办公设备的使用方法。

　　岗位描述：从事计算机系统安全与维护，多媒体、信息检索与管理，熟练使用常用办公软件的中级技术人员。

　　14) 计算机硬件工程师

　　考核内容：计算机硬件基础知识；数字电路基础；计算机原理；PCB设计；C语言和汇编语言编程技术；计算机常见故障现象和判断方法。

　　岗位描述：从事计算机相关硬件设计、开发和维护的中级技术人员。

　　15) 软件过程能力评估师

　　考核内容：软件工程基础知识；软件过程能力评估模型；软件能力成熟度模型；软件过程及能力成熟度评估方法；相关认证认可基本规范。

岗位描述：从事软件过程能力及成熟度评估活动的中级技术人员。

中级资格如图 3-3 所示。

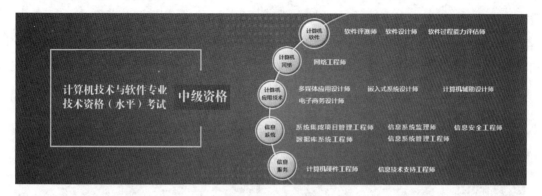

图 3-3　中级资格

3. 高级资格

1）信息系统项目管理师

考核内容：信息系统项目管理知识和方法；项目整体绩效评估方法；常用项目管理工具；信息系统相关法律法规、技术标准与规范。

岗位描述：从事信息系统项目管理的高级管理人员、高级项目经理等。

2）系统分析师

考核内容：信息系统开发所需的综合技术知识，包括硬件、软件、网络、数据库等；信息系统开发过程和方法；信息系统开发标准；信息安全的相关知识与技术。

岗位描述：在信息系统项目开发过程中负责制订信息系统需求规格说明书和项目开发计划、指导和协调信息系统开发与运行、编写系统分析设计文档、对开发过程进行质量控制与进度控制等的高级技术人员。

3）系统架构设计师

考核内容：计算机硬件、软件知识；信息系统开发过程和开发标准；主流的中间件和应用服务器平台；软件系统建模和系统架构设计基本技术；计算机安全技术、安全策略、安全管理知识。

岗位描述：从事系统架构分析、设计与评估的高级技术人员。

4）网络规划设计师

考核内容：数据通信、计算机网络、计算机系统的基本原理；网络计算环境与网络应用；各类网络产品及其应用规范；网络安全和信息安全技术、安全产品及其应用规范；应用项目管理的方法和工具实施网络工程项目。

岗位描述：从事计算机网络领域的需求分析、规划设计、部署实施、评测、运行维护等工作，能指导制订用户的数据和网络战略规划，能指导网络工程师进行系统建设实施的高级技术人员。

5)系统规划与管理师

考核内容:IT战略规划知识;信息技术服务知识;IT服务规划设计、部署实施、运营管理、持续改进、监督管理、服务营销;团队建设与管理的方法和技术;标准化相关知识。

岗位描述:从事信息技术服务规划和信息系统运行维护管理,制定组织的IT服务标准和相关制度、管理IT服务团队的高级技术人员。

高级资格如图3-4所示。

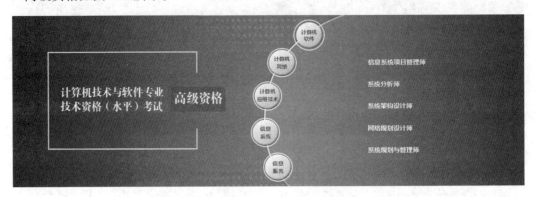

图3-4 高级资格

中国人力资源和社会保障部职业技能鉴定中心OSTA(occupational skill testing authority)是我国劳动就业和职业资格证书的权威管理机构,其下设国外职业证书引进协调办公室专门负责国外职业证书方面的协调、管理工作。由SOTA举办的考试认证覆盖的职业非常之多,职业分类的依据是《中华人民共和国职业分类大典》所确定的实行就业准入的87个职业目录,其中与IT相关的有计算机维修工和计算机操作员。OSTA认证分为五个等级,如图3-5所示。

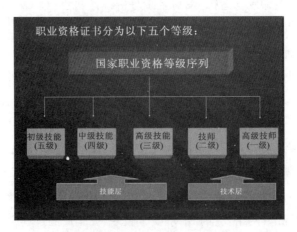

图3-5 OSTA认证分为五个等级

◆ 3.3.2 研究开发类职业技能证书

计算机软件水平考试中与研究开发类职业相关的证书有系统分析师证书、系统架构设计师证书、系统规划与管理师证书;软件设计师证书、嵌入式系统设计师证书;程序员证书。计算机软件水平考试证书封面和证书内页如图3-6所示。

(a) 封面

(b) 内页

图 3-6　计算机软件水平考试证书封面和证书内页

3.3.3　测试集成类职业技能证书

计算机软件水平考试中与测试集成类职业相关的证书有：软件评测师证书、系统集成项目管理工程师证书。

另外，测试集成类职业技能证书还有由国际软件测试资质认证委员会 ISTQB(international software testing qualification board) 颁发的针对软件和系统测试专业人员的、统一的、全球认可的国际性认证书，如图 3-7 所示。ISTQB 国际软件测试资质认证委员会是国际唯一权威的软件测试资质认证机构，主要负责制定和推广国际通用资质认证框架，即国际软件测试资质认证委员会推广的软件测试工程师认证(ISTQB certified tester) 项目。ISTQB certified Tester 的认证体系分为三个级别：基础级、高级和专家级。

图 3-7　ISTQB 证书

1. 基础级认证

基础级认证(CTFL)的对象：有一定测试专业基础知识的测试人员，包括测试工作人员、测试管理人员、质量控制人员(QA/QC)等，软件开发人员、IT 部门工作者等，有志于从事软件测试工作的人员以及具有软件测试基本知识的计算机相关专业学生等。

基础级扩展-敏捷测试工程师认证(CTFL-AT)的对象：专业人员，包括测试人员、测试分析师、测试工程师、测试顾问、测试经理、用户验收测试人员和软件开发人员等；在敏捷的世界中想要更深入了解软件测试的任何人，如项目经理、质量经理、软件开发经理、业务分析师、IT 总监和管理顾问等。

参与基础级扩展-敏捷测试工程师考试，考生必须已经获得 ISTQB® 基础级的证书。

基础级认证(CTFL)的考试内容：软件测试基础理论、软件测试周期、静态测试技术、白盒黑盒测试技术和测试设计、测试管理基础和测试工具基础等。

基础级扩展-敏捷测试工程师认证(CTFL-AT)的考试内容：软件测试基础理论、软件测试周期、静态测试技术、白盒黑盒测试技术和测试设计、测试管理基础和测试工具基础等。

2. 高级认证

1) 对象

高级认证适合有 3~5 年以上测试相关经验的测试人员，包括测试员、测试分析师、测试工程师、测试咨询人员、测试经理、用户验收测试人员以及软件开发人员等；也适合于希望深入理解软件测试的人员，如项目经理、质量经理、软件开发经理、业务分析人员、IT 主管和管理顾问等。参加该级别认证的人员需先通过 ISTQB® 基础级认证。

2) 考试方式

考试分为三个模块：test manager(高级测试经理)，test analyst(高级测试分析师)与 technical test analyst(高级技术测试分析师)。通过这三个模块方可取得高级证书。

3) 考试内容

高级功能测试技术、自动测试技术和应用、高级结构化测试技术、软件测试管理理论和方法等。

3. 专家级认证

1) 对象

参加专家级实施测试过程改进模块资格认证的人员应满足如下要求。

(1) 必须已经通过高级测试经理模块的认证。

(2) 除了通过资格认证考试，在获得专家级证书之前，考生还必须提供实际测试工作经验证明，特别要提供申请认证的专家级模块所在领域的工作经验证明。

(3) 除了通过考试，考试还要符合以下要求。

① 至少 5 年的实际测试工作经验(需提交个人简历，包括 2 封推荐信)。

② 至少 2 年的专家级领域工作的经验(需提交个人简历，包括 2 封推荐信)。

③ 至少发表过 1 篇文章，或在测试大会中进行过专家级模块相关的测试专题演讲。

满足上述要求的人员才能获得 ISTQB® 专家级相应模块的认证证书。

2）考试内容

改进概要、基于模型的改进、基于分析的改进、选取测试过程改进的方法、改进过程和组织、角色和技能、管理变更、改进成功的要素、适应不同周期模型等。

3）考试方式

改进测试过程分为两个模块：实施测试过程改进、评估测试过程。

◆ 3.3.4 维护支持类职业技能证书

1. 桌面系统支持岗位

计算机软件水平考试中与桌面系统支持岗位相关的证书有系统规划与管理师证书；信息系统监理师证书、信息安全工程师证书、信息系统管理工程师证书、计算机硬件工程师证书、信息技术支持工程师证书；信息处理技术员证书、信息系统运行管理员证书。

微软公司还设计了一系列的培训课程来帮助 IT 人员成为合格的微软产品的使用支持者或应用开发者。其中与桌面系统支持相关的培训课程编号为 415、416，其对应的认证为 MCSE(Desktop Infrastructure)，如图 3-8 所示。MCSE 是指被证明能够在采用 Microsoft Windows NT Server 和 Microsoft Backoffice 服务器产品家庭构建的广泛的计算环境中进行有效的规划、实现、维护和支持信息系统的合格人员。

图 3-8　MCSE 认证

2. 配置管理员

计算机软件水平考试中与配置管理员岗位相关的证书有系统规划与管理师证书；软件过程能力评估师证书、系统集成项目管理工程师证书、信息技术支持工程师证书；信息系统运行管理员证书。

3. 数据库管理员

计算机软件水平考试中与数据库管理员相关的证书有数据库系统工程师证书。另外，各大数据库厂商也有相应的认证证书，其含金量也非常高，如 Oracle 的认证体系。Oracle 认证体系是由 Oracle 公司为能够满足 Oracle 核心人士需求而颁布并实施的一项权威的服务与支持，具有娴熟的专业技术标准，是专为认证那些有操作能力与广泛理论知识的专业人士而设计的，如图 3-9 所示。

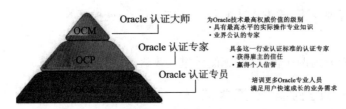

图 3-9 Oracle 认证体系

Oracle 认证证书只是让雇主了解求职者通过了 Oracle 数据库方面的技术考试。而实际上，Oracle 认证也只是衡量应聘者的标准之一。对于数据库管理员岗位，其他方面的要求还有以下几点。

1）出色的交际能力

Oracle DBA 通常都要和 IT 行业的技术专家打交道，因此，他们必须能够为所有访问 Oracle 数据库的开发人员或程序员清晰明了地解释 Oracle 概念。有些时候，Oracle DBA 也是一名管理人员，因此，也要在参与战略发展计划以及数据库设计上有出色的交际能力。

2）同类的专业学位

大多数成功的 Oracle 专业人士都有计算机或信息系统专业学士学位。对于更高的职位，比如 Oracle DBA，很多雇主都要求求职者有计算机专业硕士学位或 MBA。

3）一定的实践经验

大部分雇主都要求数据库管理员岗位的求职者有一定的工作经验。

4）丰富的数据库理论知识

除了要掌握 OCP 所要求的技术知识外，一名成功的 Oracle 专业人士还要有与数据库以及数据库设计相关的软件知识，包括数据库标准化理论以及采用统一建模语言（UML）的面向对象模型，当然还有其他的数据库设计方法的相关知识，比如 CORBA 和 J2EE。

归根结底，OCP 并不能完全衡量一个人的实际水平，只是为非 IT 行业人士进入 Oracle 领域提供一个方法。Oracle 公司认证证书如图 3-10 所示。

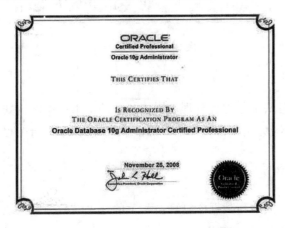

图 3-10 Oracle 公司认证证书

4. 网络管理员

计算机软件水平考试中与网络管理员相关的证书有网络规划设计师证书、网络工程师证书、网络管理员证书等。同样,也有很多厂商会颁发网络管理员证书,如 Cisco(思科)公司推出的 CCNA、CCDA、CCNP、CCDP、CCSP、CCIP、CCVP、CCIE(又分为针对路由和交换、语音、存储网络、安全、电信运营商)等多种不同级别、不同内容、不同方向的各种认证,如图 3-11 所示。

图 3-11　思科公司证书

类似思科的 CCNA、CCNP、CCIE 系列认证的,有杭州华三通信技术有限公司(H3C)的认证。众多获得认证的考生已成为各网络公司、行业客户的精英级技术骨干。按照技术应用场合的不同,同时充分考虑客户不同层次的需求,H3C 公司提供了从网络助理工程师到网络专家的四级技术认证体系,以及突出专业技术特色的专题认证体系。H3C 认证培训体系是中国第一个建立国际规范的完整的网络技术认证体系,H3C 认证是中国第一个走向国际市场的 IT 厂商认证,在产品和教材上都具有完全的自主知识产权,具有很高的技术含量,并专注于客户技术和技能的提升,得到了电信运营商、政府、金融、电力等行业客户和高校师生的广泛认可,成为业界有影响的认证品牌之一。在发展速度超乎想象的 IT 行业,确保技术水平的不断更新是必然规律,不断丰富所需技能是求职者保持竞争优势,获得满意工作的成功之本。H3CNA(H3C certified network assistant,H3C 认证网络助理工程师)定位于中小企业网络基本配置操作和设备维护,其内容包括网络基础知识、流行网络的布线结构、网络连接方法、网络的建构、网络故障的排除、TCP/IP 网络的建设、网络布线与网络互连实践、H3C 设备的安装与调试等。图 3-12 所示为 H3C 认证网络工程师证书。

获得 H3C 认证,将使求职者具有以下优势。

(1) 充分表明已全面掌握网络技术的专业知识和具有技术专家的身份。

(2) 意味着有能力为组织或客户成功提供网络解决方案。

图 3-12　H3C 认证网络工程师证书

华为认证是华为技术有限公司(简称"华为")凭借多年信息通信技术人才培养经验,以及对行业发展的理解,基于 ICT 产业链人才个人职业发展生命周期,以层次化的职业技术认证为指引,搭载华为"云－管－端"融合技术,推出的覆盖 IP、IT、CT 以及 ICT 融合技术领域的认证体系;是唯一的 ICT 全技术领域认证体系。华为认证覆盖路由交换、无线局域网、无线、传送网、安全、统一通信、视讯、云计算、服务器、存储以及 ICT 融合设计等 11 个技术领域。

华为认证包括三个大方面:华为认证网络工程师(HCNA)、华为认证网络资深工程师(HCNP)和华为认证互联网专家(HCIE)。

(1)HCNA 认证主要定位于中小企业网络基本配置操作和设备维护,包括网络基础知识、流行网络的布线结构、网络连接方法、网络的建构、网络故障的排除、TCP/IP 网络的建设、网络布线与网络互连实践、华为设备的安装与调试。

(2)HCNP 认证定位于中小型网络的构建和管理。HCNP 认证包括但不限于网络基础知识、交换机和路由器原理、TCP/IP 协议簇、路由协议、访问控制、网络故障的排除、华为路由交换设备的安装和调试。通过 HCNP 认证,将证明持证人对中小型网络有全面深入的了解,掌握了中小型网络的通用技术,并具备独立设计中小型网络以及使用华为路由交换设备实施设计的能力。拥有通过 HCNP 认证的工程师,意味着企业有能力搭建完整的中小型网络,能将企业中所需的语音、无线、云、安全和存储全面地集成到网络之中,并且能满足各种应用对网络的使用需求,能保证较高的安全性、可用性和可靠性。

(3)HCIE 认证定位于大中型复杂网络的构建、优化和管理。HCIE 认证包括但不限于不同网络和各种路由器交换机之间的互联,复杂连接问题的解决,使用技术解决方案提高带宽、缩短响应时间、最大限度地提高性能、加强安全性和支持全球应用,复杂网络的故障排除。通过 HCIE 认证,将证明持证人对大中型复杂网络有全面深入的了解,掌握了大中型复杂网络的技术,并具备独立设计各种复杂网络以及使用华为路由交换设备实施设计的能力。拥有通过 HCIE 认证的工程师,意味着企业有能力独立搭建完整的大中型复杂网络,能够提供完整的故障排除服务,能根据企业和网络技术的发展规划企业网络的发展,并保证高安全性、可用性和可靠性。HCIE 认证证书如图 3-13 所示。

图 3-13 HCIE 认证证书

◆ 3.3.5 网络安全领域的相关资格认证

随着全球性信息化的不断深入,信息网络技术已广泛应用到企业商务系统、金融业务系统、政府部门信息系统等。由于 Internet 具有开放性、国际性和自由性等特点,为保护机密信息不受黑客和间谍的入侵及破坏,各系统对网络安全的问题日益重视,在此方面的投资比例亦日趋增大。因此,建立一套统一的标准,培养合格的信息安全专业人员来应付网络安全的需要显得尤为迫切。

1. CISA

CISA(国际信息系统审计师)认证是由信息系统审计与控制协会 ISACA(Information Systems Audit and Control Association)发起的,是在信息系统审计、控制与安全等专业领域中取得成绩的象征。CISA 认证适用于企业信息系统管理人员、IT 管理人员、IT 审计人员或信息化咨询顾问、信息安全厂商或服务提供商和其他对信息系统审计感兴趣的人员。CISA 推广与评价的专业技术和实务是在该领域中取得成功的基石。拥有 CISA 资格证书(见图3-14),说明持证人具备实践能力且专业程度高。随着对信息系统审计、控制与安全专业人士需求的增长,CISA 认证已成为全球范围内个人与公司机构不可或缺的认证。CISA 资格证书代表持证人有卓越的能力服务于公司的信息系统审计、控制与安全领域。

图 3-14 CISA 资格证书

2. CISSP[(ISC)2 注册信息系统安全专家]

CISSP 证书是一种反映信息系统安全专业人员水平的证书,可以证明证书持有者具备了符合国际标准要求的信息安全知识和经验能力,已经得到了全球范围的广泛认可。CISSP 证书如图 3-15 所示。

图 3-15 CISSP 证书

CISSP 认证考试由 (ISC)2 组织与管理,参加 CISSP 认证的人员需要遵守 CISSP 道德规范 (code of ethics),同时要有在信息系统安全通用知识框架(CBK)的十个领域之中拥有最少 2 个范围的专业经验 5 年,或者 4 年的有关专业经验及拥有学士资格或(ISC)2 认可的证书。此外,CISSP 应考者还需要得到另外一位持有有效(ISC)2 认证的专业人士推荐确认(endorsement)。有效的推荐人是指任何持有 CISSP、SSCP 及 CAP 证书的专业人士。

随着全球性信息化的深入发展,信息网络技术已广泛应用到企业商务系统、金融业务系统、政府部门信息系统等,由于 Internet 具有开放性、国际性和自由性等特点,为保护机密信息不受黑客和间谍的入侵及破坏,各系统对网络安全的问题日益重视,在此方面的投资比例亦日趋增大。因此,建立一套统一的标准,培养合格的信息安全专业人员来应付网络安全的需要显得尤为迫切。CISSP 正是为了满足此方面的需求发展而来的,并在信息系统安全领域发挥了极为重要的作用。

3. CEH(道德黑客)

它是一个中立的技术认证,由美国国际电子商务顾问局推出,源自美国联邦调查局(FBI)训练人才课程。黑客攻防是信息安全领域中,最引人注意的部分,CEH 就是学习如何面对并防范黑客的攻击行为,不但要了解病毒、木马或蠕虫入侵行为,更要培养黑客的攻防技巧。

4. CISP

CISP 即"注册信息安全专业人员",是国家对信息安全人员资质的最高认可,英文为 certified information security professional (简称 CISP), CISP 是经中国信息安全测评中心实施的国家认证。CISP 是强制培训的,如果想参加 CISP 考试,必须出具授权培训机构的培训合格证明。

CISP 知识体系结构共包含五个知识类。

(1)信息安全保障概述:介绍了信息安全保障的框架、基本原理和实践,是注册信息安全专业人员首先需要掌握的基础知识。

(2)信息安全技术:主要包括密码技术、访问控制、审计监控等安全技术机制,网络、操作系统、数据库和应用软件等方面的基本安全原理和实践,以及信息安全攻防和软件安全开发相关的技术知识和实践。

(3)信息安全管理:主要包括信息安全管理体系建设、信息安全风险管理、安全管理措施等相关的管理知识和实践等。

(4)信息安全工程:主要包括信息安全相关的工程的基本理论和实践方法等。

(5)信息安全标准法规:主要包括信息安全相关的标准、法律法规、政策和道德规范,是注册信息安全专业人员需要掌握的通用基础知识等。

5. CISM

注册信息安全员(certified information security member,CISM)资质是我国针对在信息安全企业、信息安全咨询服务机构、信息安全测评认证机构(包含授权测评机构)、社会各组织、团体、大专院校、企事业单位有关信息系统(网络)建设、运行和应用管理的技术部门(含标准化部门)中从事信息安全工作的人员的资质。获得此注册资质,表明具备了信息安全员的资质和能力。CISM 资质是经中国信息安全测评中心实施的国家认证。

注册信息安全员知识体系覆盖了信息安全保障基础、信息安全技术、信息安全管理、信息安全工程以及信息安全标准法规等领域。注册信息安全员的培训为学员提供全面、系统、专业的基础知识和技能学习。在技术领域,学员能了解掌握和提高操作系统安全、防火墙、防病毒、入侵检测、密码技术和应用等安全技术知识和能力;在管理领域,学员能了解信息安全管理和治理的基础知识,学习和建立在开展风险评估、灾难恢复、应急响应工作中所需的国家政策要求、相关知识和实践能力;在工程领域,学员能学习和了解开展信息安全工程管理、咨询和监理的实践及经验;在标准和法律法规领域,学员能全面了解国家信息安全相关的法律法规以及国内外信息安全相关的标准和实践经验。

6. CCIE Security

思科认证网络专家项目为网络技术设立了一个专业标准,被业界广泛认可。拥有 CCIE 认证被认为是具有专业网络技术知识和丰富工作经验的最好证明。CCIE 安全认证既是思科认证互联网专家安全认证,也是中国普及率比较高的一个认证。

3.3.6 大数据领域的相关证书

1. 数据科学专业成就认证

数据科学专业成就认证是由福特基金会工程与应用科学学院和哥伦比亚大学艺术与科学研究生院联合提供的。

2. 挖掘大规模数据集研究生证书

此证书为软件工程师、统计学家、预测建模师、市场研究人员、分析专业人员,以及数据挖掘者设计。此认证提供四个课程,并演示高效和强大的技术和算法,如 Web、社交、网络图和大型文档存储库等。这个证书通常需要一到两年的时间才能获得。

3. EMC 数据科学家助理

EMC(易安信)为一家美国信息存储资讯科技公司,主要业务为信息存储及管理产品、服务和解决方案。EMCDSA 认证表明个人作为数据科学团队成员参与和贡献大数据项目的能力。认证的内容是部署数据分析生命周期、将业务挑战重构为分析挑战、应用分析技术和工具来分析大数据并创建统计模型、选择适当的数据可视化等。

4. 专业人员分析认证

专业人员分析认证是一个严格的通用分析认证。认证的内容包括对分析过程的端到端理解,从构建业务和分析问题到获取数据、方法、模型构建、部署和模型生命周期管理。它需要完成 CAP 考试(这个考试可以在 100 多个国家的 700 多个计算机测试中心进行)和遵守 CAP 的道德规范。

5. Cloudera 认证专家:数据科学家(CCP:DS)

CCP:DS 证书展示了精英层面使用大数据的技能。它需要通过一个评估基础数据科学主题知识的书面考试。他们还必须在数据科学挑战中,通过设计和开发同行评估的生产就绪的数据科学解决方案,并在真实条件下证明他们的能力。这个挑战必须在完成笔试后 24 个月内通过,每隔一个季度有两次机会。

3.4 IT 职业发展

3.4.1 职业发展规划

IT 职业从业人员流动性比较强,很多人像候鸟一样从一个公司"迁徙"到另一个公司,但是如果要保证每次环境的变化都能够给自己带来更好的发展,这就需要下一番功夫,深入研究自己的职业发展特征。

我们都知道"温水煮青蛙"的例子,一些原本很优秀的人,到了一些组织环境中以后,通常由于缺乏危机意识,在一些安逸的工作岗位上不仅没有学习到新的知识,还将原来的专业忘掉。也有一些人,做几天网络管理员,做几天客户服务,又做几天 Java 程序员,没有固定的目标,缺乏有效的职业发展规划,久而久之,成为一个每样都懂一点,但是都不精通的人,身边的人一个个都在自己的岗位上干出了成就,自己还是低层的员工。

一般来讲,学生从学校毕业后,多数是从事技术性工作,充分发挥自己的特长;经过一段时间的锻炼后,逐渐地从基层岗位向高级岗位发展。很多公司的高级管理人员和高级工程师都是从最底层的技术岗位干起的。那么,是不是所有的程序员或者设计师最后都能成长为 CEO 或者总工程师呢?显然答案是否定的。那么 IT 行业从业人员应该如何规划自己的职业发展,才能获取职业生涯的成功呢?

1. 要有明确的发展方向

大部分从业人员缺乏明确的目标:一方面毕业生在刚参加工作的时候,有很多技术需要学习,也有很多工作需要做,每天都在加班中度过,很少有时间来考虑自己的发展方向;另一方面,由于IT行业技术淘汰快,从业人员无论是主动还是被动,都需要经常学习,即使考虑了发展方向,也难以有时间实现。这就要求我们有意识地去确定明确的发展方向,根据制订的发展目标,把眼前的学习资料和工作分类,有意识地选择性学习,通过有意识地学习,提高自己在这些方面的技能,从而实现自己的发展目标。

2. 不断进行自我分析

分析自己所具备的基本素质,看看发展方向是否与自己的能力相吻合。可以从技术能力、沟通能力、演讲能力等几个方面来分析,看自己适合做什么样的岗位,考虑自己是否能胜任经理或者管理者的岗位。

3. 学习身边人的优点

多向身边的人学习,加强团队意识,并尽量参加各种免费的技术会议。如果你仔细研究一下,就会发现IT行业很多公司,是几个人从原来的公司中一起辞职,然后一起创业办成的:华硕是从宏碁辞职的童子贤创办的;新大陆是胡刚从实达辞职,与一起辞职的15位同事一起创办的。一方面,这些事例说明在IT行业中人才的重要性。比尔.盖茨曾经说过:"如果现在一场大火将微软烧得一干二净,但是只要给我留下最核心的100位人才,给我15年的时间我又可以发展出一个微软来!"另一方面,这些事例告诉我们,与身边的人建立起良好的团队伙伴关系,不仅能够给我们带来知识上的收获,或许还可以给我们带来意想不到的事业上的收获。

4. 坚持终身学习

IT行业知识更新快,软件不断地升级,技术体系也不断地发展,如果不坚持学习,一段时间以后必将被甩在后面,不要说事业成功,能够保持岗位就很不错了。同时,从事技术工作与从事管理工作不同,一个好的技术人员,未必就能够成为一个好的管理者,因此要不断地学习管理的理论和技巧,为事业转型做好准备。

3.4.2 职业发展路线

在IT行业工作,随时会有机会出现,因此你必须随时保持良好的状态,以便迎接机会,获取职业生涯的成功。进入信息技术行业,一般的职业职位发展路线要经历以下几个阶段。

1. 初级阶段

1)实习生

企业一般通过实习生这个岗位来让来自高等院校的学生了解公司,也给公司提供一个考察新人的机会,这也是一个宣传公司品牌和形象的大好机会。在实习生岗位上工作和锻炼一个假期,能让学生学会逐步对接社会,学习到很多书本上没有的知识,也能提示学生进行有针对性的学习,为最终选择加入合适的企业打下坚实的基础。同时公司通过对实习生的考察,也往往能发现这个准员工是否能适应公司的工作氛围和企业文化,是否值得留下这名准员工为企业发展效力。

2)专员

成为专员的IT员工,一般都是在某个领域内可以独当一面的技术人才。经过数年的工作历练,员工已经对本专业领域达到了一个相当了解的程度。员工亦可以加盟相应的项目小组,开展团队的合作工作。同时,在技术升华的基础上,员工已经对其他相关技术和管理产生兴趣,正逐步拓展自己的知识视野和管理能力。

2. 中级阶段

1)专家

专家级别的IT员工,已经完全是本技术领域的翘楚了,还对其他相关的技术领域颇有涉猎,能够在一个更高的高度上来审视本领域的构建、组织和发展。专家对于本技术领域未来的发展趋势有着鲜明、独到的见解。处于这个阶段的IT员工,往往会朝着发展成为跨领域的人才,或者是系统架构方面的专家努力。

2)团队领队

如果对于团队的管理感兴趣,并且也通过一些项目证明了自己的管理潜力,员工可以进入团队领队的角色。在这个阶段,员工乐意率领小规模的团队来参与公司项目。领队的工作不仅是在技术上统领全队,更重要的是对团队成员实施管理,充分尊重和发挥每个人的个性和特长,使得集体的效益最大化。

3. 高级阶段

1)经理或高级经理

当团队人数超出一定的限度,就需要组建多个小组来满足完善管理的要求。如果一个团队人数过多,管理人员就没有办法对每一个人员进行精细化的任务调度、监督、激励和惩戒。在组建了多个团队的基础上,就需要一位经理来进行中等或者大型团队的管理,其主要职责是任务的分解、协调和推进。同时经理和高级(资深)经理在管理能力上也会有大的提升,能够发挥团体的力量,来驾驭更为复杂的局面,应对更为艰巨的挑战。

2)部门经理

当将IT作为一项完整的服务提供给其他部门或者公司时,经理就应当从客户的角度思考问题,及时制订和调整整个部门的发展策略。其主要的精力将专注于管理方面,辅以一定量的技术上的学习,最终能为客户提供符合合同标准的服务或产品。

思考与练习

1. IT的主要岗位可以分为哪几大类别,每一大类下又有哪些岗位?
2. 结合自己的实际情况,谈谈适合自己的IT岗位。
3. 试述IT从业者需要哪些能力。

第4章

职业道德

> **导读资料**

钟南山院士的职业道德观

《人民日报》对钟南山是这么报道。"人的生命是第一宝贵的""为了人民的身体健康和安全,我们可以不惜一切代价"……2020年9月1日晚,由中宣部、教育部、国家卫生健康委、中央广播电视总台联合主办的专题电视节目《开学第一课》现场,"共和国勋章"获得者钟南山为全国中小学生上了一堂生动的爱国主义教育课。

钟南山现为广州医科大学附属第一医院国家呼吸系统疾病临床医学研究中心主任。从医从教一甲子,钟南山以其专业精神、勇敢担当和仁心大爱,诠释了医者的初心和使命,诚如他在全国抗击新冠肺炎疫情表彰大会上发言时所讲:"'健康所系,性命相托',就是我们医务人员的初心;保障人民群众的身体健康和生命安全,是我们医者的使命。"

一、专业:"科学只能实事求是"

2003年初,非典袭来之际,情况十分危急。面对这样一种前所未有的疾病,钟南山以其专业素养和丰富经验,否定了"典型衣原体是非典型肺炎病因"的观点,从而为及时制订救治方案提供了决策依据。敢于下这个判断,是因为钟南山"查看过每一个病人的口腔"。有朋友悄悄问他:"你就不怕判断失误吗?有一点点不妥,都会影响你中国工程院院士的声誉。"钟南山则平静地说:"科学只能实事求是,不能明哲保身,否则受害的将是患者。"

1936年10月,一名男婴出生在南京一所位于钟山之南的医院,父母为其取名"钟南山"。受从事医学工作的父母的熏陶和影响,长大后,钟南山也走上了学医之路。20世纪70年代末,钟南山赴英国留学。他刻苦学习,在较短时间内取得多项重要科研成果,赢得了国外同行的尊重。学业结束时,面对学校和导师的盛情挽留,钟南山一一谢绝:"是祖国送我来的,祖国需要我,我的事业在中国。"

抗击非典期间,钟南山和他的研究团队日夜攻关,终于在短时间内摸索出一套行之有效的救治办法,为降低病亡率、提高治愈率做出突出贡献。

面对很多荣誉,钟南山总说自己不过就是一个看病的大夫。然而,就是这个不平凡的大夫,无论是面对非典还是新冠肺炎,始终坚持实事求是,每一次面对公众发声,总能以医者的专业和担当传递信心和安全感。

二、担当:"我们不冲上去谁冲上去"

从17年前那一句"把最危重的病人转到我这来",到17年后"抗击疫情,医生就是战士,我们不冲上去谁冲上去?",钟南山肩上始终扛着医者的担当。

2020年1月18日傍晚,一张钟南山坐高铁赴武汉的照片感动无数网友:临时上车的他被安顿在餐车里,一脸倦容,眉头紧锁,闭目养神,身前是一摞刚刚翻看过的文件……钟南山及时提醒公众"没有特殊的情况,不要去武汉",自己却紧急奔赴第一线。

两天之后,1月20日,作为国家卫健委高级别专家组组长,钟南山告知公众新冠肺炎存在"人传人"现象。此后,他带领团队只争朝夕,一边进行临床救治,一边开展科研攻关。疫情防控期间,他和团队先后获得部级科研立项5项、省级科研16项、市级5项,牵头开展新冠肺炎应急临床试验项目41项,并在《新英格兰医学杂志》等国际知名学术期刊上发表SCI文章50余篇,牵头完成新冠肺炎相关疾病指南3项、相关论著2部。

钟南山不仅为国内的疫情防控立下汗马功劳,也为全球共同抗击疫情积极贡献力量。他先后参与了32场国际远程连线,与来自美国、法国、德国、意大利、印度、西班牙、新加坡、日本、韩国等13个国家的医学专家及158个驻华使团代表深入交流探讨,分享中国经验,开展国际合作。

钟南山是一名医生,又不只是医生。每一次面临相关突发公共卫生事件之际,他既有院士的担当,又有战士的勇猛,总是毫无畏惧地冲锋在一线。

三、仁心:"始终站在治病救人的一线"

如今,钟南山仍坚持每周三上午"院士大查房"、每周四下午半天门诊。周围的工作人员介绍,钟南山在冬天会用手先把听诊器焐热,再给病人听诊,给病人看病时会扶着患者慢慢躺下,等检查完之后,再慢慢扶起来。无论病人多大年纪、何种病情,钟南山都一视同仁。他常说:"从医几十年,我最大的幸福,是始终站在治病救人的一线。"

医者仁心,往往就从这样一些细节中流露。

面对新冠肺炎疫情,钟南山知道公众需要专业的指引。他不仅发挥自己在病理学、流行病学等领域的渊博学识,就连如何洗手、戴口罩等细节也要亲自示范、普及;当他看到疫情防控难度增加时,苦口婆心地劝诫人们一定要尊重医学、尊重知识、加强自我隔离。

从"以疾病治疗为中心"到"以促进人的健康为中心",钟南山近年来一直致力于推动早诊早治,构筑疾病的"防火墙"。他提出既要"顶天"也要"立地"——"顶天"就是要抓住国际前沿理念、攻关国家急需的项目,"立地"就是解决老百姓的需求,研发出有效、安全、价廉、方便的器械和药物。

"这么大年纪了,不累吗?""治病救人,就不会觉得很累!"钟南山总是笑答,"父亲曾说过,人的一生在这个世界上能够留下点什么就不算白活。"这句话,他一直记得,也一直在践行。

钟南山入选世卫组织新冠肺炎疫情应对评估专家组,将以专业精神和经验为专家组的工作提供帮助并做出积极贡献。在治病救人的第一线,钟南山始终奔跑并幸福着。

4.1 职业素质

4.1.1 职业素质的概念

职业素质(professional quality)是劳动者对社会职业了解与适应能力的一种综合体现,其主要表现在职业兴趣、职业能力、职业个性及职业情况等方面。影响和制约职业素质的因素很多,主要包括受教育程度、实践经验、社会环境、工作经历以及自身的一些基本情况(如身体状况等)。一般来说,劳动者能否顺利就业并取得成就,在很大程度上取决于本人的职业素质,职业素质越高的人,获得成功的机会就越多。

职业素质是指从业者在一定生理和心理条件基础上,通过教育培训、职业实践、自我修炼等途径形成和发展起来的,在职业活动中起决定性作用的、内在的、相对稳定的基本品质,如身体素质、心理素质、政治素质、思想素质、道德素质、科技文化素质、审美素质、专业素质、社会交往和适应素质、学习和创新方面的素质等。简单来说,职业素质是劳动者对社会职业了解与适应能力的一种综合体现,其主要表现在职业兴趣、职业能力、职业个性及职业情况等方面。素质包括先天素质和后天素质。先天素质是通过父母遗传获得的素质,主要包括感觉器官、神经系统和身体其他方面的一些生理特点。后天素质是通过环境影响和教育获得的素质。因此,可以说,素质是在人的先天生理基础上,受后天的教育训练和社会环境的影响,通过自身的认识和社会实践逐步养成的比较稳定的身心发展的基本品质。

人是否能适应相关职业,主要取决于人的职业素质是否达到了职业对人的要求。职业素质涉及的方面很广,覆盖的内容也很多,包括人的生理素质、心理素质、职业技能、职业意识、思想政治素质、道德素质、科技文化素质、专业素质、社会交往和适应能力、学习和创新能力等。

◆ 4.1.2 职业素质的基本内容及特征

1. 职业素质的基本内容

IT行业的职业素质就是人认识、创造、利用信息资源的品质和素养,是人们获取、评价和有效使用信息资源的能力。IT从业人员职业素质的基本内容包括以下几个方面。

1)身体及心理素质

员工拥有健康的身体,能为企业创造更高的效益。当今社会生活节奏和工作节奏越来越快,工作压力相对也比以前大很多,如果没有强健的体魄就很难在企业中生存。

心理素质的好坏是一个人能否取得成功的关键,心理素质主要表现为自我意识的健全、情绪控制的适度、人际关系的和谐以及对挫折的承受能力。心理素质好的人能以旺盛的精力和积极乐观的心态处理好各种关系,主动适应环境的变化。而心理素质不好的人往往不能够很好地适应环境,最终会影响工作甚至给自己的身体带来疾病。所以我们需要很好地进行自我调节来适应企业、适应社会。

2)思想道德素质

思想是行动的先导,道德是立身之本。一个思想道德素质差的人是不能够在工作中赢得其他人的充分信任并与其他人保持良好合作的。随着社会的发展,企业对人才的思想道德素质也越来越重视。在企业中,思想道德素质高的人才不仅工作起来更能与他人协调,而且有利于企业文化的发展与进步。所以,企业在选拔人才的时候,对思想道德素质会非常在意。虽然思想道德素质很难准确估量,但是人的思想道德素质会体现在其一言一行中,这也成了面试中的一个关键环节。

3)责任心和事业心

责任心是指个人对自己和他人、对家庭和集体、对国家和社会所负责任的认识、情感和信念,以及与之相应的遵守规范、承担责任和履行义务的自觉态度。它是一个人应该具备的基本素质,是健全人格的基础,是家庭和睦、社会安定的保障。具有责任心的员工,会认识到自己的工作在组织中的重要性,把实现组织的目标当成自己的目标。

事业心是指人们对自己所从事的事业执着追求的情感,以及坚定不移的信念。事业是指人所从事的,具有一定目标、规模和系统的对社会发展有影响的经常性活动。事业心强的人,能妥善处理好自己的能力和任务完成水平,也能正确对待失败。不管做什么事情,干什么工作,有了事业心,才会产生进取心和自信心,才会激发主动性和创造性,才会有做事的激情、创业的豪情、敬业的痴情。虽然说仅有事业心并不能够保证一定可以取得事业的成功,但没有事业心的人绝对不可能有什么大的成就。每一个成功人士都有一颗很强的事业心,都希望自己成为一个优秀的、出类拔萃的人。

4) 专业基础知识

随着科学技术的迅速发展,现代职业对从业人员的专业基础知识的要求越来越高,专业化的倾向越来越明显。现在越来越多的企业十分注重从业人员的专业基础知识的掌握,主要有以下几方面的原因。

(1) 知识就是力量。在知识经济时代,科学技术是第一生产力。

(2) 专业知识的熟练掌握是非常重要的。例如,一个人掉进河里,施救者若没有游泳知识和本领是无法救人的;一个医术不怎么高明的医生,治不了病人的病痛。

(3) 适应国家的教育制度。百年大计,教育为本。教育在全面建设小康社会和实现中华民族伟大复兴中具有先导性、全局性的作用。教育的根本任务是造就数以亿计的高素质劳动者、数以千万计的专门人才和一大批拔尖创新人才,主要培养专业性人才,不断增强大学生的社会竞争力,为国家培养更多的"有理想、有道德、有文化、有纪律"的社会主义事业建设者和接班人。党的教育方针要求高校坚持教育为社会主义现代化建设服务、为人民服务,与生产劳动和社会实践相结合,培养新一代的建设者和接班人。当今世界,科学技术突飞猛进,发展教育和科学技术是文化建设的基础工程。科教兴国战略也要求高校培养一大批高素质专业人才。

(4) 增强学生社会竞争力是高校发展的内在要求。学校在培养人才的过程中,一切为了学生的成长和发展。目前高校间的竞争也是人才培养的竞争,体现在高校培养的人才的社会竞争力。对于一个学校来说,最重要的是学生,而对于一个学生来说,增强自身的社会竞争力最重要的是专业知识。一个人要是连最基础的知识都没有掌握,怎么能谈得上在社会上立足。

5) 学习能力

学习能力就是学习的方法与技巧(并非学到什么东西),有了这样的方法与技巧,学习到知识后,就形成专业知识;学习到如何执行的方法与技巧,就形成执行能力。学习能力是所有能力的基础。评价学生学习能力的指标一般有六个:学习专注力、学习成就感、自信心、思维灵活度、独立性和反思力。

时代在进步,社会的发展突飞猛进,新的知识不断出现。有研究观点认为,一个人在学校获得的知识只占工作所需知识的10%左右,工作所需要的其余知识则需要不断获取。一个人若想有所成就,就要不断获取新的知识,只有基础牢、会学习,才能够汲取新知识、新经验,不断在各个方面完善自己,才能与时俱进,才能跟上时代步伐,才有可能实现人生价值和职业生涯的成功。

6）人际交往能力

人际交往能力是指妥善处理组织内外关系的能力,包括与周围环境建立广泛联系和对外界信息的吸收、转化能力,以及正确处理上下左右关系的能力。人际交往能力还包括表达理解能力。表达理解能力包括两个方面:将自己内心的思想表现出来,让他人能够清楚地了解自己的想法;理解他人的表达。一个人的表达能力,也能直接证明其社会适应的程度。

2. 职业素质的特征

一般来说,职业素质具有下列主要特征。

1）职业性

不同的职业,职业素质是不同的:对建筑工人的素质要求,不同于对护士的素质要求;对商业服务人员的素质要求,不同于对教师的素质要求。

2）稳定性

一个人的职业素质是在职业活动中日积月累形成的。它一旦形成,便产生相对的稳定性。例如,一位教师,经过三年五载的教学生涯,就逐渐形成了怎样备课、怎样讲课、怎样热爱自己的学生、怎样成为一名优秀的教师等一系列教师职业素质,于是便保持相对的稳定性。

当然,通过不断学习,以及工作和环境的影响,这种素质还可继续提高。

3）内在性

从业人员在职业活动中,经过自己学习、认识和亲身体验,知道怎样做是对的,怎样做是不对的。这样,有意识地内化、积淀和升华的这个心理品质,就是职业素质的内在性。例如,同事说:"把这件事交给小张师傅去做,有把握,请放心。"人们之所以放心他,就是因为他的内在素质好。

4）整体性

一个从业人员的职业素质是和他的整体素质有关的。我们说某某同志职业素质好,不仅指他的思想政治素质、职业道德素质好,还指他的科学文化素质、专业技能素质好,甚至指身体、心理素质好。一个从业人员,虽然思想道德素质好,但科学文化素质、专业技能素质差,就不能说这个人整体素质好。相同的,一个从业人员科学文化素质、专业技能素质都不错,但思想道德素质比较差,我们也不能说这个人整体素质好。所以,职业素质一个很重要的特点就是整体性。

5）发展性

一个人的素质是通过教育、自身社会实践和社会影响逐步形成的,它具有相对性和稳定性。但是,随着社会发展对人们不断提出的要求,人们为了更好地适应、满足、促进社会的发展的需要,总是不断地提高自己的素质,所以素质具有发展性。

◆ **4.1.3 职业道德**

1. 职业道德的概念

职业道德,就是与人们的职业活动紧密联系的符合职业特点的道德准则、道德情操与道德品质的总和,它既是对本职人员在职业活动中的行为标准和要求,又是职业对社会所具有的道德责任与义务。职业道德是指人们在职业活动中应遵循的基本道德,即一般社会道德在职业生活中的具体体现,是职业品德、职业纪律、专业能力及职业责任等的总称,属于自律范围,它通过公约、守则等对职业活动中的某些方面进行规范。职业道德既是本行业人员在职业活动中的行为规范,又是行业对社会所具有的道德责任和义务。

良好的职业素质是我们事业取得成功的基础,更是通向理想彼岸的通行证,职业素质越高获得成功的机会就越多。在培养良好的职业素质时,我们又强调职业素质的修养。因为职业道德是调节各种职业关系的手段。职业关系是一般社会关系在职业或行业方面的特定表现,具体表现为从业人员之间、职业之间和职业与社会之间的各种关系。这些关系需要用职业道德来调节,使之达到协调。例如,员工有良好的职业道德,不仅有利于协调员工之间、员工与领导之间、员工与企业之间的关系,增强企业的凝聚力,而且有利于企业的科技创新,有利于提高产品和服务质量,从而有利于树立良好的企业形象,提高企业的市场竞争力。

2. 职业道德的标准条件

良好的职业素质是每一个优秀员工必备的素质,良好的职业道德是每一个员工都必须具备的基本品质,这两点是企业对员工最基本的规范和要求,也是每个员工担负起自己的工作责任必备的素质。

每个人平时都有习惯,但不一定是职业习惯,更不一定是符合要求的职业习惯。那么,哪些才是符合要求的职业习惯呢?下面介绍几个符合要求的职业习惯。

(1) 早到公司。每天提前到公司可以在上班之前准备好完成工作必需的工作条件,调整好需要的工作状态,保证准时开始一天的工作,这样才能算是不迟到。

(2) 搞好清洁卫生。做好清洁卫生,可以保证整洁有序的工作环境,也有利于保持良好的工作心情。

(3) 工作计划。提前做好工作计划有利于有条不紊地开展每天、每周等每一个周期的工作,自然也有利于保证工作的质和量。

(4) 开会记录。及时记录必要的工作信息,有助于准确地记载各种有用的信息,帮助日常工作的顺利开展。

(5) 遵守工作纪律。工作纪律是为了保证正常的工作秩序、维持必须工作环境而制订的,不仅有利于工作效率的提升,也有利于工作能力的提高。

(6) 工作总结。及时总结每天、每周等阶段性工作中的得与失,可以及时调整自己的工作习惯,总结工作经验,不断完善工作技能。

(7) 向上级汇报工作。及时向上级汇报工作,不仅有利于工作任务的完成,也可以在上级的指示中学习到更多工作经验和技能,让自己得到提升。

职业习惯是一个职场人士根据工作需要,为了很好地完成工作任务主动或被动地在工作过程中养成的工作习惯,也是保证工作任务和工作质量必须具备的品质。良好的职业习惯,是出色完成工作任务的必要前提,不具备良好的职业习惯就不能按照要求完成自己的工作。所以每一个人都需要有一个良好的职业习惯。

3. 职业道德的特征

(1) 职业性。职业道德的内容与职业实践活动紧密相连,反映了特定职业活动对从业人员行为的道德要求。每一种职业道德都只能规范本行业从业人员的职业行为,在特定的职业范围内发挥作用。

(2) 实践性。职业行为过程,就是职业实践过程,只有在实践过程中,才能体现职业道德的水准。职业道德的作用是调整职业关系,对从业人员职业活动的具体行为进行规范,解决现实生活中的具体道德冲突。

(3) 继承性。在长期实践过程中形成的职业道德,会被作为经验和传统继承下来。即使在不同的社会经济发展阶段,同样一种职业因服务对象、服务手段、职业利益、职业责任和义务相对稳定,职业行为的道德要求的核心内容将被继承和发扬,从而形成了被不同社会发展阶段普遍认同的职业道德规范。

(4) 多样性。不同的行业和不同的职业有不同的职业道德标准。

4. 职业道德的作用

职业道德是社会道德体系的重要组成部分,它一方面具有社会道德的一般作用,另一方面又具有自身的特殊作用,具体表现在以下几个方面。

(1) 调节职业交往中从业人员内部以及从业人员与服务对象的关系。

职业道德的基本职能是调节职能。它一方面可以调节从业人员内部的关系,即运用职业道德规范约束职业内部人员的行为,促进职业内部人员的团结与合作,例如职业道德规范要求各行各业的从业人员都要团结、互助、爱岗、敬业,齐心协力地为发展本行业、本职业服务。另一方面,职业道德又可以调节从业人员和服务对象之间的关系,例如职业道德规定了制造产品的工人要怎样对用户负责、营销人员要怎样对顾客负责、医生要怎样对病人负责、教师要怎样对学生负责等。

(2) 有助于维护和提高本行业的信誉。

一个行业、一个企业的信誉,也就是它们的形象、信用和声誉,是指企业及其产品与服务在社会公众中的信任程度,提高企业的信誉主要靠产品的质量和服务质量,而从业人员职业道德水平也是产品质量和服务质量的有效保证。从业人员职业道德水平不高,很难生产出优质的产品和提供优质的服务。

(3) 促进本行业的发展。

行业、企业的发展有赖于较高的经济效益,而较高的经济效益源于高水平的员工素质。员工素质主要包含知识、能力、责任心三个方面,其中责任心是最重要的。而职业道德水平高的从业人员其责任心是极强的,因此,职业道德能促进本行业的发展。

(4) 有助于提高全社会的道德水平。

职业道德是整个社会道德的主要内容。一方面,职业道德涉及每个从业者如何对待职业、如何对待工作,也是一个从业人员的生活态度、价值观念的表现;是一个人的道德意识、道德行为发展的成熟阶段,具有较强的稳定性和连续性。另一方面,职业道德也是一个职业集体,甚至一个行业全体人员的行为表现,每个行业、每个职业集体都具备优良的道德,对整个社会道德水平的提高肯定会发挥重要作用。

5. 职业道德的基本要求

《新时代公民道德建设实施纲要》明确指出:"推动践行以爱岗敬业、诚实守信、办事公道、热情服务、奉献社会为主要内容的职业道德,鼓励人们在工作中做一个好建设者。"因此,我国现阶段各行各业普遍适用的职业道德的基本内容,即"爱岗敬业、诚实守信、办事公道、热情服务、奉献社会"。

1)爱岗敬业

爱岗敬业通俗来说就是"干一行、爱一行",它是人类社会所有职业道德的核心规范。它要求从业者既要热爱自己所从事的职业,又要以恭敬的态度对待自己的工作岗位。爱岗敬业是职责,也是成才的内在要求。

所谓爱岗,就是热爱自己的本职工作,并为做好本职工作尽心竭力。爱岗是对人们工作态度的一种普遍要求,即要求职业工作者以正确的态度对待各种职业劳动,努力培养对自己所从事工作的幸福感、荣誉感。

所谓敬业,就是用一种恭敬严肃的态度来对待自己的职业。任何时候用人单位只会倾向于选择那些既有真才实学又踏踏实实工作,持良好态度工作的人。这就要求从业者养成"干一行、爱一行、钻一行"的职业精神,专心致志搞好工作,这样才能实现敬业的深层次含义,并在平凡的岗位上创造出奇迹。一个人如果看不起本职岗位、心浮气躁、好高骛远,不仅违背了职业道德规范,而且会失去自身发展的机遇。虽然社会职业在外部表现上存在差异,但只要从业者热爱自己的本职工作,并能在自己的工作岗位上兢兢业业工作,终会有机会创造出一流的业绩。

爱岗敬业是职业道德的基础,是社会主义职业道德倡导的首要规范。爱岗就是热爱自己的本职工作,忠于职守,对本职工作尽心尽力;敬业是爱岗的升华,就是以恭敬严肃的态度对待自己的职业,对本职工作一丝不苟。爱岗敬业,就是对自己的工作专心、认真、负责任,为实现职业上的奋斗目标而努力。

仁爱之心

梁益建,医学博士,四川省成都市第三人民医院骨科主任。梁益建多年前学成回国,参与"驼背"手术3000多例,亲自主刀挽救上千个极重度脊柱畸形患者的生命,成为国内首屈一指的极重度脊柱畸形矫正专家。

尽可能为患者着想,是梁益建的工作守则。到医院求治的病人,很多经济条件不好。为了让患者尽快得到治疗,他处处为病人节省费用,还常常为经济困难的患者募捐。碰到有钱的朋友,他会直接开口寻求帮助,甚至尝试过在茶馆募捐。

2009年,梁医生在凉山州木里县遇到一个年轻患者刘正富,当时即给他许诺,"你等着,我帮你找到钱就回来接你。"1年后,梁益建驱车7小时,去木里县接刘正富,并为他实施了手术。

为了给这些贫困患者赢得更稳定的求助渠道,梁益建团队从2014年开始与公益基金合作。据不完全统计,目前获得帮助的患者接近200位,金额超过500万元。

2) 诚实守信

诚实就是实事求是地待人做事,不弄虚作假。其在职业行为中最基本的体现就是诚实劳动。每一名从业者,只有为社会多工作、多创造物质或精神财富,并付出卓有成效的劳动,社会所给予的回报才会越多,即"多劳多得"。

守信是指讲究信誉、重信誉、信守诺言。其要求每名从业者在工作中严格遵守国家的法律、法规和本职工作的条例、纪律;做到秉公办事,坚持原则,不以权谋私;做到实事求是、信守诺言,对工作精益求精,注重产品质量和服务质量;同弄虚作假、坑害人民的行为进行坚决的斗争。

扩展阅读

"信义夫妻"李继林、刘平贵事迹

2010年8月19日,一场暴雨使李继林、刘平贵夫妇苦心经营的小型面粉厂损失惨重,特别是附近18个村庄的200多户村民存放在面粉厂的380吨小麦被淹,损失达80万元。面对罕见的洪水,李继林、刘平贵夫妻有点被吓蒙了。让人感动的是,夫妻二人回过神来的第一反应,就是先到库房抢救村民们存粮的账本。面对突如其来的变故,有人出主意让他们关门停业,到外面躲一阵,把剩下的烂摊子留给政府处理,但是刘平贵和李继林一口拒绝。刘平贵表示只要账本在,我就还得清乡亲们的钱。李继林说:"虽然老百姓没有人找我们还粮,但我们一定要知道这是老百姓的命根,一定要坚持还下去,即使我还得变穷,我也要穷得心安。"随后,夫妻两人商量,毅然决定打工还钱。李继林和大女儿外出打工赚钱买回小麦,磨成面粉还给乡亲们。刘平贵则守着面粉厂,随时给村民兑换面粉。截至2015年5月,他们已累计赔偿小麦345吨。刘平贵、李继林夫妇荣获山西道德模范荣誉称号,荣登"中国好人榜"。2015年10月13日,他们荣获全国诚实守信模范。

李继林、刘平贵用行动守住了自己的一份信誉,体现了中国传统文化里非常注重的"人无信不立"的古训。中国传统文化最讲信义,信义就是诚实守信,就是坦然面对问题,完成自己的道义责任。当前把这种精神发扬光大,是中国社会发展的一个基础条件。

许多人都认为欺骗、说谎话是一种有利的行为,以为欺骗的手段是很值得使用的。所以许多商店,往往掩饰自己商品的缺点,登载各种欺骗顾客的广告。有些人甚至以为,在商业活动中,欺骗的手段与资本一样重要。其实,诚实是一种美德,尽管诚实的人有时会被人嘲笑,但最终会像斧头掉进河里的农夫那样收获更多。

3) 办事公道

办事公道是指从业人员在办事情和处理问题时,要站在公正的立场上,按照同一标准和同一原则进行,即处理各种职业事务要公道正派、不偏不倚、客观公正、公平公开,对不同的服务对象一视同仁、秉公办事,不因职位高低、贫富亲疏而区别对待服务对象。办事公道的具体要求如下。

(1) 要热爱真理,追求正义。办事是否公道关系到一个以什么为衡量标准的问题。要办事公道就要以科学真理为标准,要有正确的是非观。公道就是要合乎公认的道理,合乎正义。不追求真理,不追求正义的人办事很难合乎公道。现实生活中,许多人是非观念非常淡薄,他们眼中无所谓对与错,只有自己喜欢与不喜欢,把自己摆在一个非常突出的地位。

(2) 要坚持原则,不徇私情。只停留在知道是非善恶的标准是不够的,还必须在处理事情时坚持标准,坚持原则。为了个人私情不坚持原则,是做不到办事公道的。

(3) 要不谋私利,反腐倡廉。俗话说:"利令智昏。"私利能使人丧失原则、丧失立场,从古至今有多少人拜倒在金钱的脚下。拿了人家的钱就要替人家办事,那是无法做到办事公道的。因此,只有不谋私利,才能光明正大、廉洁无私,才能主持正义、公道。

(4) 要不计个人得失,不怕各种权势。要办事公道,就必然会有压力,会碰上各种干扰,会碰上那些不讲原则、不奉公守法的有权有势者的干扰。遇到压力和干扰时可以有两种态度:一种是为了促使自己免受压力,向有权有势者屈服;另一种是大公无私,不计个人得失,不怕权势,坚持办事公道。很显然要办事公道,就必须坚持后者。

(5) 要有一定的识别能力。真正做到办事公道,一方面与品德相关,另一方面与认识能力有关。如果一个人认识能力很差,就会搞不清分辨是非的标准,分不清原则与非原则,就很难做到办事公道。所以,要做到办事公道,还必须加强学习,不断提高认识能力,能明确是非标准,分辨善恶美丑,并有敏锐的洞察力。

4) 热情服务

热情服务是指听取服务对象的意见,了解服务对象的需要,为服务对象着想,端正服务态度,改进服务措施,提高服务质量。做好本职工作是热情服务最直接的体现。要有效地履职尽责,必须坚持工作的高标准。工作的高标准是单位建设的客观需要,是强烈的事业心、责任感的具体体现,也是履行岗位责任的必然要求。

5) 奉献社会

奉献社会是社会主义职业道德的最高境界和最终目的。奉献社会是职业道德的出发点和归宿。奉献社会就是要履行对社会、对他人的义务,自觉地、努力地为社会、为他人做出贡献。当社会利益与局部利益、个人利益发生冲突时,每一个从业人员都要把社会利益放在首位。

奉献社会是一种对事业忘我的全身心投入,这不仅需要有明确的信念,更需要有崇高的行动。当一个人任劳任怨,不计较个人得失,甚至不惜献出自己的生命从事某种事业时,其关注的其实是这个事业对人类、对社会的意义。

4.2 工作效率

◆ 4.2.1 明确目标

什么是目标?目标就是我们真正想要的东西或者想达到的效果。什么是效率?从经济学角度看,效率是给定投入和技术的条件下,经济资源没有浪费,或对经济资源做了能带来最大可能性的满足程度的利用。

美国著名的自然主义作家亨利·大卫·梭罗曾经说过:"光是忙碌是不够的。问题在于我们到底在忙些什么。"如果目标不正确,无论你怎么想方设法提高效率,最终也不可能准确地完成工作。所以在工作过程中,要随时检验目标的准确性,以确保能够顺利地完成工作。

目标的故事

> 有人做过一个实验:组织三组人,让他们分别向二十公里外的一个村庄步行。第一组的人对村庄的名称和路途的长短一无所知,只告诉他们跟着向导走。刚走了四五公里就有人叫苦,走了一半时有人几乎愤怒了,他们抱怨为什么要走这么远,何时才能走到。又走了几公里,离终点只剩三、四公里时,有人甚至坐在路边不愿走了。坚持走到终点的只有一半人左右。第二组的人知道村庄的名字和路段,但路边没有里程碑,他们只能凭经验估计行程时间和距离。走了一半的时候大多数人就想知道他们已经走了多远,比较有经验的人说:"大概走了一半的路程。"于是大家又簇拥着向前走,当走到全程的四分之三时,大家情绪低落,觉得疲惫不堪,而路程似乎还很长,当有人说:"快到了!"大家又振作起来加快了步伐。第三组的人不仅知道村子的名字、路程,而且公路上每一公里就有一块里程碑,人们边走边看里程碑,每缩短一公里大家便有一小阵的快乐。行程中他们用歌声和笑声来消除疲劳,情绪一直很高涨,所以很快就到达了目的地。

当人们的行动有明确的目标,并且把自己的行动与目标不断进行对比,清楚地知道自己的行进速度和与目标相距的距离时,行动的动机就会得到维持和加强,人就会自觉地克服一切困难,努力达到目的。因此,企业应该有明确的目标,有科学的量化指标来衡量进度。

在大学毕业后,有些人会思考同是在一个班级学习,同是一起度过了大学四年的生活,会有什么不同呢?但是,调查发现,25年以后,有长期而清晰目标的3%的人中,绝大部分生活在社会的最高层,在过去的25年中,他们一直向着这个目标努力,现在基本都成为行业精英。有短期目标的10%的人,他们的短期目标不断得到实现,生活状态稳步上升,成为医生、律师、工程师、高级主管等各行各业不可或缺的专业人士。有模糊目标的60%的人,几乎都生活在社会的中下层,他们能安稳地生活与工作,但都没有什么特别的成绩。剩下的27%缺乏指导目标的人,一生基本没有什么成就,生活在社会的最底层。

那些没有目标的人,他们通常习惯于被动地接受别人的指令,一旦没有指令下达,他们就停止了工作。没有工作目标,就缺乏创新的动力和激情;没有科学的工作安排,就会造成工作效率低下。他们所有的空余时间往往会被浪费掉,而不是用来学习或者提高工作技能,这样长期积累下来,与目标明确的人之间的差距越来越大,最终造成社会地位不同。

在学习和生活中,目标能够帮助我们提高工作效率,工作效率的提高能够让从事相同工作的人有着不同的工作数量,在同样的工作环境中,成为其中的佼佼者,进而获取人生的成功。既然目标对于人来说有着特定的含义,那么我们应该怎么样去设定人生目标呢?

1. 目标必须清楚

目标最好有一个可以量化的指标,比如"我期望能够在10年内赚200万元"就比"我期望在10年内成为一个富翁"要清晰得多。

制订一个清晰的目标,能够帮助你在事业上获取成功。如果不花时间去弄清楚你设法完成的究竟是什么,那就注定是将时间和精力浪费在那些别人也在做的事情上。生活中如果没有清楚的方向,你要么是在漫无目的地兜圈子,要么就是在经营一份连你都不喜欢的事业。你也许能赚些钱,做些有趣的工作,但最后当你审视成果的时候,会发现它与有清楚目标所得到的结果截然不同。

2. 定义一个二元目标

答案只有"是"或"否"的问题是一个二元问题。在衡量是否实现目标时,拒绝使用"可能""差不多"这样的词。在任何时刻,如果问你是否达成了目标,你必须能够给出一个确定的"是"或"否"的答案。

例如,问你是否完成了"赚更多钱"的目标,你无法绝对地肯定,但是对于你此刻是否正在某个地点,你可以明确地给出一个二元的答案。对于一个组织,二元目标更为重要。例如,你所在的部门今年的总收入是50万或者更多,在年底,你就能对是否达到目标给出确切的"是"或"否"的答案。这就要求你对目标有一个确定的定义,这样就能锁定目标,快速前进。

3. 目标应该具有一定的难度和超越性

没有人把已经实现的事情作为自己将来要达成的目标。设定具有一定难度的目标,能够激发你的斗志,从而促使你成功。如果目标过于简单,你容易养成惰性,丧失奋斗的欲望。

愚公移山

> 太行、王屋两座山,方圆七百里,高七八千丈,本来在冀州南边、黄河的北边。
>
> 北山下面有个名叫愚公的人,年纪快到90岁了,在山的正对面居住。他苦于山区北部的阻塞,出来进去都要绕道,就召集全家人商量说:"我跟你们尽力挖平险峻的大山,使道路一直通到豫州南部,到达汉水南岸,好吗?"大家纷纷表示赞同。他的妻子提出疑问说:"凭你的力气,连魁父这座小山都不能削平,能把太行、王屋怎么样呢?再说,往哪儿搁挖下来的土和石头?"众人说:"把它扔到渤海的边上,隐土的北边。"于是愚公率领儿孙中能挑担子的三个人上了山,凿石头,挖土,用箕畚把它们运到渤海边上。邻居京城氏的寡妇有个孤儿,刚七八岁,蹦蹦跳跳地去帮助他。冬夏换季,才能往返一次。
>
> 河湾上的智叟讥笑愚公,阻止他干这件事,说:"你简直太愚蠢了!就凭你残年余力连山上的一棵草都动不了,又能把泥土、石头怎么样呢?"北山愚公长叹说:"你的心真顽固,顽固得没法开窍,连孤儿寡妇都比不上。即使我死了,还有儿子在呀;儿子又生孙子,孙子又生儿子;儿子又有儿子,儿子又有孙子;子子孙孙无穷无尽,可是山却不会增高加大,还怕挖不平吗?"河曲智叟无话可答。
>
> 山神听说了这件事,怕他没完没了地挖下去,向天帝报告了。天帝被愚公的诚心感动,命令大力神夸娥氏的两个儿子背走了那两座山,一座放在朔方的东部,一座放在雍州的南部。从这时开始,冀州的南部直到汉水南岸,再也没有高山阻隔了。

显然,经过多次目标的设定,把大山移走已经成为愚公一家人一生奋斗的目标,尽管他们实现这个目标要付出很多的努力。我们在设置目标的过程中,如果总是设置那些容易达成的目标,长此以往就会养成总是做容易事情的习惯,害怕面对困难。其实无论发生什么事情,如果目标选择是正确的当然是最好的;即使目标选择错了,也比什么都不做要好,难一点的目标总比没有目标要好得多。

4. 目标不可设置过难

避免让不切实际的目标磨灭自己的雄心壮志,目标应该符合自己条件。设置的目标应该可以分解成具体的步骤,根据可执行的步骤逐步实现目标。设置难度过高的目标,很容易成为一句空口号,成为偷懒的借口。不要让过难的目标使你失去了斗志,要知道目标不可能自动实现,你要对目标有一个预期,难度不同的目标,要付出的努力也是不同的。如果你还没有准备好付出更多,或者没有付出更多的决心和恒心,那么尽量将目标设置得实际一点。以现在大学生就业为例,有很多学生在大学毕业找工作的时候,要求薪酬待遇太高,但其本身并没有一技之长,甚至连最基本的从业知识都没有,这就使一部分毕业的学生找不到工作,并不是没有工作机会,而是把自己的就业目标定得过高,使自己的目标难以实现。

5. 目标细化

设定目标,只不过成功了一半,你还得凭毅力坚持下去。在心里看见自己完成目标,会使你更有把握达成目标。设定好目标后,要注意目标的细化工作,像做计划一样,先制订一个整体计划,然后制订详细计划,通过分步实现详细计划,最终达到目标。将大目标分解,细分为一个个小目标可以使自己的行动具备较强的可操作性。只要实现了所有这些小目标,那么最终理想就能实现。例如,一个人制订了一个要在十年内赚 200 万元的计划,那么接下来就需要制订每年的赚钱计划,然后根据这些计划的完成情况,不断地修正自己的下一个目标,制订新的计划。

明确的目标能够提高人的工作效率。通过对目标设定的讨论,相信我们可以为自己设定一个明确的目标。有了明确目标以后,学习、工作效率就会大大提高,从而向成功人生发起冲刺。

◆ 4.2.2 提示方式

在工作中,我们会经常看到一些公司的老员工的办公桌四周贴满了小纸条,上面写满了形形色色工作中常常遇到的事件。有很多时候,工作中会出现很多的突发事件和比较繁杂的事件,新员工这时候就会按顺序处理完一件事情后再处理另外一件事情,弄得每一件工作都没有做好;而老员工则不是这样,他们首先把事情记录在小纸条上,然后按照顺序处理,把每一件事情按照预先设置好的顺序完成,因此他们始终显得时间很充裕。这就是他们效率高的原因。

虽然小纸条在我们工作中的很常见,但是小纸条是提高我们工作效率的有效工具之一,千万不要小看这种工具的作用。在工作的过程中,如果我们经常使用小纸条将日常工作记录下来,随时对完成的工作计划、突发事件进行归纳和总结,久而久之,必定会丰富工作经验,提高工作效率和业务技能。随着更多的办公设备的出现,小纸条被新的电子设备取代,我们的办公工具也越来越先进,但是这些工具出现的目的并没有发生变化,它们都是为了提高办公效率、改善办公方法而设计的。掌握办公工具,对提高办公效率有很大的帮助。

砍柴的故事

> 两个樵夫阿德和阿财一起上山砍柴。第一天，两人都砍了八捆柴。上山砍柴一定要早睡早起，才可以在天亮时抵达砍柴地点。阿德想："多砍一捆就多一份收入，我明天可要起得更早，在天亮之前抵达。"阿财则在回家以后抓紧时间磨刀，并且准备第二天把磨刀石带上山。第二天，阿德比阿财先到山上。他一开始就使尽浑身力气工作，一刻也不敢歇息。阿财虽然较迟上山，砍柴的速度却比昨天快，不一会儿，就追上了阿德的进度。到了中午，阿财停下来磨刀。他向阿德建议："不如你也休息一会儿吧。先把刀磨一磨，再继续砍也不迟。家中的孩子闹着要吃野山楂，我们也可顺便采些回去。"阿德拒绝了阿财，心想："我才不想浪费时间。趁着你休息的时候，我还可以抓紧时间多砍几捆柴呢。"很快，一天又结束了。阿德只砍了六捆柴，而阿财除了砍了九捆柴，还采了一些哄孩子开心的野山楂。阿财看着他笑道："砍柴除了技术和力气，更重要的是我们手里的刀。我经常磨刀，刀锋锋利，所砍的柴当然比较多；而你从来都不磨刀，虽然费的力气可能比我还多，但是刀却越来越钝，砍的柴当然就少啊。"

"磨刀不误砍柴工"是我们耳熟能详的俗语，它告诉我们，我们在工作中如果不注重工具的使用，即使有再多的力气，再多的精力，也不能很好地完成工作。在工作中，我们应该知道怎么做才能够更好，怎么做才能够效率更高，使用什么工具才能让我们在同样的时间内完成更多的工作，这也是我们要使用工具的原因。

◆ 4.2.3 工作方法

有了明确的目标和适当的工具，我们的工作效率会得到大幅度提升，但是我们还需要恰当的工作方法。科学的工作方法和良好的生活习惯，也能够帮助你快速高效完成工作。

1. 养成建立工作计划的习惯

做任何工作都应该有计划，以明确目的，避免盲目性，使工作循序渐进，有条不紊。我们经常会遇到这样的问题，在同样的工作岗位上，有些人紧凑有序，有些人却丢三落四。为什么有时候感觉自己天天在忙碌，而似乎没有任何成果，工作总是裹足不前呢？为什么有时候感觉有许多事要做，却不知道从哪件事开始做呢？在工作中，这些问题也许总是困扰着我们，不仅会降低工作效率，还会影响业绩。究其原因就是没有一个合理的工作计划、合理的时间计划。

工作计划是提高工作效率的前提。我们知道大多数企业的计划有年度计划、季度计划、月计划、周计划，这些计划明确了每周要完成的任务、每个月要完成的任务、每个季度要完成的任务，以及当年要完成的任务。做好一个完整的工作计划，才能使工作更加快速有效地完成。工作计划是我们完成工作任务的重要保障。制订工作计划不光是为了很好地完成工作，其实经常制订工作计划可以更快地提高个人工作能力、管理水平，以及发现问题、分析问题与解决问题的能力。

2. 支配时间

在制订计划的同时，列出每件事情所消耗的时间，进而对工作效率进行控制。强化时间观念，避免让琐碎的事情浪费时间，对时间进行统筹规划，安排好每天的工作。在下一节我们还会详细讨论如何进行时间管理。

3. 工作分解

对复杂的工作,要善于分解,把一个大项目分解成若干个小项目来进行。在同一个时间段,不同的人来完成不同的若干个小项目,当这些小项目完成了,那么整个大项目也就完成了。在学习中,我们也可以采用这种方法。先制订一个目标,然后把这个目标进行分解,将每天、每周、每月的学习计划都做得很详细,这样我们就把一个很复杂的学习过程分解成若干个小过程来实现,这样就能够最终实现我们的目标。

4. 不断学习新知识和新工作方法

很多成功的IT公司都有提高工作效率的方法和经验,我们应随时注意学习并加以整理,形成自己的一套工作方法,同时将自己的知识、经验、技能等进行融会贯通,以便随时可以拿出来使用,或重新组合,以此提高工作效率,增加自己成功的概率。在学校或者企业内部,我们要向优秀的同学或者同事学习,了解他们先进的学习方法或者工作理念,与自身的实际情况相结合,逐步形成一套符合自己条件的工作方法,提高工作效率。随着工作经验的增加,我们要不断改进和创新这些工作方法,让自己的工作效率更高。我们不仅要跟身边的人学习他们的方法,也要从古今中外的成功人士身上,总结出成功的经验、解决问题的办法和有效工作的方法。

4.3 时间管理

◆ 4.3.1 时间管理简介

时间管理是指通过事先规划和运用一定的技巧、方法与工具实现对时间的灵活以及有效运用,从而实现个人或组织的既定目标。有关时间管理的研究已有很长的历史了,时间管理理论可分为以下几种。

(1)第一代理论强调利用便条与备忘录,在忙碌中调配时间与精力。

(2)第二代理论强调行事历与日程表,反映出时间管理已注意到规划未来的重要。

(3)第三代理论是目前正流行、讲究优先顺序的观念,也就是依据轻重缓急设定短、中、长期目标,再逐日制订实现目标的计划,将有限的时间、精力加以分配,争取最高的效率。这种做法有其可取的地方。但也有人发现,过分强调效率,把时间限制得太死,反而会产生相反的效果,使人失去增进感情、满足个人需要以及享受意外之喜的机会。于是许多人放弃这种过于死板拘束的时间管理法,恢复到前两代的做法,以保障生活的品质。

(4)第四代理论与以往截然不同之处在于,它从根本上否定"时间管理"这个名词,主张关键不在于时间管理,而在于个人管理。理论强调与其着重于时间与事务的安排,不如把重心放在维持产出与产能的平衡上。

要进行时间管理,首先要知道时间管理实际上是一种个人的工作计划,那些能够充分利用时间的人,每时每刻都知道他们打算做什么、应该做什么和正在做什么,知道工作中,什么是主、什么是次,如何才能用最佳的顺序来完成工作。常用的时间管理方法有以下五种。

1. GTD

GTD(getting things done)出自 David Allen 的一本畅销书《Getting Things Done》。GTD 的具体操作可以分成收集、整理、组织、回顾与行动五个步骤。

(1)收集:将你能够想到的所有的未尽事宜(GTD 中称为 stuff)统统罗列出来,放入 inbox 中,这个 inbox 既可以是用来放置各种实物的实际的文件夹或者篮子,也可以是用来记录各种事项的纸张或 PDA。收集的关键在于把工作从你的大脑中清理出来,用工具记录下所有的工作。

(2)整理:将 stuff 放入 inbox 之后,需要定期或不定期地进行整理,清空 inbox;将这些 stuff 按是否可以付诸行动进行区分整理,对于不能付诸行动的内容,可以进一步分为参考资料、日后可能需要处理以及垃圾等几类,而对可行动的内容再考虑是否可在两分钟内完成,如果可以则立即行动完成它,如果不行则对下一步行动进行组织。

(3)组织:组织是 GTD 中的最核心的步骤,主要分为对参考资料的组织与对下一步行动的组织。对参考资料的组织主要是一个文档管理系统;对下一步行动的组织一般可分为下一步行动清单、等待清单和未来(某天)清单。下一步清单是具体的下一步工作,如果一个项目涉及多步骤的工作,那么需要将其细化成具体的工作。GTD 对下一步清单的处理与一般的 to-do list 最大的不同在于,它进行了进一步的细化,按照地点(如办公室、电话旁、家里、超市等)分别记录只有在这些地方才可以执行的行动,而当你到这些地点后也就能够一目了然地知道应该做哪些工作。等待清单主要是记录那些委派他人去做的工作。未来(某天)清单是记录延迟处理且没有具体的完成日期的未来计划、电子邮件等。

(4)回顾:回顾也是 GTD 中的一个重要步骤,一般需要每周进行回顾与检查,通过回顾及检查你的所有清单并进行更新,可以确保 GTD 系统的运作,而且在回顾的同时可能还需要进行未来一周的计划工作。

(5)行动:根据时间情况、精力情况以及重要性选择清单上的事项来行动。

2. 时间四象法

美国著名管理学家科维提出了一个时间管理的理论,把工作按照重要和紧急两个不同的程度进行了划分,基本上可以分为以下四个象限。

(1)A 象限:重要且紧急(如救火、抢险等)——必须立刻做。

(2)B 象限:重要但不紧急(如学习、做计划、与人谈心、体检等)——只要是没有前一类事的压力,应该当成紧急的事去做,而不是拖延。

(3)C 象限:紧急但不重要(如有人突然打电话请你吃饭等)——优先考虑了重要的事情后,再来考虑这类事。人们常犯的错误是把紧急当成优先原则。其实,许多看似很紧急的事,拖一拖,甚至不办,也无关大局。

(4)D 象限:既不紧急也不重要(如娱乐、消遣等)——有闲工夫再说。

3.30 秒电梯理论

30 秒电梯理论是麦肯锡最先提出的,他要求他的每一个业务人员,都必须有在 30 秒的时间向客户介绍方案的能力。在企业的整体运营中,30 秒电梯理论对企业的发展、团队的执行与沟通是非常重要的。麦肯锡公司曾经得到过一次沉痛的教训。该公司曾经为一家重要的大客户做咨询，咨询结束的时候，麦肯锡公司的项目负责人在电梯间里遇见了对方的董事长，该董事长问麦肯锡公司的项目负责人："你能不能说一下现在的结果呢？"该项目负责人没有准备，而且即使有准备，也无法在电梯从30层到1层的30秒钟内把结果说清楚。最终，麦肯锡失去了这个重要客户。从此，麦肯锡要求公司员工凡事要在最短的时间内把结果表达清楚，凡事要直奔主题、直奔结果。麦肯锡认为，一般情况下人们最多记得住一二三，记不住四五六，所以凡事要归纳在三条以内。这就是如今在商界流传甚广的"30秒电梯理论"，也称"电梯演讲"。

4. 莫法特休息法

詹姆斯·莫法特的书房里有三张桌：第一张摆放着他正在翻译的译稿，第二张摆放的是他的一篇论文的原稿，第三张摆放的是他正在写的一篇侦探小说。莫法特的休息方法就是从一张书桌换到另一张书桌，继续工作。人的脑力和体力在工作一段时间后会下降，如果每隔一段时间就变换不同的工作内容，就会产生新的优势兴奋灶，而原来的兴奋灶则得到抑制，这样人的大脑和身体就可以得到有效的调剂和放松。

扩展阅读

叶雷担任销售部主管3年了，由于公司的销售目标压力很大，小叶的工作非常繁忙。他早上起床来不及吃早点，就直奔公司，刚进办公室，经理来找他，告诉他下个月经理要出差，有一个重要的会议，让小叶代为出席发言。走出经理办公室，小叶非常高兴，他知道这是一次在上级面前展现自我的好机会。"还有一个月的时间，我一定要好好准备一下。"之后，小叶每天还是非常繁忙，早上，没有时间送女儿上学，晚上还经常陪客户吃饭到深夜，出差、应酬不断，朋友聚会也不好推辞。直到有一天，小叶突然意识到明天就要开会了，心里不免着急。不过毕竟还有一天时间，他想明天一定什么也不管了，全心全意准备会议资料。

第二天一大早，女儿突然发烧，小叶非常焦急。但是，分身无术，只好带着歉意让太太送女儿去医院，自己来上班。刚到公司心情还没平静下来，总经理秘书来找他，说总经理找他谈话，他怀着忐忑不安的心情去见总经理。原来，总经理接到了一封顾客投诉信，让他马上调查清楚，下午答复。他当然不敢怠慢。于是花了一个上午的时间终于把事情处理好。当他正想一边吃便当，一边构思发言稿，突然，他的一个客户，也是他的好朋友出现在门口，说是顺便路过，想一起吃饭。小叶当然无法拒绝对方的美意。于是，心不在焉地吃了午饭，回到办公室已经快下午2点了。看到桌上有几份紧急文件，认为这并不会花太多时间，就想先处理完。在他处理文件的过程中，有几个电话打进来，又有两个下属找他谈话，处理好这一切之后已经快6点了。这时，小叶心中着实惦记女儿，实在不想再加班了，于是下班回家。

路上正好是交通高峰，塞车很厉害，到家已经快7点了。小叶想吃了饭再写，吃完饭，洗完澡，已经8点了，刚巧电视转播四年一次的世界杯足球赛，小叶最喜欢了，虽有些不安，但还是忍不住坐下来，安慰自己说："看一会儿，松弛一下，做事会事半功倍。"球赛转播完毕，小叶已经在沙发上睡着了。

第二天早上4点钟，小叶设置的闹钟响了，5点钟，小叶终于爬起来，想写发言稿，但是头晕眼花，一点思路都没有。最后，终于写了个开头，但是，由于资料不全，没办法写下去了，小叶提前来到办公室，匆匆忙忙写了个大概,就只好去开会了。会上的效果可想而知。

4.3.2 工具的使用

1. 甘特图

1910年,亨利·甘特设计并第一个使用了甘特图技术,通过条状图来显示项目进度和时间的关系。他将项目分为若干个子项目,并规定好每个子项目的开始时间和结束时间,以方便随时了解系统的进展情况。

甘特图只使用了第一象限,其中,横轴表示时间,纵轴表示子项目。将子项目的开始时间、计划完成时间和实际结束时间用线条连接起来,从而将项目计划和实际的活动完成情况进行对比,达到了解项目进程、控制项目时间的目的。由于甘特图可以直观地表明项目计划在什么时候进行,以及清晰地表现实际进度与计划进度的对比情况,管理者可以非常便利地弄清楚每个子项目的情况并进行干预,达到控制整个项目进程的目的。另外,甘特图还有简单、醒目和便于编制等特点。

(1) 甘特图的使用方法:以图形或表格的形式显示活动;是一种通用的显示进度的方法;构造时应包括实际日历天和持续时间,并且不要将周末和节假日算在进度之内。

(2) 甘特图的优点:图形化概要,通用技术,易于理解;中小型项目一般不超过30项活动;有专业软件支持,无须担心复杂计算和分析。

(3) 甘特图的局限:甘特图事实上仅部分反映了项目管理的三重约束(时间、成本和范围),因为它主要关注进程管理(时间);尽管能够通过项目管理软件描绘出项目活动的内在关系,但是如果关系过多,纷繁芜杂的线图必将增加甘特图的阅读难度。

另外,个人甘特图与平常我们使用的时间表是两种不同的任务表达方式。个人甘特图使用户可以直观地知道有哪些任务在什么时间段要做,时间表则提供更精确的时间段数据。此外,用户还可以在时间表中直接更新任务进程。

2. 关键路径原理

对于一个项目而言,从项目开始到结束的时间,是由关键路径决定的。项目中最长的活动路线为关键路径,组成关键路径的活动为关键活动。对于一些时间紧迫、必须按时完成的工程项目,关键路径方法是一个有效的时间规划方法。运用该方法,我们可以合理地规划项目中所有人力和物力资源,从而有效地对项目进行组织和实施。这里简单介绍寻找关键路径的方法,读者可以查阅相关资料学习详细的算法。

(1) 将项目中的各项活动视为一个有时间属性的节点,从项目起点到终点进行排序。

(2) 用有方向的线段标出各节点紧前活动和紧后活动的关系,使之成为一个有方向的网络图。

(3) 用正推法和逆推法计算出各个活动的最早开始时间、最晚开始时间、最早完工时间和最晚完工时间,并计算出各个活动的时差。

(4) 找出所有时差为零的活动所组成的路线,即为关键路径。

(5) 识别出准关键路径,为网络优化提供约束条件。

关键路径具有以下特点：①关键路径上的活动的持续时间决定了项目的工期，关键路径上所有活动的持续时间的总和就是项目总工期；②关键路径上的任何一个活动都是关键活动，其中任何一个活动的延迟都会导致整个项目完工时间的延迟；③关键路径上的耗时是可以完工的最短时间，若缩短关键路径的总耗时，将缩短项目工期，反之，则会延长整个项目的总工期，缩短非关键路径上的各个活动的时间不至于影响工程的完工时间；④关键路径上的活动总是时差最小的活动，改变其中某个活动的耗时，可能使关键路径发生变化；⑤可以存在多条关键路径，它们各自的时间总量是相等的，即可完工的总工期；⑥关键路径是相对的，也可以是变化的，在采取一定的技术措施之后，关键路径有可能变为非关键路径，非关键路径也有可能变为关键路径。

◆ 4.3.3 目标与时间

马拉松世界冠军

> 1984年，在东京国际马拉松邀请赛中，爆出一个大冷门，一位名不见经传的日本选手山田本一出人意料地夺得了世界冠军。许多记者蜂拥而至，他们围着山田本一问得最多的是，他凭什么可以脱颖而出，一举夺冠。山田本一淡淡一笑，说了这么一句话："凭智慧战胜对手。"当时，许多人都不明白这句话的道理，甚至还有人认为，这位矮个子是在故弄玄虚。因为大家都知道，马拉松比赛是体力和耐力的较量，速度与爆发力都还在其次，说智慧取胜确实有点牵强附会。
>
> 1986年，意大利国际马拉松邀请赛在米兰举行，山田本一代表日本参赛，又一次获得了世界冠军。当记者再次采访他时，他仍然还是那句老话："凭智慧战胜对手。"
>
> 十年后，这个谜底终于被解开了，山田本一在他的自传中是这样写的："每次比赛之前，我都先乘车把比赛线路先仔细看一遍，并把沿途醒目的标志画下来，比如第一个标志是银行，第二个标志是一个大树，第三个标志是一座红房子——这样一直画到赛程的终点。比赛开始后，我就以百米冲刺的速度奋力向第一个目标冲去，到达第一个目标后，我以同样的速度冲向第二个目标——40多公里的路程就被我分解成这么几个小目标轻松地跑完了。起初，我并不懂这样的道理，我把目标定在终点线的那面旗帜上，结果跑到十几公里时就疲惫不堪了。我被前面那遥远的路程吓倒了。"

当我们有了明确的目标，并能把自己的行动与目标不断地对照，我们就会像上楼梯一样，一步一个台阶，自觉地克服一切困难，努力达到目标。

从山田本一成功的例子我们可以看出，如果我们学会将目标进行分解，把大目标分解成小目标，把长远目标分解成短期目标，把模糊的目标分解成具体、清晰的目标，那么我们就一定能实现自己的目标。目标分解就是将总体目标在纵向、横向或时序上分解到各层次、各部门乃至具体的人，形成目标体系的过程。目标分解是明确目标责任的前提，是使总体目标得以实现的基础。

我们通过恰当地设置目标，成功提高了效率，缩短了时间，使目标成为有效的时间管理手段。这是因为，目标的心理作用是巨大的，当一个人为了完成一个目标，将自己的潜能充分地发挥出来，他能够取得的成绩也是巨大的。如果大目标难以实现，那么可以在大目标下分出层次，分步实现。设定正确的目标不难，但要实现目标却不容易。如果目标太大，我们会因为苦苦追求却无法实现而气馁。因此,将一个大目标科学地分解为若干小目标,落实到每天、每周的任务上,能够帮助你紧跟时间的脚步,成功地实现目标。

目标又可分成许多不同种类,如人生终极目标、长期目标、短期目标、小目标。这么多目标并非处于同一个位置上,它们的关系就像一座金字塔。如果你一步一步地实现各层目标,取得成功是必然的;反之,若想一步登天,那就相当困难了。在工作中,当你面临的任务、工程或项目是一个大目标,你可以将目标进行分解,逐步完成,这样就能帮助你最终完成总目标。

工作上如此,整个人生也是如此。人生应该有明确而清晰的目标,不仅如此,还要对目标进行分解,并确定具体的实现方法,详细步骤如下。

(1)在白纸上写下自己认为值得花费一生去完成的事情,这样你就能够得到一个目标清单。注意,要区分那些不是目标的东西,如实现目标的关键因素,将这些东西除去,最后得到单纯的人生目标。得到清晰的人生目标以后,将你的人生目标设置一个自己觉得可以实现的时间,比如五年或者十年内要达到目标的什么程度,将目标与时间相结合。

(2)把你制定实现目标的时间按阶段进行划分。远大的目标,需要较长的时间实现,如何能够保证你的工作是围绕所制订的目标进行的,不迷失方向?将远大目标所需要的时间进行划分,得到具体的时间段,然后给每一个时间段制定一个具体的目标,这样过一段时间再检查自己的工作,可以防止偏离目标。须知"失之毫厘,谬以千里",在开始阶段很小的错误如果没有及时纠正,最后会与最终目标差之甚远。例如,你制定了一个五年内赚100万的目标,那么可以将5年划分为5个或10个阶段。按照时间的划分设计一个表格,在表格上填写每个时间段内应该完成的工作,也就是将一个大目标分解成几个阶段性子目标。

(3)在目标下方填写目标实现所需要的资源。任何目标都不会自动实现,把实现目标所需要的资金、人力、物力等资源条件写在下面,然后写下如何去获得这些条件,把已经实现的条件也写下来,以方便自己从中获取灵感,更好地完成目标。通过对实现目标资源的分析,我们能容易地发现实现目标的关键问题,集中精力应对关键问题,可以达到充分利用时间的目的。

(4)将制定的目标保存好,在日后工作中随时拿出来,与当前的工作进行比较。对已完成的目标进行总结,查看是否有更好的完成途径,对未完成的目标进行校正。在实现目标的道路上,健康、家庭等原因难免会耽误目标的实现,导致目标被暂时搁置,在这种情况下,我们需要计算搁置的时间,顺延完成目标的日期,一旦机会重新来临,马上重新开始自己的计划,向着目标前进。

通过目标的设置与分解,我们能够有效地规划人生的大部分时间,从而使整个人生变得生机勃勃。如果在你老了的时候,回首往事,没有因为虚度光阴而后悔,那么你的人生是一个成功的人生。如果在青少年时期就认真规划人生,合理分配时间,相信你会得到一个成功的人生。

在前面我们讲述了目标的作用及目标设定的理论,这里将继续阐述目标管理理论。目标管理理论由美国管理学大师彼得·德鲁克提出,他在1954年出版的《管理的实践》一书中,首先提出了"目标管理和自我控制"的主张。目标管理在组织管理中得到广泛应用,在组织中,缺乏总目标和分目标的指导,随着组织规模的变大,组织人员的增多,组织员工在组织生产管理活动中,很容易产生内耗和浪费资源。

因此,很多组织采用目标管理的方法提高组织效率。对产品成本的目标设定使组织能够控制原材料,对任务完成时间的限定使组织实现时间管理。对于组织的目标管理,通常组织制定一个总体目标,各个部门制定适合本部门的目标,例如财务部门制定节约目标、生产部门制定原材料节省目标、销售部门制定销售目标等。组织每年通过各个目标的实施情况,对员工进行考核,从而达到控制的目的。

在 IT 组织中,由于工作缺乏量化,目标管理成为有效激励员工的手段。通过将组织的总体目标层层分解,每个部门都有确定的目标。每个部门领导根据本部门的目标,为部门中的个人设定好具体目标。部门领导不用随时在意员工每天在做什么,在一定的时间阶段考核员工的目标完成情况,以此对员工进行掌控。很多 IT 工作人员习惯晚上加班完成工作,上班时间工作效率反而不高,就是因为这种情况。

目标管理方式也存在缺点:①它是一种只重视结果,不重视过程的管理方式,很容易滋生出一种错误的组织文化,让组织中的人在实现目标的过程中出现错误;②目标管理中的目标不容易设定,较容易实现的目标让工作产生惰性,而难以实现的目标会将员工压垮,最终让员工逃离工作岗位;③容易使组织中的员工丧失组织荣誉感,为了实现目标而进行相互攻击,部门之间缺乏有效的配合,一旦出现问题,员工之间相互扯皮、推诿,每个部门都盯紧自己的目标,而忘记了相互之间的配合,使组织不能成为一个整体;④使组织成员丧失创新精神,为了完成目标,只采用保守的、有效的方式,因为害怕采用新方法带来的风险,使组织逐渐丧失了改革精神。

我们一旦参加工作,就必须面对组织制定的目标。组织制定的目标不同于学习中自己制定的目标,组织制定的目标是必须完成的,一旦不能顺利完成组织布置的任务,那么将面对失去奖金甚至失去工作的惩罚。通过对目标管理理论的学习和理解,在平时就养成树立目标就必须完成的习惯,可以尽早适应企业的管理体制。

◆ 4.3.4　时间管理技巧

1. 二八定律

二八定律又名 80/20 定律、帕累托法则(定律)、巴莱特定律、最省力的法则、不平衡原则等,被广泛应用于社会学及企业管理学等领域,是由 19 世纪意大利经济学家帕累托提出的。他认为,在任何一组东西中,最重要的只占其中一小部分,约 20%,其余 80% 尽管是多数,却是次要的。其核心内容是生活中 80% 的结果几乎源于 20% 的活动。比如,20% 的客户给你带来了 80% 的业绩,可能创造了 80% 的利润,世界上 80% 的财富是被 20% 的人掌握着的,世界上 80% 的人只分享了 20% 的财富。因此,我们要把注意力放在 20% 的关键事情上。

二八定律说明的是付出与收入之间的不平衡,了解该法则的目的是让我们尽量避免浪费,充分利用有限的时间。下列现象或许可以帮助我们了解二八定律造成的重大影响。

① 20% 的产品或者客户,给你带来 80% 的收益。

② 20% 的司机,引起 80% 的车祸。

③ 世界上 20% 的人掌握了 80% 的财富,剩下 20% 的财富分布在 80% 的人手中。

④世界上85%的资源被15%的人消耗。一个国家或地区,20%的人消耗了80%的医疗资源。

⑤汽油燃烧产生的热量20%用于动力,80%浪费掉了。

⑥80%的计算机故障由20%的硬件产生。

⑦你与20%的朋友交往的时间占你所有交友时间的80%。

因此,我们要区分哪些是生活中没有效率的事情,从而尽量避免,把时间集中到那些高效率、高回报的项目上。当然,二八定律指的是原因与结果之间的不平衡关系,而不是绝对的80%和20%界限。这个意大利经济学家帕累托发现的统计法则,提醒我们把精力集中在那些为你带来80%收益的事情上,从而提高时间利用率。

2. 合并同类事项

生活中琐碎的事情非常多,通过将同类事情合并,科学地调度工作,能够节省时间,或者给自己创造整块的时间,将琐碎的时间联系起来,从而达到充分利用的目的。在前文的关键路径原理中,我们指出了完成关键活动对整个工程完成的重要性。我们通过关键路径的方法,挑出关键活动,将剩余的其他活动合并,再一起完成,达到节省时间的目的。

通过合并同类事项提高办事效率的典型例子就是行政审批中心。政府机构的办事效率一直是人们讨论得最多的热门话题之一。以前到政府办事,往往需要来来回回在几个部门之间穿梭,一件事情办下来,会浪费大量的时间。建立行政审批中心,使办事人员能够在一个场所办理所有手续,为民众节省了大量时间。

3. 养成良好习惯

在工作学习的过程中,一些不良习惯很容易造成时间浪费,带来低效率。这里总结几个不良习惯,我们可以检查自己生活中是否有这样的习惯。

1) 反复查看手机

现代是信息时代,手机是我们生活中不可缺少的部分。在学习和工作中,我们总是觉得会有新的消息,总是不经意去观看小视频、看微博热搜和热点新闻等。养成这样的习惯,很容易造成思维在工作中不断被打断,甚至停滞,造成大脑不受控制的随意漫游。久而久之,我们容易养成工作时间走神的习惯,浪费大量的时间。

也有一些人,上班时间总是不自觉地到新闻网站浏览新闻,精力不断分散,工作效率自然低下,时间的利用率也就很难提高。

2) 依赖身边的人

在学习过程中,大多数学生都会养成一种坏习惯,一旦有问题出现,马上去请教教师或者身边的同学,久而久之,会养成对身边人依赖的习惯。可能从短时间来看,问题马上得到解决,好像是节省了时间。实际上一方面,自己没有真正掌握应有的知识,日后每次遇到同样的问题都需要求救,这极大地浪费了时间;另一方面,依赖别人使自己缺乏解决问题的能力,以后碰到问题恐怕都难以独立的解决。

3) 轻易动摇自己的计划

我们经常遇到这样的情况,明明是到网上查某个资料,或者查看一下邮箱中的邮件,但是却不自觉地浏览了几页新闻,或者被某条奇怪的信息吸引过去,时间就不知不觉地溜走了,临下班忽然发现自己什么也没有做。在实现计划的过程中,不可避免会遇到各种各样的干扰,避免干扰的出现,忠于自己的计划,才能在计划时间内完成自己的工作。

4) 盲目的竞争

很多人将时间花费在生活的攀比上,而不是学习或工作上。人的苦难经历,只有亲身体会才能了解。往往将目光盯在别人开什么车、穿什么样的衣服上,浪费时间去研究如何在衣着、化妆上压倒其他人。我们应该多关注一下自己的学习和工作,一旦在学习和工作上取得非凡的成就,那么其他人会羡慕你的成绩。

5) 不能充分利用身边的资源

同样的目的地,乘车和走路到达的时间肯定不一样。在接到任务的时候,先坐下来想想有哪些资源可以利用。拜访曾经顺利完成同类工作的前辈,会使你受益匪浅,从他们那里了解工作的难度,同时避免犯他们曾经出现的错误,可以少走弯路。有些事情表面看来很难解决,但是一旦找到合适的人和资源,也可能轻而易举地解决。学会利用身边的资源,要求我们日常生活中重视资源的累积,对不同的人力、物力分门别类地管理,否则一旦出现紧急的情况,就丢失了利用资源的机会。

好的习惯不是一朝一夕就能够养成的,需要我们在日常生活中注意。好的习惯一旦养成,将使你受益终生,不仅能够帮助你顺利地完成学业,成功向社会过渡,也能帮助你顺利地实现自己的理想。

4. 利用空闲时间

在日常生活中,我们经常会说"我现在没有空,等有空的时候再一起坐坐""等有空的时候我再联系你""等有空的时候我再去参加学习""等有空的时候我再处理这件事情"等。

事实上,每次我们这样说的时候,都意味着我们的时间管理规划上出现了一定的问题。这些话让对方感觉到我们很忙碌,事情很多,似乎多到一分一秒都没有办法抽出来做"等我有空再做"的事情。事实上,我们从来都没有觉得自己有空闲的时间,要充分利用空闲时间,首先要做的就是将工作时间、休闲时间区分开。通常,我们认为空闲时间就是休闲时间,这是错误的。每个人都需要休闲时间来放松自己,在休闲时间里,我们要尽情玩乐,以减少工作带来的压力,但是在空闲时间里,你却要计划自己是利用这些时间来休闲,还是工作学习。

休闲时间和空闲时间往往是夹杂在一起的。例如,周末准备去郊游,整个周末的时间为休闲时间;然而在交友的路上遇上了堵车,这段时间就是空闲时间。一个人的空闲时间往往只是一小段时间,比如在午饭后短暂的休息时间。这些零碎的时间,如果能够充分被利用,会给你带来巨大的帮助。每个人利用空闲时间的方式不同,下面总结了一些在空闲时间可以做的事情,或许能够对你有一些启发。

1) 阅读

有的人不论走到哪里都带着一本书、报纸或者杂志,把自己喜欢看的东西随身携带,利用空闲时间读一段自己一直想看的东西,可能会得到意想不到的收获。一些知识需要反复品味才能理解其深刻的含义,在空闲时间品味一下,比白白将时间浪费掉要有意义得多。

2)整理邮箱

我们总是抱怨邮箱中堆满垃圾邮件,没有时间清理。在等待上课或者开会之前的几分钟,清理一下邮箱,既能帮助你平静心情,愉快度过等待时间,又帮助你节省了额外的时间开支。

3)打几个一直想打的电话

我们不是经常抱怨没有时间给父母打电话,没有时间与长期没有联系的同学联系吗?在开会之前或者等车的过程中,给一直想联系却没有联系的朋友打个电话或者发个短信,通过联系会有很多意想不到的收获。

4)挣钱

没有人不喜欢挣钱。在网上开个商店,有时间看看收支情况;把晚上看电视的时间用来挣钱。在空闲时间设计一下某个项目,某个长期以来自己一直想做的项目,不断地积累起来,整个项目就可能变得很不错,并且为你带来一定的收益。

5)制订计划

在空闲的时候,检查一下自己刚刚完成的工作是否符合制订的计划,并为马上要进行的工作制订一个新的计划,确定后面的工作步骤。

6)整理内务

把水杯刷一下,把办公桌整理一下,让自己整个身心都舒畅起来。每天都利用空闲时间打扫一下,避免在大扫除的时候出现难以处理的污点。

7)锻炼身体

我们总是抱怨没有时间锻炼,在空闲的时候做做操,活动一下手脚,不仅能够使你打发无聊的时间,而且能使你在接下来的工作中变得精力充沛。

8)小睡一会儿

每天有很多时间可能花费在坐车上,利用这个时间小睡一会儿,不仅能够帮助你打发无聊的时间,也能使你补上休息时间。

9)检查工作日志

也许你每天的工作都很多,很容易遗忘一些工作,利用零碎的时间检查工作的效果、回顾工作方法、查找工作的遗漏,有助于更好地完成工作。

总而言之,利用好空闲时间,能够让你的生活更充实,同时也为你节省了大量的时间,有利于将零碎的时间整理成大片的时间,从而更好地完成工作。

5. 拒绝额外事项

生活中处处都有被打扰的经历:本来打算利用晚自习的时间完成作业,同宿舍的同学却想打游戏,于是只好陪同;本来计划好每天在某个时间段背诵单词,却很容易被其他事情打断,没有完成任务。那些能够专心致志完成自己工作的人,往往缺少与人的交往,被看作是一些"怪人",然而这些"怪人"往往能够取得很大的成就。

以下方法能够帮助你集中精力,拒绝额外事项。

(1)把你当天需要完成的事项详细分解,把它写下来放在你的旁边,可以不断提醒你要集中注意力。

(2) 分配你的时间,在某个特定的时间内完成一件事情,这样可以避免你被不断打扰。如果你的工作要求其他成员与你交流,试着分配一个时间让大家与你交流。让他们知道一天中的某个时间与你交流,你就可以真正做一些工作了。

(3) 对时间进行控制。养成在有限的时间内完成一件事的习惯,如 30 分钟,而不是做一件事直到完成。时间到了,工作可能已经完成。如果没有完成,再分配其他时间段,可能过几天再继续做。这样就可以保持对工作的新鲜感,而不会因为持续做一件事而疲惫。

(4) 设置邮件过滤,同时不要在工作一开始的时候就检查邮箱或者打开一些即时通信软件。如果你在计算机面前花费大量的时间在计划和联系上,就可能频繁地处理电子邮件。将你的电子邮件客户端进行设置,区分什么是重要的,什么是可以等待的,这样你只需要处理根据项目、优先级和内容分类的文件夹,而不是成百上千的未读邮件。

(5) 听合适的音乐。听音乐是一种很好的让你进入工作状态的方法。另外,听音乐可以让你不受打印机和聊天声音的干扰。但是要注意,根据个人的不同,有的音乐是不适合在工作的时候听的。例如,对某些人来说,工作的时候如果听有很多歌词的音乐就会打断他的思维。

(6) 使用耳机但是关掉音乐。有些人喜欢在工作的时候完全安静,这也是根据工作类型决定的。如果你在进行一些严密的计划或者计算工作,在耳边放音乐也许就不能让你集中注意力,这时你可以戴上没有放音乐的耳机以屏蔽外界的噪声。

(7) 把你的水杯装满水,不管出于什么理由,足够的水对你的健康都很重要。在一天开始的时候就将水杯装满水,而不是每一小时去装一次水。这样你就不需要每次排队等打水,也不会和打水的人聊天。

(8) 养成打电话长话短说的习惯,在尽可能短的时间内完成通话。

(9) 清理你的计算机桌面。找一个合适的文档管理工具,让你能够随时找到计算机中的文件。

4.4 法律法规

◆ 4.4.1 法律观念

法律观念是指介于感性和理性阶段之间的一种特有的法律意识的反映阶段。法律观念包括人们对法律的零散的、偶然的、感性的认识,也包括一些系统的、必然的、理性的认识。IT 行业的从业者要有一定的法律观念,才能够在工作中抵挡外界的诱惑,不做出违反法律及道德的事。

以前的病毒制造者攻击网站、窃取信息通常只以炫耀技术、恶作剧或者仇视破坏为目的。随着互联网经济的发展,网络攻击等违法行为的目的已转变为追求经济利益,并形成黑色产业链。2016 年,移动互联网恶意程序捕获数量、网站后门攻击数量以及安全漏洞收录数量较 2015 年有所上升,而木马和僵尸网络感染数量、拒绝服务攻击事件数量、网页仿冒和网页篡改页面数量等均有所下降。国家计算机网络应急技术处理协调中心公布 2017 年 11 月,互联网网络安全状况整体评价为良。其主要数据如下:境内感染网络病毒的终端数为 100 万余个;境内被篡改网站数量为 2368 个,其中被篡改政府网站数量为 76 个;境内被植入后门的网站数量为 2504 个,其中政府网站为 92 个;针对境内网站的仿冒页面数量为 1365 个;国家信息安全漏洞共享平台(CNVD)收集整理信息系统安全漏洞 2112 个,其中,高危漏洞有 614 个,可被利用来实施远程攻击的漏洞有 1784 个。

近年来,病毒制造者除了在病毒程序编写上越来越巧妙外,更加注重攻击策略和传播网络流程。他们利用互联网基础网络应用、计算机系统漏洞、Web 程序的漏洞,以及网民的疏忽,窃取 QQ 密码、网游密码、银行账号、信用卡号、企业机密等个人资料和商业机密,通过出售来获得收益。同时,越来越多的黑客团伙利用计算机病毒捆绑"肉鸡",构建僵尸网络,用于敲诈和受雇攻击等,这也是一种主要非法牟利行为。这些窃取信息或敲诈勒索等行为已呈组织化和集团化趋势。

病毒制造者使病毒程序开发、传播病毒、销售病毒形成了分工明确的操作流程。由于互联网上的病毒地下交易市场初步形成,获取利益的渠道更为广泛,病毒模块、僵尸网络、被攻陷的服务器管理权等都被用来出售。另外,很多国内网络开始利用拍卖网站、聊天室、地下社区等渠道,寻找买主和合作伙伴,取得现金收入,整个行业进入"良性循环",使一大批人才、技术和资金进入这个黑色行业。流氓软件、木马软件、钓鱼网站等病毒和网络诈骗手段相结合,令人防不胜防。

现在,互联网已经成为人们不可或缺的工具,不论是政府、企业还是个人,每天都离不开互联网。在这种情况下,网络用户更加要注重互联网安全,不要上一些不熟悉的网站,不要打开一些不明邮件,不要轻信网络传言,不要把银行密码设置得过于简单。IT 从业人员一定要加强自律,不要贪图一时利益,不要为了出名设计一些非法软件来证明自己的能力。实际上,有些病毒和木马等非法软件设计起来很容易,从业人员需要遵守职业道德,避免设计非法软件。同时,政府也要加强对网络犯罪的监控力度,加大对违法事件的检查和监管,完善法律法规,不断进行有关网络犯罪的宣传,使互联网法律观念深入人心,避免违法犯罪事件的发生,维护网络正常秩序。

目前,我国政府已经颁布了一系列安全法律法规,保障互联网使用者的利益不受到侵害。但是仅仅有相关法律监管是不够的,互联网使用者和互联网从业人员还要有相关的法律意识,才能创造一个良好和和谐的网络环境。

◆ 4.4.2 网络安全

网络是我们每天都能够接触到的,网络虽然是一个公众信息发布的平台,但是并不意味着在网络上可以做任何事情,一个良好、有序、安全的网络环境是大多数人需要的。网络安全不仅需要靠技术来实现,也需要用道德来进行约束,有些时候还需要用一定的法律法规来进行监管,让违反网络安全的人受到法律的制裁,这样才能让我们有一个安全的网络环境。

一个良好的网络环境的前提就是要注重网络安全,那么什么是网络安全呢?网络安全是指网络系统的硬件、软件及其系统中的数据受到保护,不因偶然的或者恶意的原因遭受破坏、更改、泄露,系统连续可靠正常地运行,网络服务不中断。从网络安全的定义上我们可以看出,网络安全主要侧重的是对数据进行保护，使这些数据免受侵害。网络安全的特点主要有以下几点。

(1) 保密性：信息不泄露给非授权用户、实体或过程，或不被非授权实体利用的特性。

(2) 完整性：数据未经授权不能进行改变的特性，即信息在存储或传输过程中不被修改、不被破坏和不丢失的特性。

(3) 可用性：可被授权实体访问并按需求使用的特性，即当需要时能存取所需的信息。例如，网络环境下拒绝服务、破坏网络和有关系统的正常运行等都属于对可用性的攻击。

(4) 可控性：对信息的传播及内容具有控制能力。

(5) 可审查性：出现安全问题时提供依据与手段。

从网络运行和管理者角度来说，他们希望对本地网络信息的访问、读、写等操作受到保护和控制，避免出现"陷门"、病毒、非法存取、拒绝服务、网络资源非法占用和非法控制等威胁，避免网络黑客的攻击。对安全保密部门来说，他们希望对非法的、有害的或涉及国家机密的信息进行过滤和防堵，避免重要信息泄露，避免对社会产生危害，避免对国家造成巨大损失。

从网络信息安全的重要性上来进行分析，我们可以发现其重要意义已经深入文化、经济甚至国防领域，无论是计算机病毒，还是黑客技术，其影响都极为恶劣。而对这样的网络信息安全重要性的提高，国家需要针对相关的网络信息漏洞做出针对性的方针，保证能够最大限度地维护信息安全。从目前来看，虽然我国的信息安全问题尚存漏洞，有着极多不安全因素，且其发展速度在不断加快，但是相关问题正在得以合理有效的解决。我国的信息安全，伴随着信息产业的发展将会不断完善，对于网络信息安全的研究也将会不断加深，同时吸取发达国家的先进经验，其发展将会日新月异。

◆ 4.4.3　IT 职业道德

黑客泛指擅长 IT 技术的人群、计算机科学家。黑客精通各种编程语言和各类操作系统，伴随着计算机和网络的发展而产生、成长。黑客一词是由英语 hacker 音译出来的，这个英语单词本身并没有明显的褒义或贬义，在英语应用中要根据上下文语境来判断，其本意类似于汉语对话中常提到的捉刀者、枪手、能手之类的词语。他们是一群纵横于网络上的技术人员，热衷于科技探索、计算机科学研究。在黑客圈中，hacker 一词无疑是带有正面的意义的，例如 system hacker 熟悉操作系统的设计与维护；password hacker 精于找出使用者的密码；computer hacker 通晓计算机，是进入他人计算机操作系统的高手。IT 从业人员对这个名词再熟悉不过了。但是现今黑客已经有了新的定义，是指从事恶意破解商业软件、恶意入侵别人的网站等事务的人。

作为一个 IT 行业的从业者，我们除了技术过硬之外，还需要遵守自己的行业规则，也要遵守职业道德，不能为了个人利益去做一些违背法律、违背道德的事情，更不能用自己掌握的技术做出破坏计算机及网络的行为。IT 从业人员需要具有的职业道德包括以下几个方面。

1. 良好的敬业精神

敬业精神包括诚信、积极进取和全心全意地完成工作等方面的内容。一些传统行业对加班界定得比较清楚，从事 IT 行业的人，很少有工作时间与个人生活时间区分清晰的情况，很少有人能够按时下班,该行业特点也决定了时间并非考查一名员工工作努力程度的唯一因素,很多人即使在下班时间也在考虑上班时间的工作。另外,从事设计工作的人员,在上班时间很容易被各种各样的突发事件打扰,工作效率相对低下,而在夜深人静的时候,精力比较容易集中,反而能够达到较高的工作效率。有些公司在进行招聘的时候,通常很难找到技术能力及各方面素质都完全符合要求的人。因此很多组织只会将更多的考核点放在人员的道德品质及敬业精神上。一个人的技术水平暂时落后并不可怕,只要他具有良好的品质,即使不是能力特别优秀的人才,他会通过努力在较短的时间内达到组织的要求,为组织贡献自己的力量。

2. 严守秘密

严守秘密是一个IT从业人员必须遵守的基本职业道德之一。在IT行业中,最可怕的不是盗版,也不是木马病毒,而是IT人才流失时的技术问题。IT行业从业人员的流动性非常大,一些人从公司离职,不仅带走了公司的理念和经验,也带走了公司的产品,甚至带走了公司的客户,严重扰乱了整个行业的正常竞争秩序。有些公司为了防范软件产品的流失,在人员入职之前都签有保密协议,计算机等设备上的外部接口都被封掉,不可以连接互联网,实施24小时监控。但是这样做虽然做到了保护公司的产品安全,但是也有一定的弊端。IT人员需要交流和宽松的管理环境,这样做,使员工严重丧失了工作的动力,在很大程度上降低了工作效率。

3. 不利用技术做违法的事情

IT从业人员都是有一定的技术作为支撑的,有些人为了获取一定的利益从事一些破坏网络安全的行为,然后从中获取高额的利益。据有关方面统计,网络犯罪每次作案平均收益为60万~100万美元,相比于传统的作案收益高出几百倍甚至几千倍,并且作案范围一般不受地点和时间限制,作案时间短,作案后又有充分的时间销毁罪证,极具隐蔽性。犯罪风险小,犯罪获益巨大,有时只要轻轻按几下键盘上的按钮,就可以获得成千上万甚至上亿的款项,这对于那些具有贪婪逐利心理的不法分子无疑具有极大的诱惑力。除此之外,有些IT从业人员为了获得心理上的自豪满足感,每当攻击一个网站或者窃取一定的数据后心里就会有些扬扬得意,殊不知他们已经踏上了犯罪这条路。随着网络的普及,网络上的软件也越来越多,软件由于开发条件和技术方法的限制,几乎都存在着一些漏洞,IT从业人员在发现这些软件漏洞的时候,不应该利用这些漏洞为自己牟取利益,更不能利用这些漏洞来攻击别人,而是要向软件开发公司反映问题,以便找到解决问题的办法,从而避免损失。这是一个IT从业人员应该具备的最基本的素质。

上海一名程序员因"删库跑路"被判刑的案件引发关注。录某在从互联网公司代码研发岗位离职当天,删除相关代码,被以破坏计算机信息系统罪起诉,获有期徒刑十个月。录某1992年出生,原系北京某信息技术有限公司员工,2021年3月,录某入职上海一家公司,负责某生鲜配送平台的代码研发工作。2021年6月18日,录某离职。当日,录某未经许可用本人账户登录服务器位于上海市杨浦区某地的代码控制平台,将其在职期间所写关于某平台优惠券、预算系统以及补贴规则等的代码删除,导致原定按期上线的项目延后。经审计,为保证系统运行通畅,该公司聘请第三方公司恢复数据库等,共计支出人民币约3万元。

录某违反国家规定,对计算机信息系统中的存储数据进行删除,后果严重,其行为已构成破坏计算机信息系统罪。公诉机关指控的罪名成立,录某依法受到处罚。录某到案后能如实供述自己的罪行,赔偿被害单位并取得谅解,依法可以从轻处罚。录某自愿认罪认罚,依法可以从宽处理。公诉机关量刑建议适当,予以采纳。根据我国刑法第二百八十六条第一、二款,第六十七条第三款,以及我国刑事诉讼法第十五条的规定,法院判决录某犯破坏计算机信息系统罪,判处有期徒刑十个月。

吴某某因被天津某公司开除,心生怨恨。当晚,吴某某从同事处知晓企业管理系统的账号及密码,使用自己的平板电脑登入,将系统内的基础维护、BOM管理、销售管理、采购管理等模块中录入的部分数据删除,导致该公司无法运转,为恢复数据支出4万元。吴某某违反国家规定,对计算机信息系统中存储的数据进行删除,造成严重后果,其行为触犯了刑法第二百八十六条第二款,犯罪事实清楚,证据确实、充分,应当以破坏计算机信息系统罪追究其刑事责任。

近年来影响较大的一起"删库跑路"案件,是微盟遭内部程序员删库,导致公司市值一度缩水21.5亿元。2020年2月24日晚,微盟的SaaS业务服务宕机,旗下300万商户的线上业务停止,商铺后台所有数据被清零。微盟集团2020年2月25日公告称,数据库遭运维人员贺某人为破坏,公司已报案,通过登录账号及IP地址追踪,定位并找到了犯罪嫌疑人,其迅速承认了犯罪事实,被刑事拘留。微盟创始人事后回应称,涉事员工深陷网络贷,删库事件一度导致微盟集团股价缩水21.5亿元,涉事程序员最终被判处6年有期徒刑。

IT从业人员,除了应该遵守普通的职业道德规范,还应该遵守IT行业特有的道德规范。社会上的每一个行业,都有自己的职业道德规范。无论从事什么职业,我们都需要竭尽所能维护社会的安定团结,遵守行业职业道德规范。

思考与练习

1. 职业道德的内容和特征是什么?
2. 大学期间你是否有浪费时间的时候呢,应该如何分配你的时间呢?
3. 时间管理的技巧有哪些?
4. 什么是二八定律?举例说明你对该定律的认识。
5. 有兴趣的同学,请查阅有关资料,学习甘特图理论和关键路径理论。

第 5 章
职业能力

导读资料

创 新 中 国

曾几何时，中国成为"山寨"的代名词。仅仅几年，"创新中国"早已不再停留在口号，我们共同见证了太多激动人心的创新时刻！创新也不再被实验室束之高阁，我们乘坐着高铁，用手机打开共享单车，全球购物，便捷支付。今天的中国人，正前所未有地参与创新、享受创新。是的，没有人知道万物相连的时刻什么时候到来，更没有人知道人类还将创造出怎样的未来。让我们一起期待，并一起见证这个创新的中国，创新的世界！

一、顺丰：无人机，改变未来的物流方向

顺丰无人机项目负责人姜明涛说："大家都认为物流企业跟高科技可能不是特别沾边……我们还是希望能够对物流企业产出一些'黑科技'，我们认为它可以改变我们这个行业。"走出深圳实验室，走向实际应用场景，顺丰无人机团队筹备了足足四年，最终，他们突破了技术壁垒，带着两款代号分别为"H4"和"魔鬼鱼"的独特机型，来到了江西赣州这个被国家批准为物流无人机第一个试点的地方成功试飞。不久的将来，物流无人机将首先在赣州的经营网点之间，实现快递传送。

二、吴甘沙：无人驾驶，未来汽车的样子

"我们看到了人类历史上最为波澜壮阔的一次技术革命，也就是人工智能。这一波二十年错过了，我就六十岁退休了。我要求自己不要成为一个旁观者或者是随波逐流者，我一定是一个趋势的驾驭者。"在这个目标的驱动下，2016 年，作为英特尔中国研究院的前任院长的吴甘沙离开了工作 16 年的跨国大公司，创立了驭势科技（北京）有限公司，带领自己的团队走进了无人驾驶这个他完全陌生的领域。在繁华都市的迷宫一般的地下停车场，人们好不容易找到了停车位，找车时即使手机拍了照，也不知道车子停在了哪个区域。现在，这些迷失在停车场的人们，有了一个新帮手——智能车。在那辆四个轮子四周遍布摄像头的智能车上输入编号后，它就会进行路线定位，搭载客人自动找到停车位。完全没有方向盘、仪表盘甚至刹车，汽车直接变成了一个无人驾驶的移动包厢。在 2017 年全球规模最大的电子产品和新科技展览会上，吴甘沙团队带着这项大胆尝试第一次亮相，吴甘沙自豪地向人们介绍："It's a new kind not a new model（这是一个新品种而不是一个新款式）!"他们未来的努力方向是，把这辆概念车产品化，让无人驾驶真正走进人们的生活。

三、陆朝阳：35 岁的博导，操纵光子的巫师

他叫陆朝阳，虽然只有 35 岁，但未来十年，他一定会是改变世界的人！

或许你跟我一样，根本无法想象，玻璃罩下面有着密密麻麻零件的就是世界首台"超越级"光量子计算机。这台初具雏形的光量子计算机的研制者之一，是年仅 35 岁的博导陆朝阳教授。他留着寸头短发，眼镜片藏不住眼中露出的聪慧，西方权威科学媒体赞誉他是"操纵光子的巫师"。当一个灯泡被点亮，你看到的是一束光，看不到的是万万亿计的光量子！经过 12 年的努力，陆朝阳终于控制住了 10 个光子，世界上第一台光量子计算机就此诞生！量子力学听起来很高深。陆朝阳说："如果没有量子力学，今天人类使用的计算机、移动通信、全球定位系统等都将从我们的生活中消失。"今天的计算机，随着芯片的集成度不断提高，计算速度越来越快，现在，一个晶体管的尺寸竟然比一个流感病毒还要小。

CPU已被逼至物理极限,人类还如何提高计算机的运算速度?陆朝阳团队的年轻科学家们就是要利用量子世界特有的规律不断提升光量子计算机的运算速度。如果成功,几十万年的运算时间将缩短为几秒钟,运算速度将是超级计算机的百亿亿倍,他们的努力,必将改变世界!因为他们,今天,在量子科学领域,中国,已经成为世界的领先者!

5.1 创新能力

创新概念的理解最早主要是从技术与经济相结合的角度,探讨技术创新在经济发展过程中的作用,主要代表人物是现代创新理论的提出者约瑟夫·熊彼特。熊彼特的创新理论主要有以下几个基本观点:创新是生产过程中内生的;创新是一种"革命性"变化;创新同时意味着毁灭;创新必须能够创造出新的价值;创新是经济发展的本质特征;创新的主体是"企业家"。

对于企业来说,创新是企业的生命。只有不断创新,企业才能在激烈的市场竞争中立于不败之地。对个人来说,创新的意义也非常重要,从升学、就业、结婚、生育儿女到成就事业,整个过程是一个从无到有、从简单到复杂的积累过程,是一个知识、财富的聚变过程,也是一个创新、创造的过程。

例如,某公司想提高劳动生产率,发现公司的四个车间劳动生产率提高到一定程度,达到一个临界值的时候想再提高就非常困难了。如何才能继续提高劳动生产率?公司分析了四个车间的员工构成。第一个车间的员工都是男性,公司于是给这个车间加入几个女性员工,果然效率有所提高,这就是我们常说的"男女搭配,干活不累"。第二个车间都是一些年轻人,公司于是给这个车间加入几个中老年人,中老年人老成稳重,加入后效率也提高了。第三个车间都是中年人,加进去几个年轻人,年轻人有活力,效率也明显提高了。第四个车间中,年轻人、中年人、男性、女性都有,这个车间的效率怎么提高呢?分析发现,这个车间都是本地人,于是加入几个外地人,效率也明显提高了。从这个例子我们可以看出,同样的人,通过不同的组合和结构的变化就可以使效率提高,这就是创新。

如今,在我们国家出现频率非常高的一个词就是创新,企业家、政府官员、大学教授、学生等几乎都会提到创新这个词。创新涵盖众多领域,包括政治、军事、经济、社会、文化、科技等各个领域的创新。因此,创新可以分为科技创新、文化创新、艺术创新、商业创新等。创新突出体现在三大领域:学科领域,表现为知识创新;行业领域,表现为技术创新;职业领域,表现为制度创新。

创新是指以现有的思维模式提出有别于常规或常人思路的见解,利用现有的知识和物质,在特定的环境中,本着理想化需要或为满足社会需求,改进或创造新的事物、方法、元素、路径、环境,并获得一定有益效果的行为。创新是人类特有的认识能力和实践能力,是人类主观能动性的高级表现,是推动民族进步和社会发展的不竭动力。一个民族要想走在时代前列,就不能没有创新思维,一刻也不能停止各种创新。创新在经济、技术、社会学以及建筑学等领域的研究中举足轻重。

当今,我国对创新有新的理解。2015年李克强总理在政府工作报告中提出"大众创业,万众创新"。政府工作报告中如此表述:推动大众创业、万众创新。这既可以扩大就业、增加居民收入,又有利于促进社会纵向流动和公平正义。在论及创业创新文化时,强调"让人们在创造财富的过程中,更好地实现精神追求和自身价值"。现在的创新不局限于原先的概念,而是有了新的诠释。创新创业是指基于技术创新、产品创新、品牌创新、服务创新、商业模式创新、管理创新、组织创新、市场创新、渠道创新等方面的某一点或几点创新而进行的创业活动。创新是创新创业的特质,创业是创新创业的目标。创新创业与传统创业的根本区别在于创业活动中是否有创新因素。这里的创新不仅指的是技术方面的创新,还包含管理创新、知识创新、流程创新、营销创新等。当今大学生也要参与创新创业,通过"大众创业,万众创新"学到更多相关的知识,积累更多的经验,为今后的工作打下坚实基础。

被拒绝了1009次的肯德基创始人

> 桑德斯上校退休后拥有的所有财产只是一家靠在高速公路旁的小饭店。饭店虽小,但颇具特色,与众不同,最受欢迎的、也是客人最爱吃的一道菜就是他发明、烹制的香酥可口的炸鸡。炸鸡给他带来了一笔可观的财富。多年来,他的客人一直对他烹制的炸鸡赞赏有加。可是令他万万没想到的是,由于高速公路改道别处,饭店的生意突然间一落千丈,最后只好关门歇业。被逼无奈,桑德斯上校决定向其他饭店出售他制作炸鸡的配方,以换取微薄的回报。
>
> 在推销的过程中,没有一家饭店愿意购买他的配方,还不时地嘲笑他。在任何年龄被人嘲笑都不是件令人愉快的事,更何况到了退休的年龄还被人嘲笑,这就更令人难以接受了。这恰恰发生在了桑德斯上校身上。他不但被人嘲笑,而且接连不断地被人拒绝,可见这些经历对他的影响有多么巨大。但他始终没有放弃,在没有找到买主之前,他开着车走遍了全国,吃住都在车上。就在被别人拒绝了1009次后,终于有人同意采纳他的想法,购买他的配方。从此以后,他的连锁店遍布全世界,也被载入了商业史册。这就是肯德基的由来。
>
> 人们为了纪念这位桑德斯上校,就在所有的肯德基店前树立一尊他的塑像,以此作为肯德基的品牌形象。俗话说:"神枪手是一枪一枪打出来的!"缺乏坚持不懈的毅力或者认为自己不能得到自己想要的东西都是阻碍大多数人勇于改变的关键原因。如果你能够紧紧抓住自己的目标不放并坚持不懈,那么很快你就会超过大多数人。记住,是你掌握着自己的生活。如果你一心想达到一个目标,就一定会有办法取得成功。

◆ 5.1.1 创新的种类

提起创新,人们往往想到的是技术和产品的创新,实际上创新的种类不止这几种,下面分别进行介绍。

1. 思维创新

思维创新,需要综合运用各种创新思维。思维高度灵活的综合互补性是思维创新的重要特征,如发散思维和聚合思维的互补综合、形象思维与抽象思维的互补综合、理性思维和非理性思维的互补综合。

布里丹毛驴效应

> 有一头驴子,它肚子很饿。在它面前两个不同方向上等距离的地方有两堆同样大小、同样种类的草料。驴子犯了愁,由于两堆草料和它的距离相等,草料又是同样的数量和质量,所以它无所适从,不知到哪堆草料去才是最短距离,才最省力气,于是就在犹豫和愁苦中饿死在原地了。这是哲学史上著名的故事,这个故事是由著名的哲学家布里丹讲的,所以被称为布里丹毛驴效应。

只要有创造意识,就会焕发创造激情,就会有活力。呆板凝滞是致命弱点。因此,人不能太死板和教条,应活学活用,灵活机动,创造性地去思考问题、解决问题,而不是本本主义、拿来主义。创新创造是一种思维方式和行为方式,可以决定人生结果。

1) 发散思维和聚合思维相结合

思维创新,需要寻求发散思维和聚合思维的统一。我们要解决某个创造性问题,首先要进行发散思维,设想种种可能的方案;然后进行聚合思维,通过比较分析,确定一种最佳方案。在思维创新的过程中,发散思维和聚合思维都是非常重要的,二者缺一不可。

发散思维是指大脑在思维时呈现的一种扩散状态的思维模式,表现为思维视野广阔,思维呈现出多维发散状,所以又称辐射思维、放射思维、扩散思维或求异思维,如"一题多解""一事多写""一物多用"等方式。发散思维是创造性思维的最主要的特点,是测定创造力的主要标志之一。

发散思维不仅运用视觉思维和听觉思维,而且充分利用其他感官接收信息并进行加工。发散思维还与情感有密切关系。思维者如果能够想办法激发兴趣,产生激情,进入一种激活状态,克服按照某个新的方向来思索问题的过程,就会打破头脑中某种自己设置的僵化的思维框架,借助横向类比、跨域转化、触类旁通,使发散思维沿着不同的方面和方向扩散,表现出极其丰富的多样性和多面性,就会提高发散思维的速度与效果。最典型的发散思维是逆向思维(或者说反向思维),是从相反方向思考问题的方法。比如,人们弹琵琶都是正手演奏,敦煌石窟中"飞天"却是反手演奏,这就是一种典型的"逆向思维",结果是更加突显演奏琵琶时的"动作美"。

聚合思维是把广阔的思路聚集成一个焦点的方法,是指从已知信息中产生逻辑结论,从现成资料中寻求正确答案的一种有方向、有条理的思维方式。与发散思维相对应,它是一种有方向、有范围、有条理的收敛性思维方式,是从不同来源、不同材料、不同层次探求出一个正确答案的思维方法,也称为收敛思维、求同思维。因此,聚合思维常用于从众多可能性的结果中迅速做出判断,得出结论。

运用聚合思维进行创新,首先要明确目标。确定搜寻目标(注意目标),认真观察,做出判断,找出其中的关键,围绕目标定向思维,目标越具体越有效。如果说发散思维的思考方向是以问题为原点指向四面八方的,具有开放性,那么,聚合思维则是把许多发散思维的结果由四面八方集合起来,选择一个合理的答案,具有封闭性。

运用聚合思维,关键在于聚焦。通过对所收集到的各种资料进行分析,区分它们与思维目标的相关程度,以便把重要的信息保留下来,把无关的或关系不大的信息淘汰。在思考问题时,有意识、有目的地将思维过程停顿下来,缩小领域,聚集能量,形成思维的纵向深度和强大穿透力,从而更有效地审视和判断某个事件、某个问题、某个片段信息,形成对这些信息、事件、问题的强大透视力、溶解力,以便最后顺利解决问题。经过清理和选择后,还要对各种相关信息进行抽象、概括、比较、归纳,从而找出它们的共同的特性和本质的方面。

发散思维与聚合思维是一种辩证关系。发散思维,是从一个设想到另一个设想,可以没有任何联系,是一种跳跃式的思维方式,具有间断性。聚合思维的进行方式则相反,是一环扣一环的,具有较强的连续性。发散思维产生的众多设想或方案,一般来说多数是不成熟的,也是不实际的。我们必须对发散思维的结果进行筛选,聚合思维就可以起这种筛选作用。被选择出来的设想或方案是按照实用的标准来决定的,应当是切实可行的。这样,聚合思维就表现了很强的求实性。没有发散思维的广泛收集,多方搜索,聚合思维就没有了加工对象,就无从进行;反过来,没有聚合思维的认真整理,精心加工,发散思维的结果再多,也不能形成有意义的创新结果。只有二者协同动作,交替运用,一个创新过程才能圆满完成。

在思维创新的过程中,发散思维很重要。发散思维可以突破思维定式和功能固着的局限,重新组合已有的知识经验,找出许多新的可能的解决问题的方案。它是一种开放性的没有固定的模式、方向和范围的,可以"标新立异""海阔天空""异想天开"的思维方式。没有发散思维,我们就不能打破传统的局限,也就不能提出全新的解决问题的方案。

扩展阅读

丹麦天文学家第谷观察行星的运动规律长达30多年,积累了大量资料,但是他缺少发散思维,总是按照当时已经问世的托勒密的"地心说"去考虑问题,所以没有得出行星运行规律的最终结果。开普勒成了他的学生后,分析了第谷的资料,进行了发散思维,按照当时哥白尼的"日心说"观点,假设火星在圆形轨道上绕太阳运行,然后进行集中思维,发现理论计算结果与资料不符。他又进行第二次发散思维,假定火星沿着椭圆形轨道绕太阳运行,太阳处在椭圆的一个焦点上,然后又进行聚合思维,进行资料运算,结果验证了他的假说是对的。最后,他的工作促成了行星运动三大规律的发现,奠定了天体力学的基础。开普勒也因此获得了天空立法者的美誉。

2) 形象思维与抽象思维相结合

形象思维(具象思维)与抽象思维(逻辑思维、理论思维)是两种基本的思维形态。形象思维是用直观形象和表象解决问题的思维。形象思维内在机制是形象观念间的类属关系,要通过独具个性的特殊形象来表现事物的本质。形象观念作为形象思维逻辑起点,其内涵就是蕴含在具体形象中的某类事物的本质。

形象思维是反映和认识世界的重要思维形式,是在对形象信息传递的客观形象体系进行感受、储存的基础上,结合主观的认识和情感进行识别(包括审美判断和科学判断等),并用一定的形式、手段和工具(包括文学语言、绘画线条色彩、音响节奏旋律及操作工具等)创造和描述形象(包括艺术形象和科学形象)的一种基本的思维形式。

形象思维始终伴随着形象,是通过"象"来构成思维流程的,就是所谓的神与物游。形象思维始终伴随着感情,形象思维离不开想象和联想,其具有三大优点。

(1)形象思维具有直观性优点。形象思维反映的对象是事物的形象,思维形式是意象、直感、想象等形象性的观念,其表达的工具和手段是能为感官所感知的图形、图像、图式和形象性的符号。

(2)形象思维具有整体性特征。形象思维不像抽象(逻辑)思维那样对信息的加工一步一步、首尾相接地、线性地进行,而是可以调用许多形象性材料,一下子合在一起形成新的形象,或由一个形象跳跃到另一个形象。它对信息的加工过程不是系列加工,而是平行加工,是平面的或立体的。它可以使思维主体迅速从整体上把握住问题。

(3)想象是思维主体运用已有的形象形成新形象的过程。形象思维并不满足于对已有形象的再现,它更致力于追求对已有形象的加工,而获得新形象产品的输出。所以,想象性使形象思维具有创造性的优点。这也说明了一个道理:富有创造力的人通常都具有极强的想象力。

形象思维是人类的一种本能思维,是天生具有的能力。但是,抽象思维不是我们天生就具备的思维能力。抽象思维也称逻辑思维,是人们在认识过程中借助概念、判断、推理反映现实的过程。逻辑思维是人脑对客观事物间接概括的反映,它凭借科学的抽象揭示事物的本质,它与形象思维不同,是用科学的抽象概念、范畴揭示事物的本质,表达认识现实的结果。它是确定的,而不是模棱两可的,是前后一贯的,而不是自相矛盾的,是有条理、有根据的思维,具有自觉性、过程性、间接性和必然性的特点。逻辑思维要遵循逻辑规律,主要包括形式逻辑的同一律、矛盾律、排中律,辩证逻辑的对立统一、质量互变、否定之否定等规律。违背这些规律,思维就会发生偷换概念、偷换论题、自相矛盾、形而上学等错误,认识就是混乱和错误的。

在创新过程中,我们不能割裂形象思维和抽象思维,二者各有长短,相辅相成。形象思维对问题的反映是总体的反映,对问题的把握是大体上的把握,对问题的分析是定性的或半定量的。抽象思维不是以人们感觉到或想象到的事物为起点,而是以概念为起点去进行思维,进而再由抽象概念上升到具体概念——只有到了这时,丰富多样、生动具体的事物才得到了再现。

抽象思维过程中,所谓"去粗取精、去伪存真、由此及彼、由表及里",就是要从"感性的具体,到抽象的规定,再到思维的具体"。可见,抽象思维与形象思维是相对而言、相互转换的。只有穿透到事物的背后,暂时撇开偶然的、具体的、繁杂的、零散的事物的表象,在感觉不到的地方抽取事物的本质和共性,形成概念,才具备了进一步推理、判断的条件。

没有抽象思维,就没有科学理论和科学研究。这为人类超越自己的感官去认清更加宏观或更加微观、更加快速变化的世界提供了可能性。准确地形成概念以及概念间的关系是抽象思维方法的最基本的规则。在科学研究中,科学家除了使用抽象思维以外,也经常使用形象思维。模仿法是以某种模仿原型为参照,在此基础之上加以变化产生新事物的方法。很多发明创造都建立在对前人或自然界的模仿的基础上,如模仿鸟发明了飞机,模仿鱼发明了潜水艇,模仿蝙蝠发明了雷达。

形象思维和抽象思维,从表面上看相去甚远,而在科学研究和探索过程中却是相通的。

生物学发现的"双螺旋",物理学揭示的原子"雪花状"、化学中展示的分子结构等都是科学家发现的精美的艺术品。爱因斯坦是一个具有极其深刻的逻辑思维能力的大师,但他却反对把逻辑方法视为唯一的科学方法,他十分善于发挥形象思维的自由创造力。例如,爱因斯坦著名的广义相对论的创立实际上就起源于一个自由的想象。一天,爱因斯坦正坐在伯尔尼专利局的椅子上,突然想到,如果一个人在自由下落的电梯中,他是会感觉不到他的体重的。爱因斯坦说,这个简单的理想实验"对我影响至深,竟把我引向引力理论"。例如,物理学中所有的形象模型,像电力线、磁力线、原子结构的汤姆生枣糕模型或卢瑟福小太阳系模型,都是物理学家抽象思维和形象思维结合的产物。

3) 理性思维与非理性思维相结合

理性思维是一种有明确的思维方向,有充分的思维依据,能对事物或问题进行观察、比较、分析、综合、抽象与概括的一种思维。简而言之,理性思维就是一种建立在证据和逻辑推理基础上的思维方式。非理性思维则与理性思维相对,主要是指一切有别于理性思维的精神因素,如情感、直觉、幻觉、下意识、灵感等。在此,我们着重阐述以灵感和直觉为代表的非理性思维与科学思维为代表的理性思维的相互结合。

灵感,在希腊文中意为"神赐的启发""灵气的吸入",常常指艺术家在文艺创作时吸入了灵气,从而创作出绝妙的艺术成果。实际上,灵感的产生并不神秘,它是人类思维活动的一种特殊机能和现象。我国著名科学家钱学森曾经指出:得灵感的人总是要经过一长段其他两种思维(即逻辑思维和形象思维)的苦苦思索。所以,灵感还是人自己可以控制的大脑活动,是一种思维。灵感有没有规律?刚生下来的孩子是没有灵感的,所以灵感是人类社会实践的结果,不是神授。

"文章本天成,妙手偶得之",说明了灵感是在长时间的思索后,突然开悟,豁然贯通。"十月怀胎,一朝分娩",就是这种方法形象化的描写。当代著名科学家、诺贝尔奖获得者杨振宁也曾指出:"'灵感'当然不是凭空而来的,往往是经过一番苦思冥想后出现的'顿悟'现象。所以,称其为'灵感',只是因为这一'顿悟'不是来自正面的思考,而通常是借助于熟能生巧的情况甚或是梦境——总之是在一种不经意的状态下突然得出平日百想而不得其解的答案,将这'顿悟'的意念付诸实践,得到成功,于是,这一'顿悟'就被称为'灵感'。"

现代科学研究表明,灵感是思维发展到高级阶段的产物,是人脑的一种高级的感知能力。灵感是一个人对对象长期苦思冥想之后受某个诱物的启发,一种新思路的突然接通,是被沉思所占有时间的一种瞬间爆发。在现实过程中,主体长期学习和经验的积累、环境的影响及对创造目标的追求和思考,虽然一时尚未形成可以明确显示的结果,能够在心理深处无意识地积累起来,积淀为一些方面的某种基础。可以认为,在创造的苦思冥想还未获得某种启示而豁然顿悟之前,事实上存在一种"无意识"状态;一定条件下,当思维的成果孕育激烈的程度在各种背景的交点上通过切磋即将出现时,这种无意识状态就会被过渡到有意识状态。灵感思维也可能是梦中惊成。梦是以被动的想象和意念表现出来的思维主体对客体现实的特殊反映,是大脑皮层整体抑制状态中,少数神经细胞兴奋进行随机活动而形成的戏剧性结果。并不是所有人的梦都具有创造性的内容。梦中惊成,同样只留给那些"有准备的科学头脑"。所以,思维创新是理性思维与非理性思维的交融汇合,或者说是意识与潜意识的交融汇合。

灵感的故事

> 物理学著名的"阿基米德定律",就是灵感的重大成果之一。它是由古希腊时期一位名叫阿基米德的大学者发现的。一天,国王叫一个工匠替他打造一顶金皇冠。皇冠制作完成后,有人告发工匠掺兑白银,私吞了国王给予的部分黄金。可是,皇冠又与当初给予的黄金质量相同。国王只得找来阿基米德,要他想法测定。阿基米德吃不下饭,睡不好觉,苦思苦想多日,也没有想出办法。国王派人催他进宫汇报,妻子见他太脏了,逼他去洗澡。当他的身体浸入浴盆时,水从浴盆边溢出。突然,他跳出浴盆,赤身裸体跑到大街上。边跑边叫:"我想出来了,我想出来了,皇冠问题解决啦!"阿基米德告诉国王:黄金与白银的比重不同,因此,相同质量的黄金与白银体积也不同,那么,两者浸入水中所排出水量也绝不相同。测试表明,皇冠排出的水量比金块多,证实皇冠不是纯金制造,工匠私吞了黄金。这个实验,发现了自然科学中的一个重要原理——"阿基米德定律":把物体浸在一种液体中时,所排开的液体体积,等于物体所浸入的体积;维持浮体的浮力,跟浮体所排开的液体重量相等。
>
> 人类战争活动也不乏"灵感"现象。1944年6月5日,第二次世界大战诺曼底登陆战役后,盟军所向披靡,一路东行,直指德国本土,号称"铁血将军"的巴顿率领美军坦克集群犹如利刃,刺破德军道道防御,冲在西线整个盟军部队最前列。一天清晨,巴顿突然命令所属部队改变前进方向,由进攻转为防御,部属都十分惊讶:这是巴顿所部诺曼底登陆以来不曾有过的情况,也不符合巴顿一贯的作战风格。原来,当日凌晨巴顿被一个梦魇惊醒,他的梦里显现:在美军进攻"凸出部"的阿登森林地区,德军采取两翼包抄、顶部突击的包围战法,企图围歼位于"凸出部"的巴顿所部。果然,恰如巴顿所料,德军发起了第二次世界大战中最后一次进攻战役——"凸出部战役"。面对德军的疯狂反扑,巴顿所部预先有准备,经过短暂混乱、失利,很快稳定了防御战线,最终击退德军,再度转入进攻。巴顿这次作战指导方略的及时变化,就是一次"灵感"的经典战例。常言道:"日有所思,夜有所梦。"巴顿从梦中获得"灵感"并不奇怪,这是他多日进攻顺利、所部位置突出,因此思想上开始警觉德军的反击,说到底,还是他丰富作战经验的反映。

灵感是人类科学思维一种特殊表现形式。人们经过长期思考、探索和试验,思维高度集中,却一直不得其解时,往往突然受到某种外部信息刺激或无意识联想,头脑豁然开朗,一刹那抓住了关键,找到了答案,攻克了难关。因此,灵感具有两个基本特征:一是突然性,灵感是人们在思维过程中突如其来的一个认识飞跃,往往转瞬即逝,需要思维高度集中,才能及时捕捉;二是激励性,灵感往往出现于思维长期、高度紧张的时候,一旦灵感爆发,头脑犹如暗夜中的闪电,一下照亮夜空,人们情绪激昂、精神亢奋、思维敏捷、活力倍增,这种状态正是对人们艰苦思考的一种巨大奖励。

灵感与直觉常常密不可分,但它们也不是相同思维现象。灵感是从非意识向意识的飞跃而"涌现"出的超常规的、非常短暂的思维现象,是外信息物诱使或内信息物(问题)刺激引发出积久思考的潜意识对象物的思维现象。直觉是在有限信息条件下通过已有经验略去中间途径不经理性过程和清楚语言描述的未曾明确意识的跳跃浓缩判断。简而言之,就是人们在经验的支持下,从非理性的感觉直接达到理性思维的过程。

直觉一词源自拉丁文"intueri",原意为凝视、聚精会神地看。如今,人们将直接的觉察、理解和认识称为"直觉"。对于直觉的本质,存在两种根本对立的认识:神秘主义认为,直觉是上帝、神灵的启示;科学认识论认为,直觉是人们在实践经验基础上,思维对客观事物本质和规律的一种比较迅速、直接的综合性认识和敏锐的选择、把握能力,在思维过程中常常表现为一种突发性、飞跃式的直接理解。直觉的思维机制在于,思维主体在某个特定领域或某个特定方面,积累了丰富知识和经验,这些知识和经验经过大脑不断储存和强化,建立了许多间接的、暂时的、无序的神经联系,一旦遇到某种特定外部信息的刺激,这些知识和经验会突然相互贯通、排序和组合,从而直接获得对事物本质和规律的认识。

直觉的本质是猜想。直觉是思维现象,猜想指思维活动的倾向结果。科学证明,直觉是一种普遍存在的思维现象。哥白尼据观测觉得以地球为中心的宇宙不协调,猜想出"日心说";伽利略以吊灯随风的节奏摆动,猜想出摆动原理;牛顿见到苹果落地猜想出万有引力;安培根据电使磁针转动,猜想出电动力的关系式;达尔文看到植物随太阳转动,猜想出植物中含有某种物质……猜想造就了一个又一个伟大的成功者。当然,猜想有它的特点,猜想不必真,但它是得到真的一种可能。结论正确与否,要通过实践的验证或科学的论证才能确定。猜想应该科学,它要有发端的基础,它是运作系统。猜想的依据是真实的。它以知识为基础,为对一定经验事实引出理解,是在本人和前人所达到的科学成就基础上的一种发现。这种发现需较高的洞察力、判断力和创新的勇气。猜想是创造,但要经历升华。人们所说的事实到原理,是指由被解释的经验事实抽象到被解释的原理,这就使认识进入了更高的层次,这种由丰富洞察力和想象力构成的认识抽象是获取高层理论的有效方式。诚然,直觉也可能出现失误,它绝不总是正确的。因此,对有条件运用逻辑的重要对象,应该把重经验、重定性的直觉思维上升到定性与定量、直觉与逻辑、个体与群体、人脑与计算机相结合的科学思维的层次,将失误的可能限定在最低水平。

直觉是在丰富的知识和经验积累基础上,人们对事物本质和规律的认识;直觉不着眼于对认识对象各种细节、各个局部进行有步骤、有条理的逻辑分析,而是直接、迅速地获得有关认识对象各个方面、各种细节的整体性认识和把握。因此,从思维的结果来看,直觉与科学思维可谓"殊途同归",只是直觉的思维形式更加迅速、更加直接。人类的战争活动是在紧张、激烈的生死较量中展开的,两军对垒,战场形势瞬息万变,战斗机会稍纵即逝,思维活动的时间和空间被高度压缩,因此,直觉也就在军事指挥员斗智斗勇过程中,扮演了更加重要的角色。因此,军事指挥员应当注重学习、注重实践,努力积累知识、积累经验,这对于从事武装斗争、国防建设的军事领导者尤为重要。苏联当代著名军事家伏龙芝曾经指出:"要成为优秀的战略家,不管在纯政治还是军事中,都要有许多专门的、特殊的才能,其中最重要的是直觉。"

直觉是大脑皮层的功能,是对事物直接的察觉,特点是其洞察力及穿透力。直觉是对思维对象从整体上考察,调动自己的全部知识经验,通过丰富的想象敏锐且迅速地做出假设、猜想或判断,它省去了一步一步分析推理的中间环节,直接抓住问题的关键,抓住主要问题的主要矛盾。它是思维过程的高度简化,但是它却清晰地触及事物的本质。直觉的产生是基于对研究对象整体的把握,而哲学观点有利于高屋建瓴地把握事物的本质,这些哲学观点对立统一、运动变化、相互转化、具有对称性。直觉思维是基于研究对象整体上的把握,不专意于细节的推敲,是思维的大手笔。

直觉是理由不一定充足的推理。逻辑思维受其推理规则的制约,须遵守充足理由律。直觉并非毫无道理的胡思乱想,也不是完全没有推理;直觉对作为推理依据的那些判断没有严格的要求,推理的依据不一定是结论的充足理由。所以,直觉不少部分常常基于局部的经验。直觉是过程不一定宽松的推理。直觉往往迸发于一瞬,不可能把所有的途径及其之上的环节都考虑得那么全面和周密,常常只形成轮廓的效果。直觉是概念不一定明确的推理。逻辑思维要求概念明确,但是,在实际思维过程中,人们很难在一个不熟悉的领域对未知进行探索时,一开始就对所使用的概念全部达到明晰。因此,直觉常常使用的是模糊概念。直觉不能间接通过逻辑分析、综合的理性思维逐渐把握对象,也不能用精确的语言加以表述和规定,而是非理性地、整体地、直接迅速地得出把握对象结论的一种思维状态。

正因为如此,直觉在科学思维过程中存在较大的局限性,主要表现在以下方面:一是直觉没有充足的理论根据,因此缺乏论证的力量;二是直觉虽然以人们丰富的实践经验为基础,但是,任何经验都有着时间、地点等特定条件的限制,如果人们过分拘泥于自己的经验,既限制了自己的视野,也常常因忽视新情况、新问题而犯经验主义的错误;三是直觉所把握的事物,往往不够精确,只是人们认识的初级成果,往往容易流于事物的表面现象,需要人们进一步深入分析和研究,从而真正把握事物的本质属性和客观规律。

思维创新是一切创新的前提。这个时代呼唤创新,而思维的创新是最基础的创新,也是最难的创新,有句广告语说的好,"思想有多远,我们就能走多远",说明思维创新的重要性,它是一切创新的基础。

下面我们来看一个案例。两个推销员到一个岛屿上推销鞋子。其中一个推销员到了岛屿上之后,发现这个岛屿上每一个人都是光着脚的,没有穿鞋的习惯。他就气馁了,马上发电报回去,让公司不要运鞋过来了。另一个推销员来了之后,发现这个岛屿上的鞋的销售市场太大了,每个人都不穿鞋,要是一人穿一双鞋就不得了了,可以销售很多双鞋,他马上向公司报告,让公司赶快空运鞋子过来。

同样一个问题,不同的思维可以得出不同的结论。任何时候都不要封闭自己的思想和思维。某公司召开头脑风暴会,就某一个问题提出解决办法,定的目标是一个小时内想出100个办法。原来以为最多只能够想出50个,结果却超出了意料,收获了103个办法。正如现在有些公司在不断招募新的人才,重要原因之一就是希望新人可以带来新的观念、新的理念、新的思维,来不断进行创新。

2. 产品创新

产品创新是指将新产品、新工艺、新服务成功引入市场,以实现商业价值。企业推出的新产品如果不能为企业带来利润,不能带来商业价值,那就算不上真正的创新。产品的创新通常包括技术创新,但是产品创新不限于技术创新,因为新材料、新工艺、现有技术的组合和新应用都可以实现产品创新。

3. 技术创新

技术创新主要是指生产工艺、方式、方法等方面的创新。技术创新只是在原有技术的基础上进行革新,而发明则是指创造出新事物。技术创新是科技创新中的一种表现方式,是改进现有的产品或创造出新的产品、生产过程或服务方式的技术活动。重大的技术创新会导致社会经济系统的根本性转变。

技术创新和产品创新既有着密切的关系,又有所区别。技术创新可能带来但未必带来产品创新,产品创新可能需要但也未必需要技术创新。一般来说,运用同样的技术可以生产不同的产品,生产同样的产品可以采用不同的技术。产品创新侧重于商业和设计行为,具有成果的特征,因此具有更外在的表现;技术创新具有过程的特征,往往表现得更加内在。产品创新可能包含技术创新的成分,还可能包含商业创新和设计创新的成分。技术创新可能并不带来产品的改变,而仅带来成本的降低、效率的提高,如改善生产工艺、优化作业过程从而减少资源消费、能源消耗、人工耗费或者提高作业速度。另一方面,新技术的诞生,往往可以带来全新的产品,技术研发往往对应于产品或者着眼于产品创新;新的产品构想,往往需要新的技术才能实现。

从计算机的角度来说,技术创新是指根据现有的科学成果,使计算机软件和硬件在技术层面上有突破性进展。

4. 组织和机制创新

组织和机制创新主要是指企业环境或个人环境方面的创新,包括内部环境和外部环境两个方面,是机体所处氛围。组织与机制创新主要有以下三种。

(1) 以组织结构为重点的变革和创新。

(2) 以人为重点的变革和创新,即改变员工的观念和态度,包括知识的变革、态度的变革、个人行为乃至整个群体行为的变革。

(3) 以任务和技术为重点,任务重新组合分配,更新设备、技术创新,达到组织创新的目的。

5. 管理创新

管理创新是指管理对象、管理机构、管理信息系统、管理方法等方面的创新。管理创新是指基于新的管理思想、管理原则和管理方法,改变企业的管理流程、业务运作流程和组织形式。企业的管理流程主要包括战略规划、资本预算、项目管理、绩效评估、内部沟通、知识管理等。企业的业务运作流程有产品开发、生产、后勤、采购和客户服务等。通过管理创新,企业可以解决主要的管理问题,降低成本和费用,提高效率,增加客户满意度和忠诚度。

6. 营销创新

营销创新就是根据营销环境的变化情况,结合企业自身的资源条件和经营实力,寻求营销要素在某个方面或一系列的突破或变革的过程。在这个过程中,并非一定要有创造发明,只要能够适应环境,赢得消费者的心理且不触犯法律、法规和通行惯例,同时能被企业所接受,那么这种营销创新即是成功的。还需要说明的是,能否最终实现营销目标,不是衡量营销创新成功与否的唯一标准。

7. 商业模式创新

商业模式创新是指企业及其成员的言和行方面的创新,是一个涉及面较广的议题。商业模式是指企业具体运作的方式。

◆ 5.1.2 知识与创新

知识到底是什么,目前仍然有争议。现在我国对知识的定义一般是从哲学角度做出的,如在《中国大百科全书·教育》中"知识"条目是这样表述的:"所谓知识,就它反映的内容而言,是客观事物的属性与联系的反映,是客观世界在人脑中的主观印象。就它的反映活动形式而言,有时表现为主体对事物的感性知觉或表象,属于感性知识;有时表现为关于事物的概念或规律,属于理性知识"。

从这个定义中我们可以看出,知识是主客体相互统一的产物。它来源于外部世界,所以知识是客观的,但是知识本身并不是客观现实,而是事物的特征与联系在人脑中的反映,是客观事物的一种主观表征。知识是在主客体相互作用的基础上,通过人脑的反映活动而产生的。

人类社会发展到今天,经历了石器、铜器、铁器和机器四个时代。其中,仅有 400 多年历史的机器时代又可以分为动力机、自动机和智能机三个阶段,并对应于三次大的科技革命和产业革命。这三次革命都表现为知识的创新、智力的飞跃,都是知识和智力推进了生产工具的更新和生产方式的变革。而在今天以计算机为标志的智能机阶段,知识和智力的作用已成为根本性的推动力量,科学技术已经成为第一生产力。世界正出现这样的发展格局,那就是政治军事实力的较量取决于经济的发展,而经济的发展又取决于知识的进步和科技的突破。

知识经济的创新速度与突破方向将决定经济竞争的成败,从而改变过去那种以自然资源和金钱资本的总量决定经济发展格局的旧模式。现在,知识不仅是力量,而且是可以创造和改变历史的力量。谁掌握了知识创新的主动权,谁占领了科技突破的制高点,谁就能在未来世界的文明进程中掌握优先权、主动权和决定权。

知识经济是以智力资源为基础,以知识的创新和利用为核心,以信息的传播加工为特征的经济。在知识经济条件下,知识的积累、创新、利用、传播出现了许多创新的特点,具体如下。

(1) 知识积累的进度加快。

(2) 知识总量翻倍的时间缩短。

(3) 知识结构老化的过程加速。

(4) 知识传播手段更新。

在"知识爆炸"的时代,一个人要掌握人类发现的全部知识,已变得越来越不可能,而且也没有这个必要。一个人头脑中拥有的知识和信息的多寡,不能直接表明他的知识结构水平高低和创新能力的大小。

知识的积累与知识的创新有着不同的规律。一般来说,知识渊博的人,创造性智能的发展程度就比较高。但是,知识基础并不绝对等同于创造性智能,英国有一个叫亚克敦的人,除了博览图书馆藏书外,把家中收藏的7万册图书全读完了,还做了附记和校勘,但他始终没有任何创造性建树,也没有专著留世。

知识创新,是指通过企业的知识管理,在知识获取、处理、共享的基础上不断追求新的发展,探索新的规律,创立新的学说,并将知识不断应用到新的领域且在新的领域不断创新,推动企业核心竞争力不断增强,创造知识附加值,使企业获得经营成功。知识创新包括科学知识创新、技术知识(特别是高新技术)创新和科技知识系统集成创新等。知识创新的目的是追求新发现、探索新规律、创立新学说、创造新方法、积累新知识。总之,知识创新为人类认识世界、改造世界提供了新理论和新方法,为人类文明进步和社会发展提供了不竭的动力。

知识创新具有以下特征。

(1) 独创性。知识创新是新观念、新设想、新方案及新工艺等的采用,它甚至破坏原有的秩序。知识创新实践常常表现为勇于探索、打破常规,知识创新活动是各种相关因素相互整合的结果。

(2) 系统性。知识创新可以说是一个复杂的"知识创新系统",在实际经济活动中,创新在企业价值链中的各个环节都有可能发生。

(3) 风险性。知识创新是一种高收益与高风险并存的活动,它没有现成的方法、程序可以套用,投入和收获未必成正比,风险不可避免。

(4) 科学性。知识创新是以科学理论为指导,以市场为导向的实践活动。

(5) 前瞻性。有些企业,只重视能够为当前带来经济利益的创新,而不注重能够为将来带来利益的创新。知识创新更注重未来的利益。

创新离不开以往的知识,创新更要突破以往的知识。人的创造力并不完全以读书多少为标准。有些极富创新智慧的人,特别是那些开创新学派、创造新发明的年轻人,一开始往往学问并不是很多,但他们敢于质疑、敢于探索、敢于突破前人的陈规,结果到达了前人未能到达的新境界。

方糖的故事

> 20世纪40年代,美国有许多制糖公司向南美洲出口方糖。方糖在海运中会有受潮现象,这给公司带来了巨大损失。制糖公司花了不少钱请专家研究,但是始终未解决这个问题。后来,有一位名叫科鲁索的制糖工人,想出了一个简单的防潮方法:只要在包装纸上开一个小孔,使空气能够对流,方块糖就不会受潮了。其原理其实与在大厅里开个排气孔和人们穿留有适当孔隙材质的衣服比较舒适一样。它虽然十分简单,但不容易被人想到。科鲁索把自己的"打孔"发明申请了专利。后来,一家制糖公司得知后,出价100万美元买下了这个专利的使用权。

从这个简单的故事我们可以看出,知识本身不会使一个人具有创造力。创造力的真正关键在于如何活用知识。活用知识和经验来寻找新点子、新创意,就是培养创造性思维所需的态度。爱因斯坦说过,想象力比知识更重要,因为知识是有限的,而想象力概括着世界上的一切,推动着社会进步,并且是知识进步的源泉。严格来说,想象力是科学研究的实在因素。知道事物应该是什么样,说明你是聪明的人;知道事物实际是什么样,说明你是有经验的人;知道怎么样使事物变得更好,说明你是有才能的人。对于创新来说,方法就是新的世界,最重要的不是知识,而是思路。

5.1.3 创新的途径

创新意识是指人们在社会实践活动中,主动开展创新活动的观念和意识,表现为对创新的重视、追求和开展创新活动的兴趣和欲望的理念和思想状态活动。它是人类意识活动中的一种积极的、富有成果的表现形式,是人们进行创新创造活动的出发点和内在动力。创新意识包括创新动机、创新兴趣、创新情感和创新意志等。对于创新意识,它的构成至少包含以下几个基本要素。

(1) 批判精神。批判精神是创新意识的第一要素。创新首先意味着对旧观念、旧事物的扬弃,是要抛开旧的,创造新的。因此,创新意识就其本质来说,是批判的、革命的。它不迷信、崇拜任何偶像、教条和一切不适应现实情况变化的旧观点,不唯上、不唯书、只唯实,善于吸取旧事物、旧观念中的合理因素,在继承的基础上创新,提出自己的新创意、新思想。

(2) 创造性思维。创造性思维是以发现新思想、新观点、新理论为目标的,新颖性、独特性和求异性是它的显著特征。创造性思维,对人的行为和决策都有直接的重要影响。它是正确理论指导下长期的艰苦实践和科学的求实精神、研究方法相融合中的再创造。我们应当注意吸取人类各方面的研究成果,不断增强自己的创造性思维能力,善于运用发散性思维研究新情况、新矛盾、新问题,探索应对问题、解决矛盾的新途径、新方法。

(3) 风险意识。创新是做前人未做的事情,是对旧事物、旧观念的否定,是对传统习惯势力的挑战,是对现状的革新,因此很容易受到传统习惯势力和错误倾向的压制打击,致使创新的风险和代价较高。加之没有现存的经验可以借鉴参考,创新的结果往往具有不确定性,有时甚至要付出高昂的代价,所以任何创新都面临着风险的考验。我们在增强创新意识时务必增强风险意识,有足够的思想准备应对和化解风险。

(4) 系统观念。创新是一种系统性行为。系统普遍存在于自然界和人类社会中,世界上的一切事物又都存在于一定的系统中,是若干要素按一定的结构和层次组成的,并且具有特定的功能。从社会整体看,各个领域中的创新是相互关联的。科学的发现可能导致技术的革新,技术的革新又能推动经济的发展,经济的发展又能对社会的经济和政治体制产生深远影响。系统分析作为一种思维方法和研究方法,科学地反映了事物的系统性规律。因此,我们在增强创新意识时,应树立系统观念,掌握系统分析方法,避免以偏概全,避免只看到局部和暂时的利益,从而最大限度地使创新符合客观实际,达到整体优化的目标。

从这里我们可以看出,不是非得科学家在实验室中才能创新,在日常生活中我们也可以不断地创新。例如在学习中,我们可以尝试使用不同的做笔记方式,如果某一种方式能够提高学习效率,这就是一种创新。在激烈竞争的社会中,谁能够利用创新提高效率,谁就能够获得成功。

培养创新意识对于创造能力的形成有着非常重要的意义。假如一个人仅仅精通数学上的各个分支，掌握各种各样的复杂的数学定理、公式，那么他还不算是一个数学家。一个好的数学家，最重要的就是要有自己的创新，要能发现前人没有发现的问题，解决前人没有解决的问题，这才能算是一个真正的数学家。所以一个人首先应有广博的知识，其次要具备创新意识。

例如，关于时间的同一性，多少年来一直被人们当成是毋庸置疑的真理，但强烈的创新意识，使爱因斯坦对它产生了疑问，进而深入研究了这个问题，终于为相对论的建立打开了缺口。同样，创新意识使哥白尼推翻了"地球中心说"，推动他建立了"太阳中心说"。根据心理学家多年总结，以下15种方法有助于创新意识的培养。

(1) 多了解一些名家发明创造的过程，从中学习如何灵活地运用知识进行创新。

(2) 破除对名人的神秘感和对权威的敬畏，克服自卑感。

(3) 不要强制人们只接受一个模式，这不利于发散性思维。

(4) 要能容忍不同观念的存在，容忍新旧观念之间的差异。相互之间有比较，才会有鉴别、有取舍、有发展。

(5) 应具有广泛的兴趣、爱好，这是创新的基础。

(6) 增强对周围事物的敏感程度，训练挑毛病、找缺陷的能力。

(7) 消除埋怨情绪，鼓励积极进取的批判性和建设性的意见。

(8) 表扬为追求科学真理不避险阻、不怕挫折的冒险求索精神。

(9) 奖励各种新颖、独特的创造性行为和成果。

(10) 经常做分析、演绎、综合、归纳、放大、缩小、联结、分类、颠倒、重组和反比等练习，把知识融会贯通。

(11) 培养对创造性成果和创造性思维的识别能力。

(12) 培养以事实为根据的客观性思维方法。

(13) 培养开朗态度，敢于表明见解，乐于接受真理，勇于摒弃错误。

(14) 不要讥笑看起来似乎荒谬怪诞的观点。这种观点往往是创造性思考的导火线。

(15) 鼓励大胆尝试，勇于实践，不怕失败，认真总结经验。

如何才能有创新精神呢？怎么样才能使自己在工作中做到有所思考，找出新的工作方法，提高工作效率，提出合理化建议呢？

没有创新成果的原因主要是没有足够的创新意识和创新精神，以为创新距离自己的实际工作有一定的距离。其实，仔细想想，创新需要的不是所谓的天才，创新只在于立足自身岗位，找出改进工作的新方法。正如一句名言所说：成功的人找方法，失败的人找借口。

例如，对于学校刚刚成立的广播小组，如何能把它做成一个宣传、教育、娱乐的窗口，也是在成立之初就考虑的问题。领导、校友、兄弟院校等到学校参观考察，学校近期发生的大事、要事，需要第一时间通过广播让大家了解到。设立系部专题栏目，使每个系部都有展示、交流工作心得的平台。广泛征集大家对节目设置的意见，播送大家喜闻乐见的节目，使大家在工作之余有一个娱乐身心的窗口。每天三次的天气预报，为的是让大家在工作的同事不忘关注天气的变化。虽然都是一些小细节，但要力求在小事上做到细致化，做出闪光点。

再以公司为例，人力资源部的工作就是与人打交道，如何真正了解大家的心声，是一切工作的基础。同样，创新也是在做了大量的、系统的实际情况调查后，在事实基础上总结出来的新的解决问题的方法。例如，岗位说明书制订得科学合理是绩效考核和培训开发工作的基础，这就要求制订者深入每一个岗位，了解每一个员工的工作环境、工作条件、工作要求、工作能力等。这一切翔实的信息如何才能有效地收集到？大量的事实基础调查是不可或缺的。只有与每一个工作人员都进行细致、有效地交流，才能真正了解每一个岗位的职责，了解每一个岗位设立的意义。又如人力资源部的事务性工作——工资的发放、保险的申报缴纳等占用了目前工作的很多时间，如何能够提高办事效率？这就要求对所做事情进行及时清理和总结。

总之，要想把学习工作做得更有效，做到在全员创新的氛围中自己也能积极主动地参与其中，就要在平时的工作学习中善于思考，不断总结工作中发现的问题，并对所做工作进行经常性的短期效果检查，以便及时发现不足，提出改进的方法。

扩展阅读

魏思：智能翻译正在"逆天"

年轻的魏思已经是科大讯飞研究院副院长了，他领导着一个被称为"超脑小组"的团队，将人工智能中的语音智能，做成了"全球无敌"！林志玲嗲嗲的导航声音，就是用科大讯飞语音合成模仿成的。现在，科大讯飞的翻译机已经强大到"逆天"，它能把东北方言"干哈呢"、河南方言"咦（读四声），怎弄啥呢"准确地翻译成"What are you doing"，翻译准确率为90%以上。中英、中日、中韩、中德、中法等，甚至连印度口音的德语，都能准确无误地翻译出来。带着这台遥控器大小的翻译机，哪怕是只会说中国方言的老年人，也可以无交流障碍地走遍世界。但魏思和他的团队依然不够满意，希望能够制造出可以思考的机器，使翻译机能够像人类那样"察言观色"、聪明地说话。美国一家权威杂志评选出全球50大最聪明公司。在中国入选的8家公司中，科大讯飞名列第一。上帝用一座"巴别塔"阻碍了人类的交流，但中国人正在用语音人工智能，推倒这座"巴别塔"！

◆ 5.1.4 创新能力的培养

1. 确立立体创新观

在不少大学生的心目中，谈到创新，首先想到的是瓦特发明蒸汽机、陈景润攻克数学难题、爱因斯坦发现相对论，从而把创新想得很神秘。其实，这种理解是片面的。

创新源自生活，创新源自工作，创新源自学习，在不同的社会阶层中，在不同的工作岗位上，都可以产生创新，都可以成就创新人才。例如大家熟悉的我国著名桥吊专家许振超先生，就是在普通的桥吊岗位上，通过不断钻研，不断创造出小革新、小发明，逐渐成长起来的我国现代工人的典范。他的创新成就，为国家节省了大量外汇，极大地提高了现场工作效率，改变了我国在桥吊技术上必须依赖日本的历史，极大地提高了我国桥吊业在国际市场的竞争能力。

我们每个人身上都隐藏着丰富的创新能力，只要我们尊重它，培养自己的独立人格，积极思考、不断实践、勤于总结，就能使自己身上的创新潜能像流水一样涌现出来。

现实中，创新的体现形式是多方面的。从大的方面讲，有思想的创新、机制体制的创新等；具体到某个领域，有内容的创新、结构的创新、形式的创新、角度的创新、方法和手段的创新、程序的创新、颜色的创新、包装的创新等。我们可以通过努力，在其中任何一个方面，或者几个方面产生创新。例如，我们可以向马克思和毛泽东学习，在思想上产生创新，成为一个伟大的思想家：前者经过几十年的研究，写出了闻名世界、影响深远的《资本论》，深刻地、严谨地揭示了资本运行的奥秘；后者在中国革命最艰难的时候，在中国革命进行广泛调研基础上，独创性地提出农村包围城市的路线。这些都是在人类思想领域中的重大创新。

我们如果自认为很难成为一个伟大的思想家，那还可以在其他方面有所成就，例如我们可以实现方法上的创新。同样是做一件事情，我们既可以采取 A 方法，也可以采取 B 方法；做同一个方面的研究，过去人们主要采取逻辑推理法，现在采取调查法和实证研究法，从而实现方法上的创新。

大学生的课程学习到一定阶段后，常常被任课老师要求撰写课程论文；寒暑假，学校也常常组织学生开展社会实践活动，并要求学生撰写调查报告。这都是我们开展创新实践的最好机会。一篇好文章的衡量标准有多个角度，如立意高远、结构合理、内容新颖、观点独到、资料翔实、方法科学等。因此，创新的立足点也很多。

综上所述，创新的实现途径多种多样，我们不应该把创新神秘化，不应人为地限制自己的创新能力，而是勇敢地进行创新性探索。

2. 大学生创新能力的培养

如何培养创新精神和创新能力？探讨这个问题，首先应从影响创新精神和创新能力的因素入手，正确认识什么是制约大学生创新能力的因素。

人的勇气和责任感不是先天产物，它的形成受到后天生活和工作环境的影响。体制与制度是后天生活和工作环境的核心因素，在最后阶段影响人们的态度和行为。某种态度和行为成为习惯后，就会变成人们一种自觉的行为和难以更改的思维方式。

所以，从社会和组织的角度，要培养人们的科学精神和创新能力，必须改变体制和制度，建立有利于培养人们科学精神和创新能力的制度环境。近年来，社会上的有识之士认清了这个现实，并在大力推进培养全民的科学精神和创新能力、进行制度创新方面，做出了很大的努力。

乐晓东博士在总结中国人创新能力不足时，认为原因更多是当今教学方法的僵化和知识运用不足。前者的责任大多在学校和老师，后者则与学生自身密切相关。

在教学过程中注重同学们创新能力的培养，需要大家共同的努力，学校要创造人才制度，教师要引进先进的教学方法，同学要把理论和实践紧密结合，勇于实践、勤于探索，要培养自己开放的心态，将自己融入社会实践的大舞台。大学生创新能力的培养，可以从以下几个方面入手。

1）从思想上重视创新能力的培养

转变唯一标准、唯一答案的学习结论观。在科学领域，尤其是社会科学领域，很多问题没有唯一答案,没有唯一的结论。答案求解的过程会受到很多环境因素的制约,随着环境的改变,结论必然发生相应的变化。

转变唯书、唯上的真理标准观。华东理工大学校长钱旭红列举了一个普遍现象:"听一个学术报告,常常有很多人提不出问题,自主学习能力极差。"就连他的博士生,在最初半年里,也让他相当头痛。"谈一个问题,他们就像傻瓜,总谈书上的东西和别人的观点,从来不怀疑和反驳我。"

学生质疑老师和书本的观点有很多积极的意义:其一,说明学生在积极思考问题,大脑处于活跃状态,说明学生的状态很好;其二,质疑书本知识,说明学生进行了前期积累,否则提不出像样的问题;其三,说明学生很勇敢,不怕老师和同学笑话,这种胆识和勇气很好;其四,说明学生把老师当成自己的朋友,这种民主意识很好。以上四个方面对于一个人人格的健康发展来说十分重要。

2) 勇于实践

乐晓东博士在分析中国人缺乏创造力时总结说:知识无活力化是导致国人创造力缺乏的四大原因之一。实践是检验真理的唯一标准,实践也是锻炼我们科学精神与创新能力的大舞台,这是其他方式不可替代的。

我们的信心是从不断实践中一点一点积累的,我们的经验是在每一次的实践活动中积累和修正的,创新能力更是在不断实践中得到开发和体现。在与学生合作开展实践活动后,学生常常会感觉到通过实践活动,增强了自己的自信心。

在大学期间,学生不仅要善于自己搭建实践舞台,还要善于借助学校和社会丰富多彩的实践平台,积极开展各种实践活动。

现在学校在学生实践教育方面加大了力度,学生实践的机会更多了。这对提升学生的综合素质和各方面的能力,产生了积极影响。不过在如何借助这些活动培养学生的科学精神与创新能力方面,还有许多工作要做。一是着力培养学生的策划能力和设计能力。策划和设计是培养创新能力的重要方式,策划好一项活动,或设计好一个项目,体现的是一个人的综合素质和创新能力。二是学生应开动脑筋积极创办自己的学习团队和社团。三是开展知识创新、理论创新、技术创新,如结合所学知识和理论,紧密联系社会关系,联系学生实际,撰写小论文、随感。四是利用寒暑假进行社会实践活动。

3) 积极参加课堂讨论

课堂讨论的教学方式,在培养学生创新能力方面有积极的作用。课堂讨论的指导思想是以学生为中心,课堂教学中老师讲的少,大多以学生讨论为主,对于课程的重点、单点、疑点,由学生以学习小组为单位,或者学生自己准备,在课堂上讨论,发表自己的看法,老师不给标准答案。这样做的好处是可以无限扩展学生的想象空间,让学生根据自己的思路去理解课程中的难点。

当然,因课程内容的差异,在具体教学活动的组织上不可能也不应该千篇一律,大学的课堂教学应向何方发展,以哪种方式为主,会有一个探索的过程。但无论如何,从教师的角度来讲,在教学过程中努力激发学生自主学习的积极性永远是必要的;从学生的角度来看,自主地融入课堂教学,与同学和老师分享属于自己的智慧与思考,同样是必要的。

4) 主动开发自己的情商,培养非智力能力

一个成功的创新者,必然具备优秀的创新人格。因为创新往往与失败相伴,与挫折相连,经受不住失败与挫折的人,根本没有资格谈创新,更没有资格奢谈自己的未来。培养创新能力,要求我们必须注重塑造自己的健全人格,开发自己的情商。

美国心理学家韦克斯勒曾收集了众多诺贝尔奖获得者青少年时的智商材料,结果发现,他们大多数人不是高智商,而是中等或中上等智商,但这些人的人格与个性则与常人有很大的不同。

华罗庚曾说:"根据我自己的体会,所谓天才就是坚持不懈的努力。"创新要有良好的心态,急于求成、急功近利,都会扼杀创新的火花。以科学创新为例,在一次记者招待会上,当记者问美籍华人科学家丘成桐先生中国科学不能够发展,中国年轻人不能成为伟大的科学家,是否是中国传统文化造成的的时候,他回答道:"杨振宁、陈省身、我,都是在中国传统文化氛围中长大的,都很享受这种文化,学问都做得不错。问题不在这里,问题在于我们现在的年轻人把做官、赚钱看得比什么都重要,求名、求利比什么都重要。无论杨先生也好,陈先生也好,当年出国时都抱着一种热情,就是做学问,所以做成功了。现在的年轻人如果能做到这一点,我担保他们能做出第一流的工作。"

也许,我们大多数同学将来并不从事学术研究,尽管如此,一个人的非智力能力仍然比智力能力重要。拥有更加远大的追求,不受蝇头小利的引诱;确立对社会终极目标的关怀,不鼠目寸光,这对任何职业的人来说都更加有利于激发他的创新精神和创新能力,从而做出更伟大的成就。

5.2 思维能力

扩展阅读

张弓:让卫星照进农田

张弓是前美国国家航空航天局(NASA)大数据科学家,张弓团队的年轻科学家,都是曾在美国国家航空航天局工作的空间、气象和农业领域的中国人。两年前,这些年轻中国科学家们决定:离开硅谷,回到中国!他们要利用科学技术做一件改变中国的大事:用大数据解决中国农业发展的难题!陕西千阳千亩的苹果花只有一周的盛开时间,张弓和他的团队正在完成一项看似不可能的任务,利用卫星和航拍,数清每一棵树上苹果花的数量,而且要精确到每一朵。张弓表示,不要小看对苹果花数量的评估,这个数据预示着未来的产量。张弓和他的团队,正是通过对一系列大数据的分析,为农场提供种植面积测算、作物长势监测、生长周期估算、产量预估、自然灾害预测、病虫害预警等服务。农民可以通过电脑或者手机端及时看到清晰的数据,及时了解作物的长势并快速找出解决方案。中国的农业古老而传统,张弓正在用技术革命,用中国自己的农业大数据,让中国老百姓,从看天吃饭,走向知天而作!

◆ 5.2.1 逻辑思维的概念

逻辑指的是思维的规律和规则,是对思维过程的抽象。如果失去逻辑,无论是现实世界

还是人类的知识体系均将混乱无比。"逻辑"这个词最早由英语 logic 音译而来,此词源于希腊文,原意是思想、理性、言辞、规律等,后引申出思想或推理的意思。1902 年严复译《穆勒名学》,将其意译为"名学",音译为"逻辑"。它经常被称为对论证评价准则的研究,尽管逻辑的精确定义在哲学家之间是有争议的事情。这个主题还是有所依据的,逻辑学家的任务是相同的:提出大量有效和谬误的推论,从而允许人们区别出好论证和坏论证。

传统上,逻辑被作为哲学的一个分支来研究。从 19 世纪中期开始,逻辑经常在数学和计算机科学中被研究,作为一门形式科学,通过推论的形式系统和自然语言,论证二者的逻辑研究、分类语句及论证的结构。因此逻辑的范围是非常广阔的,从核心主题(如谬论和悖论)的研究,到专门的推理分析(如或然正确的推理和涉及因果关系)的论证。

在现代汉语中,"逻辑"是个多义词,其含义主要如下几个。

(1) 客观规律性。例如,谦虚使人进步,骄傲使人落后,这是生活的逻辑。这里的"逻辑"是指生活的规律。

(2) 思维的规律性。例如,应该合乎逻辑地思维,明确地表达思想。这里的"逻辑"是指思维要合乎思维的规律。

(3) 某种理论观点。例如,明明是侵略,却说成友谊,这是强盗的逻辑。这里的"逻辑"是指一种荒谬的理论。

(4) 与"逻辑学"同义,指研究思维形式及其规律的科学。例如,认真学习逻辑知识,熟练运用逻辑知识,对思考问题、写文章、说话、办事以及进一步发展智力都大有好处。这里的"逻辑"便是指逻辑学。

概括起来,"逻辑"的思维至少有三种不同的含义。广义而言,任何思维都要获得能被人接受的、令人相信的合乎逻辑的结论,即使在实际的思维过程中有不合逻辑的地方,但最后的结论一定要符合逻辑。狭义而言,"逻辑"的思维是指按照特定的人们认可的形式,以意义清楚、明确的术语作为前提,从而得出结论,它的含义具有严密性。介于以上两者之间的含义,这是指有系统地注视和控制思维的过程,以便使思维真正是反省的。在这个意义上,"逻辑"是指观察、暗示和检验的自然与自发过程的规则。我们经常说,要有逻辑思维,就是指思考的过程要有规则,能够前后吻合,不互相矛盾。

◆ 5.2.2 逻辑思维的意义

逻辑思维,又称抽象思维,是人的理性认识阶段,是人运用概念、判断、推理等思维类型反映事物本质与规律的认识过程。它是作为对认识者的思维及其结构,以及起作用的规律的分析而产生和发展起来的。只有经过逻辑思维,人们对事物的认识才能达到对具体对象本质规律的把握,进而认识客观世界。它是人的认识的高级阶段,即理性认识阶段,是指符合世间事物之间关系(合乎自然规律)的思维方式,我们所说的逻辑思维主要指遵循传统形式逻辑规则的思维方式。逻辑思维是确定的,而不是模棱两可的;是前后一贯的,而不是自相矛盾的;是有条理、有根据的思维。在逻辑思维中,要用到概念、判断、推理等思维形式和比较、分析、综合、抽象、概括等思维方法,而掌握和运用这些思维形式和方法的程度,也就是逻辑思维的能力。

逻辑思维能力是指正确、合理思考的能力，即对事物进行观察、比较、分析、综合、抽象、概括、判断、推理的能力，采用科学的逻辑方法，准确而有条理地表达自己思维过程的能力。它与形象思维能力截然不同。

逻辑思维能力的培养不是一朝一夕的事情，除了天生的性格因素外，在做事情的时候注意讲究逻辑也是非常重要的。养成讲逻辑的良好习惯，对我们将来的事业是非常有帮助的。作为一个计算机专业的学生，讲逻辑尤其重要，因为软件设计或者是项目管理，都对逻辑能力的要求非常高。具有良好的逻辑思维，有助于学好本专业的课程，也有助于迅速掌握项目要求，提高工作的效率。

逻辑是研究思维形式及其基本规律的科学。学习并掌握这门科学大有好处。学习形式逻辑，有助于提高表达能力，使我们说话、写文章有条理。正确思想的形成过程离不开逻辑。把自己的思想传达给别人，更离不开形式逻辑，因为表达思想要靠语言、靠说话和写文章。话是说给别人听的，文章是写给别人看的，所以光自己懂还不行，还要使别人懂。要把思想传达给别人，自己首先要有明确的概念和恰当的判断，然后还要合乎逻辑地表达出来。如果表达不合逻辑，别人就听不懂、看不明白，有时还会闹出笑话来。

判断人们说话是否合乎逻辑，有三个层次。最低层次是指"合乎道理，合乎情理"，最高层次是指科研的专业语言，而我们要学习的合乎逻辑的语言，介于二者之间。它比一般的"合乎道理"要严密一些，但是比正规的科研论文要模糊一些。受过这种能力训练的人，都能使自己的思维能力提高到一个新的逻辑水平，而其中的有些人，将来会走向逻辑的最高层次。

学习逻辑，有助于提高逻辑思维能力，使我们学会推理、善于推理。

恩格斯曾经指出："伦理思维仅仅是一种天赋的能力。这种能力必须加以发展和锻炼。"锻炼逻辑思维能力的一个途径，就是对实际的思维材料进行逻辑分析。如果能经常对一些实际的思维材料进行逻辑分析，人们的思维能力将更上一层楼。

学习逻辑有助于提高论证能力，使我们学会说理、善于说理。两个小孩子争论一个问题时，他们往往是一方说"对"，另一方就说"不对"，但为什么对，为什么不对，他们也说不出道理来。这样的争论的结果是谁也说服不了谁，白白浪费宝贵的时间。因此，有意识地培养和提高自己的论证能力是很必要的。要学会说理，善于说理。

◆ 5.2.3 逻辑思维的培养

1. 逻辑思维培养方法分类

有的人说，我不学逻辑，照样会运用概念，会判断，会推理，也会论证。是的，概念、判断、推理、论证是思维形式和思维过程，只要是一个正常的人，都有这方面的能力。但那是自发的，带有一定的盲目性，只知其然，不知其所以然。这就与学习一门语言时需要语法一样，没有学语法，小孩子跟着大人学说话，长大后说的话大多数是合语法的；但他们不知道为什么这些语言符合语法习惯，出现语病也不知语病在何处，带有较大的盲目性。学习语法以后，情况就不同了。他们就知道怎样说话是通顺的、合语法的，怎样说话是不通顺、不合语法的，这就是在自觉地运用语言了。学习形式逻辑也是这样。不学逻辑，你运用概念、判断，进行推理、论证就带有一定的盲目性；学了逻辑，就可以由盲目性变为自觉性。

有的同学说,逻辑太难学,学不会。应该承认,逻辑这门科学是有一定难度的。它比较抽象,有一些专门术语,但是否就难到学不会的地步呢?不是的,应该看到,任何科学都需要抽象思维。抽象思维的能力是人类所特有的,是人类区别于其他动物的标志之一。至于术语,任何一门科学都有自己的术语。当你刚接触到某些术语时,由于陌生,就觉得难;当你熟悉了这些术语之后,就感到容易了。要相信,没有闯不过的难关,没有越不过的"火焰山"。只要决心大、方法对、有恒心、有毅力,就完全可以学会并掌握这门学科。培养自己的逻辑能力,主要有以下几种方法。

1) 分析与综合的方法

分析的方法,是指把研究的对象分解成不同组成部分,然后分别研究每一个组成部分,从而获得对研究对象的本质认识的思维方法。综合的方法,是把认识对象的各个部分联系起来进行研究,从整体上认识它的本质。

2) 比较与分类的方法

比较是用于确定研究对象和现象的共同点和不同点的方法。有比较才有鉴别,比较是人们思维的基础。分类是整理加工科学事实的基本方法,常常是通过比较得到的。比较与分类贯穿于整个学习的全过程。例如,学生刚开始学习数学,就会比较长短、比较大小,进而学会比较多少,然后就会把同样大小的数字放在一起,把相同形式的数字归为一类,或者把相同属性的数字归并在一起(如整数、小数、分数等)。前者反映的是比较方法,后者列举的是分类方法。比较和分类方法是学习中经常用到的最基本的思维方法。

3) 抽象与概括的方法

抽象是指从许多客观事物中舍弃个别的、非本质的属性,抽出共同的、本质的属性的思维方法;概括就是把同类事物的共同本质属性综合起来成为一个整体。

综上所述可以看出,运用分析、综合、比较、分类的方法研究事物,有助于人们认识事物的本质和事情发展的规律。然而,人们要把握事物的本质和规律,必须要经历一个抽象概括的过程,而抽象概括的过程既要运用分析、综合、比较、归纳,也要运用概念、判断和推理。在实际的学习和工作中,这些方法通常是在结合使用、交替使用和综合作用中发挥作用的。因此,上述逻辑思维的方法是学习中经常用到的一般方法。我们要根据每个人各自的特点,认真研究逻辑思维方法对学习某个内容所起的作用,这样才能在学习中有意识地培养学生初步的逻辑思维能力。

2. 逻辑思维培养的具体方法

逻辑思维培养提供了必要的思维手段和方法,但是在日常生活中必须不断地锻炼逻辑思维,形成一种思维手段,这种思维手段就是指它的工具性。对于这个思维工具,我们完全可以通过做思维实践和思维练习题,培养逻辑思维的意识,提高运用逻辑思维方法的技巧和技能。其具体的方法如下。

1) 灵活使用逻辑

有逻辑思维能力不等于能够解决较难的问题,仅就逻辑而言,有使用技巧问题。何来?

熟能生巧。学数学可知，解题多了，就知道必须有怎样的前提或条件才能解决问题，这是数学哲学。总体来说，文科生与理科生的差异在此，不在于逻辑思维的有无。同时，现实中人们认为逻辑思维能力强的，实际上是思想能力强，并无文科、理科之分。而且，思想也不是逻辑的得到，而是逻辑的说明。

  2) 参与辩论

  广泛参与辩论有助于逻辑思维的形成。在辩论的过程中，如果选手关于论题的发言不符合逻辑推理，那么很容易被对方驳倒，要让对方接受你的观点，就必须将问题阐述得清晰明了、符合逻辑。不一定非要参加正式的有组织的辩论赛，几个人经常在一起讨论问题或者经常自己尝试说服自己，也可以形成辩论，将自己要说明的问题有序地组织起来，也可以形成逻辑。从古至今，很多有名的辩论家都是著名的哲学家和思想家，因为他们思维缜密、逻辑有序，说起话来头头是道，并能够形成有效的观点。可见经常参加辩论有助于逻辑思维形成。

  3) 坚守常识

  归纳得到的结论不能固守，因为归纳永远是归纳事物的一部分，不可能归纳全部，它违反"部分怎样"不等于"全部怎样"的常识，例如哲学。中国人常常用哲学说明问题，总是从一个一般到另一个一般，所以说而不明，好像不会逻辑思维。

  4) 敢于质疑

  敢于质疑的对象包括权威结论和个人结论。如果逻辑上明显解释不通时，就要勇于提出疑问。我们常说"尽信书，则不如无书"，讲的就是这个道理。在质疑别人的结论的时候，你必须对已有条件进行归纳和总结，形成自己的观点。在归纳和总结的过程中，无疑你的逻辑能力得到了锻炼。

  5) 养成多角度认识事物的习惯

  逻辑推理是在把握了事物与事物之间内在的必然联系的基础上展开的，所以，要养成从多角度认识事物的习惯，全面地认识事物的内部与外部之间、某事物与其他事物之间的多种多样的联系，这些都对逻辑思维能力的提高有十分重要的意义。我们必须学会"同中求异"的思考习惯：将相同的事物进行比较，找出它们在某个方面的不同之处，将相同的事物区别开。同时，我们还必须学会"异中求同"的思考习惯：对不同的事物进行比较，找出它们在某个方面的相同之处，将不同的事物归纳起来。

  6) 发挥想象在逻辑推理中的作用

  发挥想象对逻辑推理能力的提高有很大的促进作用。发挥想象，首先必须丰富自己的想象素材，扩大自己的知识范围。只有基础越坚实，知识面越广，才越能发挥自己的想象力。其次，经常对知识进行形象加工，形成正确的表象。知识只是构成想象的基础，并不是知识越多想象力越丰富，关键是看我们是否有对知识进行形象加工，形成正确表象的习惯。最后，发挥想象应该丰富自己的语言。想象依赖于语言，依赖于对形成新的表象的描述。因此，语言能力的好坏将直接影响想象力的发展。有意识地积累词汇，多阅读文学作品，多练多写，学会用丰富的语言来描述人物形象和发生的事件，才能拓展自己的想象力。

7) 注意知识积累,丰富有关思维的理论知识

实际上,推理有概括程度、逻辑性及自觉性程度上的差异,又有演绎推理、归纳推理等形式上的差别。而且,推理能力的发展遵循一定的规律。学生应该多了解一些思维发展的理论知识,有意识地用理论指导自己的逻辑推理能力的发展。一般来说,在校学生掌握的运用各类推理的能力存在着不平衡性。根据这样的规律,学生要学会自觉地用理论做指导,促进自己的各种逻辑能力平衡地发展。

8) 平时保持良好的情绪状态

心理学研究揭示,不良的心境会影响逻辑推理的速度和准确程度。失控的狂欢、暴怒与痛苦,持续的忧郁、烦恼与恐惧,都会对推理产生不良影响。所以,学生平时应该学会用意识去调节和控制自己的情绪和心境,使自己保持平静、轻松的情绪和心境,提高自己逻辑推理的水平和质量。

5.3 管理能力

扩展阅读

王坚,献给世界一个礼物——给城市装上"大脑"

他叫王坚,一个不会写代码的心理学博士,却领导着一批最优秀的软件工程师。他们要做一件"无中生有"的事,让城市学会思考,让城市变得聪明!他很有自信地说:"中国可以给世界做创新,因为在数据这件事上,全世界都没有搞好,而中国恰恰是最丰富的。我们每天睡觉、运动、交通……无时无刻不在产生数据。如果能让数据听从指挥,便能产生巨大的能量。"他们率先在城市交通领域开始试验,通过大数据,第一时间发现拥堵和事故。他们要通过人工智能让机器识别车辆,让机器渐渐学会认识什么是事故、什么是拥堵。在杭州,城市大脑每 15 分钟就能根据摄像头数据调节红绿灯资源,对道路和时间资源进行再次分配。王坚和他的团队做到了,城市大脑让交通变得更聪明,让老百姓早一点回家。因为非程序员出身,王坚常常被当成骗子和疯子。阿里云从诞生到发展都备受质疑,王坚却坚持把它做了下来,直到成功。王坚和他的团队坚信,当互联网像电网一样发达的时候,数据,将会改变世界、改变人类的生活!在阿里巴巴年会上,这位博士忍不住痛哭流涕。正如王坚所说,努力去求证今天大部分人都怀疑的事情,是一个创新者的必经之路,虽然很艰难,但这就是创新,这就是进步,这就是创新的中国正在做的事!

◆ 5.3.1 项目管理的含义

一般来说,项目是指一系列独特、复杂、相互关联的活动,这些活动有着一个明确的目标或目的,必须在特定的时间、预算、资源限定内,依据规范完成。项目参数包括项目的范围、质量、成本、时间、资源等。

项目一般由项目管理人、项目内容、项目执行人几部分构成。一般来说,项目具有如下基

本特征。

(1) 明确的目标。一个项目的结果可能是一种期望的产品,也可能是一种希望得到的服务。项目的目标必须明确,没有明确目标的项目,是容易失败的项目。

(2) 独特的性质。每一个项目都是唯一的,如果一个单位有两个完全相同的项目,那么这个单位的资源就被浪费了。

(3) 资源成本的约束性。每一个项目都需要运用各种资源来实施,而资源是有限的,正是因为资源是有限的,项目管理才有意义。项目管理就是利用有限的资源,来实现项目目标。

(4) 项目实施的一次性。项目一旦实施,就不能重复。

(5) 项目的确定性。项目必须有确定的终点。在项目的具体实施中,外部因素和内部因素总会发生一些变化,当项目目标发生实质性变动时,它就不再是原来的项目了,而是一个新的项目,因此说项目的目标是确定的。

(6) 特定的委托人。委托人既是项目结果的需求者,也是项目实施的资金提供者。项目一般都有针对性,是针对某个客户来实施的。

(7) 结果的不可逆转性。无论结果如何,项目一旦结束,结果也就确定了。

协调和沟通在实际中的作用远远胜过分析和管理工具,因为人才是项目成功的最重要因素,尤其是需要多人配合协作完成的项目。

对于项目来说,必须要有人对其进行管理。管理过程就是协调项目中的人一起工作的过程。项目管理者并不一定要具有很高的学问和知识结构,任何人都可以进行项目管理。但是通常来说,经验在项目管理中的作用非常大。

项目管理(project management)是第二次世界大战后期发展起来的重大管理技术之一,最早起源于美国。20世纪50年代,项目管理由华罗庚教授引进中国(由于历史原因,当时翻译为统筹法和优选法)。项目管理是"管理科学与工程"学科的一个分支,是介于自然科学和社会科学之间的一门边缘学科。项目管理的定义:项目管理是基于被接受的管理原则的一套技术方法,这些技术方法用于计划、评估、控制工作活动,以按时、按预算、依据规范达到理想的最终效果。工作总是以两类不同的方式来进行的,一类是持续和重复性的,另一类是独特和一次性的。

要做好项目管理,就必须了解项目管理的属性。一般的项目管理具有以下特性。

1. 普遍性

项目作为一种一次性和独特性的社会活动,普遍存在于我们人类社会的各项活动之中。甚至可以说,人类现有的各种物质文化成果最初都是通过项目的方式实现的,因为现有各种运营所依靠的设施与条件最初都是靠项目活动建设或开发的。

2. 目的性

项目管理的目的性是通过开展项目管理活动满足或超越项目有关各方面明确提出的项目目标、指标和满足项目有关各方未明确规定的潜在需求、追求。

3. 独特性

项目管理的独特性是项目管理不同于一般的企业生产运营管理,也不同于常规的政府和独特的管理内容,是一种完全不同的管理活动。

4. 集成性

项目管理的集成性是项目的管理中必须根据具体项目各要素或各专业之间的配置关系做好集成性的管理,而不能孤立地开展项目各个专业的独立管理。

5. 创新性

项目管理的创新性包括两层含义:①项目管理是对于创新(项目包含的创新之处)的管理;②任何一个项目的管理都没有一成不变的模式和方法,都需要通过管理创新去实现对于具体项目的有效管理。

6. 临时性

项目是一种临时性的任务,要在有限的期限内完成。项目的基本目标达到就意味着项目已经结束,尽管项目刚刚开始发挥作用。

◆ 5.3.2 项目规划

项目管理的首要目标是制订一个构思良好的项目计划,以确定项目的范围、进度和费用。项目规划就是对项目整个实施过程的目标、任务、进度和责任委派进行具体规划和部署,在项目管理中处于中心地位。项目规划指出了项目组织未来努力的方向和奋斗目标,是经过自我分析后综合成的对未来的构思,又是当前行动的准则。一个完善的项目规划可以使失败的概率降至最低,最大限度地保证在预期的期限内取得预期的效果。项目规划应该满足以下要求。

(1)目标和任务是明确的、量化的、可考核的。
(2)项目目标、任务、预算、进度、成本、质量等文件或报告均采用标准化的统一格式。
(3)项目中的工作任务用分层化、模块化方法进行详细分解,并统一编制代码。
(4)规划文件具有动态性。由于项目早期的不确定性很大,项目规划不可能在项目一开始就全部一次完成,必须逐步展开和不断修正。

IT项目不但具有紧迫性、独特性和不确定性,而且在执行过程中还会遇到各种始料未及的"风险",依靠经验和直觉的"经验式"项目管理方法已经不再能够保证项目的最后成功。随着竞争的不断加剧,越来越多的领导者开始认识到:规范的项目管理体系才是夺取先机的关键。项目规划尽管带有很大不确定性,但是它仍然是指引项目成员自始至终完成并实现项目目标所必需的。项目规划应具有以下四个方面的特征。

(1)弹性和可调性:能够根据预测到的变化和实际存在的差异,及时进行调整。
(2)创造性:充分发挥和利用想象力和抽象思维的能力,满足项目发展的需要
(3)分析性:探索、研究项目内部和外部的各种因素,确定各种变量和分析不确定的原因。
(4)响应性:能及时确定存在的问题,提供计划的多种可行方案。

项目规划的工作主要包括设计工作、分解结构、编制工作说明书、分派任务和授权、估算成本与预算、编制进度计划、制定报告制度。要很好地完成这些工作,一个良好的项目管理组织是必不可少的。

好的开始是成功的一半,那么项目应该从哪里开始?项目规划有助于从项目开始到结束进行设计,一个好的项目管理者必须具备规划能力。在项目规划的过程中,我们需要对以下方面进行规划。

1. 对项目的目标进行规划

(1)定义项目成功的标准。在项目的开始,要保证各方对于判断项目是否成功有统一的认识。通常,跟紧预定的进度是唯一明显的成功要素,但是肯定还有其他因素存在,如增加市场占有率、获得指定的销售量或销售额、取得特定用户满意程度、淘汰一个高维护需求的遗留系统等。

(2)把握各种资源之间的平衡。每个项目都需要平衡功能、人员、预算、进度和质量目标。以上五个方面中的每一个方面,综合成一个约束条件,项必须在一个约束条件中进行;也可以定义成与项目成功对应的驱动力,或者定义成通向成功的自由程度。约束条件可以在一个规定的范围内调整。

(3)定义项目最终产品的标准。在项目早期,我们要决定用什么标准来确定产品准备好发布了。发布标准:还存在多少个高优先级的缺陷、性能度量、特定功能完全可操作或其他方面表明项目已经达到目的。标准都应该是可实现的、可测量的、文档化的,并且与客户所指的质量一致。

2. 项目进度规划

有些人认为,花时间写计划还不如花时间写代码,其实不然。困难的部分不是做项目,困难的部分是做项目计划,包括思考、沟通、权衡、交流、提问、倾听等内容。虽然分析解决问题需要花费一定的时间,但会减少项目以后带来的意外。做项目计划一般可以按照以下步骤或者思路进行。

(1)把大任务分解成多个小任务,也就是常说的将任务分解成"英寸大小的小圆石","英寸大小的小圆石"就是缩小了的"里程碑",这样可更加精确地估计项目的进度,暴露出在其他情况下可能没有想到的工作活动,并且保证更加精确、细密的状态跟踪。

(2)为大任务制订计划工作表。如果你的小组经常承担某种特定的通用任务,你需要为这些任务开发一个活动检查列表和计划工作表。每个检查列表应该包括这个大任务可能需要的所有步骤。这些检查列表和工作表将帮助小组成员确定和评估与他们必须处理的大任务相关的工作量。

(3)为"过程改进"安排时间。你的小组成员已经"淹没"在他们当前的项目中,但是如果想把你的小组提升到一个更高的软件工程能力水平,就必须在项目进度中留出一些时间用于"过程改进"。不要把项目成员可以利用的时间100%投入项目任务,然后惊讶于为什么他们在主动提高方面没有任何进展。

(4)对项目时间的规划还应包括对项目组员培训的时间的规划。确定组员每年在培训上花费多少时间,并把它从组员在指定项目任务上的可用工作时间中减去。你可能将项目时间中的休假时间、生病时间和其他时间都减去,对于培训时间也要进行同样的处理。

3. 项目管理规划

根据工作计划对项目进度进行估计。通常以日历时间进行估计,但是这里倾向于估计与任务相关联的工作计划(以"人/时"为单位)的数量,然后把工作计划转换为日历时间的估计。这个转换基于每天有多少有效的时间花费在项目任务上,调整可能碰到的任何打断或突发请求、会议及其他会耗费时间的地方。

跟踪项目的组员每周实际花费在项目指定工作上的平均时间,会让人吃惊。项目成员通常会在许多活动之间进行切换,显著地降低了工作效率。理论上,一个员工一周工作40小时,但不要因为有人在一项特定工作上每周花费10小时,就假设他或她可以马上承担4个这种任务,实际上他或她能够处理完3个任务就已经很不错了。

如果在项目中第一次尝试新的过程、工具或技术,就必须承受短期内生产力降低的代价。不要期望在新软件工程方法的第一次尝试中就获得惊人的效益,在进度安排中应考虑不可避免的学习曲线。

事情不会像项目计划一样准确地进行,所以预算和进度安排应该在主要阶段后留有一些意外的缓冲时间,以适应无法预料的事件。但是管理者或客户有可能会把这些缓冲作为托词,而不承认事实。因此,应该向他们说明一些以前项目不愉快的意外,来说明你的意图。

4. 项目控制规划

在计划中,质量控制活动后应该有修改工作。几乎所有的质量控制活动,如测试和技术评审,都会发现缺陷或其他提高的可能。项目进度或工作细分结构,应该把每次质量控制活动后的修改,作为一个单独的任务。如果事实上不用做任何修改,这当然很好,说明我们已经走在了计划的前面。

如果不识别和控制风险,那么风险就会反过来控制你。应该在项目计划时,花一些时间集体讨论可能的风险因素,评估它们的潜在危害,并且决定如何减轻或预防它们。

当你准备估算你的工作时,把他们记录下来,并且记录你是如何完成每个任务的。理解创建估算所用的假设和方法,能够使它们在必要的时候更容易防护和调整,并帮助你改善估算过程。

如果你不记录花费在每项任务上的实际工作时间,并与估算进行比较,你将不能提高你的估算能力,你的估算将永远是猜测。

使用"英寸大小的小圆石"的一个好处是:你可以区分每个小任务是否完成。这比估计一个大任务在某个时候完成的百分比要实在得多。你应使用明确的标准来判断一个步骤是否真正完成了。

形成一个良好的风气,让项目成员对项目的状态感到安全。努力让项目在准确的、基于数据的事实基础上运行。应使用项目状态信息在必要的时候进行纠正操作,并且在条件允许时进行表扬。

总之,项目要获得成功必须进行相应的规划,项目规划的能力需要逐渐培养,也需要一些工具的帮助。有很多商业工具可以帮助你估算整个项目,根据它们真实项目经验的巨大数据库,这些工具可以给你一个可能的进度和人员分配安排选择。它们同样能够帮助你避免进入

"不能区域",即将任务量、小组劳动力和进度安排组合起来看是根本不可能成功的。在项目规划之初就避免这种事情的出现,使你能够合理地安排项目的人手和进度,使项目获得成功。

5.3.3 项目管理能力培养

> 某公司中标了一个项目,缺乏预算管理员,就从人才市场招了一位预算管理员小王。半年多来,小王在工作中表现突出,工作能力得到了大家的认可,每次均能够按照项目经理的要求,保证质量地完成项目任务。在别人手中的难点问题,只要到了小王那里,十有八九是迎刃而解。公司对小王的专业能力非常满意,有意提升他为项目主管。然而,在考察中公司发现,小王除了完成自己的项目任务外,从不关心其他事情;且对自己的技术保密,很少为别人答疑;对分配的任务有时也是挑三拣四,若临时额外追加工作,便表露出非常不情愿的态度。另外,他从来都是以各种借口不参加公司举办的各种集体活动。如此不具备团队精神的员工,显然不适宜当主管。

并不是每个人都能够成为好的领导者。管理除了是一门科学,还是一门艺术,要想成为一个好的项目管理者,除了技术上要过硬外,还需要在项目管理能力上有所提高。

项目管理能力是指为了有效实现目标,灵活地运用各种方法,把各种力量合理地组织和有效地协调起来的能力,包括协调关系的能力和善于用人的能力等。项目管理能力是一个人的知识、素质等基础条件的外在综合表现,现代社会是一个庞大的、错综复杂的系统,绝大多数工作往往需要多个人的协作才能完成,所以,从某种角度讲,每个人都是项目管理者,承担着一定的项目管理任务。

项目组织管理能力的培养和训练可以从以下几个方面进行。

1. 在心理上做好准备

管理者最重要的是具备强烈的责任感及自觉性。若你已成为管理者,不论能力如何,只要有竭尽所能完成任务的干劲及责任感,就会做出成绩的。所谓勤能补拙,便是这个道理。以这种心理准备去完成任务,即可自然而然地产生自觉与自信,在不知不觉之中获得很大的进步。

虽然在自发团体中,任何人都能做管理者,但若以猜拳或抽签的方式来决定团体活动的管理者,那就失去了管理者的意义。团队还是应由该群体中领导能力较强者优先担任管理者,并在此期间,使所有成员有机会做副手的职务,借此磨炼,可使大家提升至某一水准,然后,再让大家轮流担任管理者。没经验的人若不经此阶段就直接担任管理者,那将是相当艰难且吃力的事。

总之,组织领导能力的产生应视情况而定,一开始即担忧适不适合做管理者,是不正确的观念。其实,每个人都有成为管理者的潜能,正如任何人天生都具有创造性一样,差别在于是否能将这种与生俱来的天赋充分发挥出来。

2. 公平处事,赢得别人的支持

有一种说法:成为一个成功的管理者,30%靠天赋、地位与权限,70%靠该组织成员的支持。天赋,是指自小就活跃于群体中,且不愿屈居于他人之下的个性。地位及权限是指被上级任命为组织领导者之后,在组织内所拥有的职务及权力。相比较之下,在构成领导能力的要素中,群体成员的支持及信赖显然比天赋、地位、权限重要得多。相反的,不管获得多高的地位和权限,不论上级如何重视、支持,若无法获得团队成员的支持,领导者只能算拥有三分之一的领导力,将来必会完全丧失权威。

3. 学会倾听、整合别人的意见

在团队管理者的必备条件中,最迫切需要的是良好的倾听能力及善于整合所有成员的意见。即使工作能力不是很出色,或拙于言辞,但若能当一个好听众,并整理综合众人的意见来制订目标,也算是一个优秀的组织领导人才。

管理者不能闭门造车,而要不厌其烦地倾听别人的意见。善于倾听的管理者容易使人产生亲切感而让人更敢于亲近。因此,他必是谦虚的,而且要有学习的态度,才能成为一位好听众。相反,自我表现欲过强者常令人敬而远之。一个人有说话的权利,也应有听别人说话的风度。

如果管理者在与人谈论时,能设身处地地耐心听人倾诉,并不忌讳谈话时间的长短,这个管理者必能得到众人的信服。所以,做一个好听众是成为管理者相当重要的条件。

能设身处地为人着想,便能以对方的立场来思考,因此能让人有体贴温馨的感受。不过,如今一些客观的和主观的原因使人与人之间的距离反而越来越远,管理者具备此条件便显得非常迫切。

善于整合大家的意见,就是尽量综合所有成员的意向及想法,再经过分析整理,得出最具有代表性的结论。

对于看似互相对立或矛盾的意见,管理者须有能力找出二者的共同之处,并挑出优点,以掌握互相对立想法的中心思想,再创造第三个想法。

能辩证地整合、倾听成员意见者,必是一位优秀的管理者。即使刚开始不能做得很好,只要以此为努力的方向,最终必定能成为出色的管理者。

4. 使别人清楚地了解自己的观念

在沟通的时候,使观念具体化,让思想语言与事实更为接近,是不容忽略的大事。不清楚的语言并不总会导致不好的结局,但是,总体来说,它总会给个人清晰的思想和社会带来破坏性的影响。人与人在交往中常常因沟通要素质量不高、沟通工具运用不当、沟通方式选择欠妥而使沟通过程受挫。人类的思考往往以语言为传播媒介,这种方式也有其自身的问题。思考,就是在脑海中"自问自答",是对话的内在化。贤问贤答、愚问愚答都会出现。发问和回答的技巧是相当重要的一环。

运用难懂、抽象化的文字,会让人摸不清头绪,不知所以;使用矫揉造作的语言,各成员对该管理者必然敬而远之。即使是语言学家,为了使大家明白其理论,也必须从抽象的语言中走出来,将其观念具体化。常人往往在不自觉中陷于语言的形式,结果只知语言而不知其具体的意义,这种现象,称为固定观念。固定观念,也就是先入为主。在打破固定观念之前,好的创意无法显现。人类运用语言思考,往往把它抽象化,以求掌握自然的法则,这很容易拘泥于固定观念。因此,必须注意观念的具体化,尽量使语言和事实趋于统一,才能够真正解决疑难。

要做到观念具体化,必须付出相当大的努力。人往往被语言"蒙骗",以为已经明白了其中意义。为了证实自己真正了解的程度,可以用"为什么""譬如"等概念来自我检讨。"为什么"是真理的探求与创造的最强大武器,"譬如"则是对实践的理解。也就是说,管理者必须把知道的理论知识、经验教训付诸现实,方能取得应有成效。使观念具体化,让思想语言与事实更为接近,是不容忽略的大事。

5. 热意、诚意和创意

"组织领导能力"强调领导能力的"三意",就是热意(热心)、诚意和创意。这"三意"就是现在所说的组织领导之道。

热意就是抱着极大的热情去做事的态度。它是振奋之心,是斗志,也可以说是干劲。组织领导者必须比团队成员多几倍的热意。

诚意就是真诚的意愿,也就是要遵守诺言,言出必行。允诺过的事,即使很小,也应竭力完成,才能获得团队成员的高度信赖。

创意,就是在创造新事物的狂热念头驱使下,不满足于现状,常常向新事物挑战,不断为改善、革新、创造而下功夫,从而产生新颖、奇特的想法,产生帮助我们实现自己的愿望的好点子。改善是把有缺点或不完美的地方加以改正;革新是针对本来已经很完美的事物,想办法精益求精而做不懈的努力;创造即努力思考全新的事物,这也是创意的最高阶段。富有创意的管理者往往备受大家的推崇。

仔细分析起来,无论是诚意还是创意,都须依赖热意。热意表现在人际关系上,产生诚意;表现在工作上则产生创意。"三意"是通行无阻的领导三要素。换言之,把"三意"一体化,便是组织领导之道。

要想成为一个优秀的项目管理者,对项目管理能力的训练是非常重要的,除了要认真把握上面提到的几个方面,还应该向有经验的项目管理者多学习,通过不断学习,积累管理经验,提高处理事情的能力。成为项目管理者是每个技术人员奋斗的目标,因为只有成为项目管理者,才意味着你的经验、技术发展到比较成熟的阶段。

■ 扩展阅读

邓自刚:超高温磁悬浮未来高铁将时速 1000 km!

未来高铁会是什么样?邓自刚会回答我们。这位年轻的西南交通大学的博士生导师,主要从事高温超导磁悬浮应用基础研究。他做了一个模型,这个模型最大的特点就是可以实现 360 度自稳定悬浮。悬浮不需要通电,只需要注入 $-196\ ℃$ 的液氮,特殊材料制成的小车,瞬间变成了超导体。车子一会儿悬浮在轨道的上面,一会儿悬挂在轨道的下面。同级相对的两块磁铁互相排斥,磁悬浮列车最基本的原理就这么简单。悬浮起来后,列车与轨道不接触,摩擦力降低,理论上"飞行"速度将超过每小时 500 km。但邓自刚并不满足于此,他又加上了"真空管道"的概念,进一步减少空气阻力。邓自刚的目标速度是每小时1000 km！日本正在研究低温超导磁悬浮列车的商业运行线，美国正在做超级高铁，速度瞄准时速1000 km。但邓自刚相信，更多的技术创新，一定可以让中国制造在世界轨道交通的未来再次走在前列！

思考与练习

1. 什么是项目？什么是项目管理？
2. 如何培养自己的创新精神？
3. 谈一谈你对大众创业、万众创新的理解？
4. 分组讨论创业的意义，并编制一份创业计划书。

第6章

职业生涯

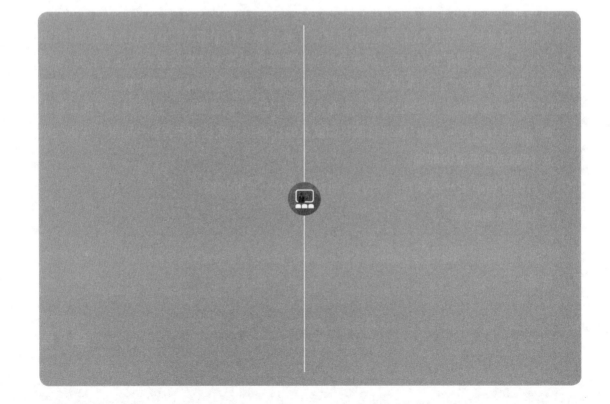

导读资料

吴士宏的职业生涯

有人说,吴士宏的励志故事已经过时,职场白领的逆袭是过去的事情,我不以为然。人成功的路径可能会相似,但是里面的重点一定不同。

一个护士小女孩,通过自己的努力,成为微软中国总经理,这里面的跨越不是一星半点。

循着吴士宏一路的轨迹看下来,其实也没有那么神奇,所有的所得都是她按部就班的收获。

1963年,吴士宏出生在北京郊区一个贫民家庭。早年因家穷,为了生计,她很早就到椿树医院做了一名护士。逐渐见识了一点外面世界的吴士宏,看见了自己跟医生的距离,也看见了跟很多人的距离,她知道,没有学历是没有前途的。那个时候流行一套叫作许国璋英语的业余学英语教材,只要是学过英语的人都知道,被很多有志青年奉为成才必读书籍。吴士宏在这套教材的帮助下,通过了高等教育英语考试。而她的外企之路则是通过一个叫作外企服务中心的机构开始的,1985年,IBM在北京设立办事处,这成为吴士宏的第一个机会。

开始由小环境步入梦想中的殿堂,一切都是陌生的,就连眼前的一物一品、一桌一椅都透着一股高傲的气息。吴士宏平复慌张的情绪,输出自己下功夫学了几年的英语和并不专业的一些理论,笔试和面试她都通过了。而她的首秀要点是,不管你会不会做,在面试官面前,你都先答应下来,信心是一切的基础。面对面试官问她会不会打字的问题,这个从来没有接触过打字的小姑娘心里充满着底气:"你要求的我都能做到。"吴士宏的职场特质已经开始显现。在自信面前,技能已经不那么重要了。她顺利入职IBM。当然,面试之后,她必须要做的事情是弄一台打字机来,练习打字,苦练一周达标。看到这里的你可以把这个作为一个面试小技巧珍藏起来。

吴士宏职场经历的第二个点,是她的一句话:"这种日子绝不会久的,我绝不允许别人把我拦在任何门外。"事情起源于吴士宏的一次外出,来来去去的人中,保安只盯着她要出入证件,尽管她解释了自己刚来,没办证,依然被留在了门口。内心从未有过的屈辱感,伴随了她坚定的步伐,她说出了前面的这句话,后来被她变成了现实。的确,后来再没有一个门挡住过她。另一件事情就是,一个香港女职员,一个感觉自己资历老的人,咖啡杯子不知因何而动,认为是吴士宏偷喝了她的咖啡,当众诬陷羞辱。而这一次,吴士宏选择了还击。

其实,任何的刺激和激励对一个真的无用的人来说,是没什么作用的。它仅仅是一个催化剂,不能成为那个成功的必然。显然,吴士宏有着本就具备的精英特质。从接触过她的人口中,我们知道,她是一个有着超级人格魅力的人。你跟她共事会觉得非常的舒服,而她的每一句话你又很愿意去听。她的事情你愿意自觉地帮她做。

成为华南区总经理后,吴士宏规划出国留学一段时间,攻读MBA高级研修班。她深知,接下来还有重任在等着她,她依然需要"充电"。就在吴士宏准备好出国留学的时候,她的父母双双病重。吴士宏在思考之后,决定放弃出去学习,选择留在父母身边照顾他们。这个决定,让我们从成功角度研究吴士宏的时候,有一些不知所措。精于事业的人士似乎更会平衡价值观。而在这件事之后,微软向她发出了邀请。但是,这次吴士宏没有久留,或许是价值观上的思考,抑或是别的我们不知道的原因,她离开了微软,在1999年加入了TCL,成为常务副总裁。吴士宏到达了打工人的巅峰。

> 之后的吴士宏，因为病痛，节奏慢了下来。她做过一些慈善，翻译过两本书，后来成为一个职场导师。静下来的人生掩饰不了曾经的辉煌。

6.1 设计职业生涯

职业生涯是指一个人为自己设定理想的长期目标，为达成目标而选择的一系列相关的教育、实践以及工作等活动，是有计划的发展历程，简单来说就是想清楚自己要干什么及能干什么，选择适合自己的，然后行动。职业生涯也是一个人一生职业、社会与人际关系的总称，即人生终生发展的历程。职业生涯主要有以下四个方面的含义。

(1) 职业只表示一个人各种职业角色的经历，不包含成功与失败的含义，也不包含进步或者转换速度快慢的含义。

(2) 职业生涯具有主观和客观两方面的特征。表示职业生涯客观特征的概念是外职业生涯，即从事一种职业时的工作时间、工作单位、工作地点、工作的职称与职务、薪资福利等因素的组合以及变化过程。表示职业生涯主观特征的概念是内职业生涯，即从事一种职业时的知识、观念、能力、经验、信息素质等因素的组合及变化过程。

(3) 职业生涯是一个过程，是一个人一生中所有与工作相关的连续经历，而不仅仅是指一个工作阶段。

(4) 职业生涯受各方面因素的影响。个人目标、家庭环境、企业文化、社会因素等都会影响一个人的职业生涯。因此，从某种程度上说，一个人的职业生涯是多方面因素共同作用的结果。

6.1.1 计算机从业人员的共性

盖茨、戴尔、乔布斯、丁磊、史玉柱、陈天桥……这些人的故事似乎都在告诉我们，他们都是在一夜之间成为亿万富翁的。这使得IT界形成一股风气，从业人员动不动就拿自己与他们相比，似乎IT行业到处充满了一夜暴富的机会。

其实事实并非如此。他们的出现是必然中的偶然，因为他们都是在特定的历史时期、特定的环境下出现的特定人物。之所以是特定的，因为他们并不代表大众的发展方向，如果一开始就以他们为目标，就给自己设置了一个难以逾越目标。有远大的目标是一件好事，但是不切实际的目标就代表着白日梦和空想。大多数人需要先找到一份适合自己的工作，从底层做起，慢慢积累行业相关经验，等到具有一定经济基础和工作经验时，再向更高的职位冲刺，或者开创自己的事业。

目前，IT行业的现状也决定IT行业很少有一夜暴富的机会。每一个细分产品市场都充斥着数个巨头企业，这些企业具有较大的先入优势，激烈的竞争促使它们拿着平均成本，依靠优良的服务和高品质的产品来争取客户，小公司很少能够获得大的发展机会。新产品（无论是有形的还是无形的）的研发需要大型的团队和大量的资金，那种一两个人在车库就可以搞出划时代产品的时代已经一去不复返了。事实上，大部分刚毕业的学生，基本上都在经历着激烈的岗位竞争。

认清形势,选择适合自己发展的职业,是即将毕业的大学生首先要做的。IT行业分为很多就业方向,自己擅长什么,适合在什么岗位上发展,才是当前最应该认清的事情。因为即使学习的是软件设计这个专业,也有诸如软件工程师、软件测试师、需求分析师、售前咨询、售后服务师等一系列工作岗位可以选择,因此学生应根据自己的性格,认清自己的发展形势,因势利导、稳扎稳打才是当前的紧要任务。

也有一些同学认为,自己所学到的知识好像永远赶不上社会上主流技术的变化速度,学校中大部分时间用来学习的是一些基础的理论知识,岗位技能学得很少,因此担心自己能否胜任社会上的工作岗位。事实上,无论技术如何发展,理论基础在长时间是保持不变的,如果我们在学校中能够掌握扎实的理论基础,后面通过自学是很快可以适应岗位技能的,要对自己充满自信,相信自己能够在社会上闯出一片天地。

扎实的理论知识基础,良好的职业素养,正确的岗位观念,相信同学们一定能够发挥自己所长,顺利走上工作岗位。在走上工作岗位之后,我们仍然要坚持学习,认真做好自己的职业发展计划,争取更好地为社会服务。

戴尔励志创业的故事

在戴尔的第一个大学宿舍里,有一天,他的室友将他的所有计算机配件堆在门口,要求他搬出去。又有一天,父母突然造访,戴尔忙乱中把他的计算机配件藏在浴缸里。"你的课本呢?"他的父亲问他。"哦,我放在楼下的图书馆里了。"年轻的戴尔这样回答。后来,他在宿舍楼27层找了一个房间,本想约束自己,以便更像个大一的学生,但是没有奏效。他在分类广告上刊登电脑升级的广告,并以低于市价15%的价格销售IBM电脑。"人们带着计算机到27层来,我就给他们插上几条内存,加上一块硬盘,他们付我钱,我就送他们离开。"戴尔津津有味地回忆着。当时他还有一位常客,就是送UPS的人。"我还记得他每次上楼来的时候,总是大汗淋漓,因为他每次必须把货卸在一楼,然后一路拖上来。"

戴尔的新室友并不在意他的活动。戴尔发现楼顶有有线电视接收装置,他把线接下来,于是整个27层的人都可以免费看电视。不久,戴尔每月就有2.5万美元的收入了。虽然他郑重向他父亲保证要完成大学学业,但是他的计算机生意连喘息的机会都没有给他。很快,戴尔搬出宿舍楼,在校园附近租了房,他最终完成了大学一年级的学业,同时成立了戴尔公司。"离开这里标志着我真正开始做生意"。戴尔满足地看着宿舍四周说,"真正投身计算机生意需要很大决心。我自己得出个结论:只要想好了,就应该去做。我父母在很久以后才能理解这一点。"

◆ 6.1.2 基本素质

有很多人认为,在IT行业工作,只要技术出众,就能够赢得别人的尊重,就能够得到很高的薪酬,就能获得巨大的成功。然而这是对IT行业的一个错误理解,只懂得技术是不能在这个行业中获得成功的。

从本质上来说,IT行业是服务行业的一个分支,因为IT行业本身并不直接产生经济效益,而是依靠提供简洁、方便的服务来产生价值的。服务在行业中占据根本地位。

无论在什么岗位上，无论从事哪种工作，都要从为客户服务的角度出发。我们在前面已经论述过，评价一个项目成功的标准，是其成果满足客户的需求，而不是设计多么新颖，方法多么优秀。

对于IT行业来说，技术只是表面的工夫，真正的内功是艺术修养和道德涵养。这两个方面不是通过培训或者课堂教育就能很快获得的，而是需要长期生活的积累。艺术修养，可以通过阅读、写作、游览、倾听音乐等方式培养；道德涵养要在具体实践中培养和体现。下列几种技能可以从不同的方面提高这两种基本素养。

1. 沟通能力

我们反复强调沟通能力的重要性，因为没有沟通，你就不可能正确地了解客户的意图；没有沟通，你就没有办法与同事合作，共同完成工作；没有沟通，领导的意图就无法下达，一切都成为空谈。特别对设计人员而言，沟通是设计的基础，设计是良好沟通的一种表现。

2. 基本的工作素养

遵守时间、遵守工作规章制度、遵守保密协定等基本工作素养非常重要。IT工作者更应注重劳动纪律，不应有无纪律、散漫的工作态度。技术越出众的人，越应该遵守职业道德；能力越强，背负的责任也就越大。如果一个IT工作者只具有很高的技术修养，而缺乏良好的职业素养，那么他很有可能走上歧路，成为一个危害网络的"黑客"。所以我们必须遵守职业道德，利用技术为社会服务，而不是利用自己所掌握的技术危害社会。

3. 需求分析能力

项目的基础是需求分析，好的需求分析意味着项目成功了一半。恰恰很多技术人员不喜欢进行需求分析，忽视需求分析能力的培养，这样很容易造成即使自己有能力完成项目，结果与客户需求不一致，最终导致项目的失败。

IT工作者需要不断培养需求分析的能力，并不断进行经验总结，在不断训练的基础上逐步成长，直至成为一个熟练的能手。做需求分析不仅需要一定的文字能力，也需要具备将项目过程抽象成为流程图的能力，因为用流程图能够更清楚地表达客户的意图。

4. 写作能力

要想把自己的意图恰当地表达出来，还必须有良好的写作能力。在项目中，需求分析、总体设计、详细设计、测试、总结等都需要一定的写作能力。为了提升写作能力，从业者应该在平时加强自身修养的同时，注意多训练。写作能力的培养可以从以下几个方面进行。

(1) 提高自己的思想觉悟水平、陶冶情操。感情的陶冶，可以更好地培养自己的写作激情。

(2) 注意生活积累，注意基础知识的积累。广阔的知识面可以更好地提高写作能力。

(3) 注意写作思维的训练，提高思维能力。

(4) 多练多写。写作的方法和技巧是通过不断实践得到的，在练习的过程中不要怕被别人讥笑，注意积累摸索写作经验，最终一定能够取得成功。

> **注意：**
> 写作能力是一个对你一生都能够产生影响的能力，而不仅仅是在项目的过程中。

5. 风险控制能力

项目的过程中不可避免会产生风险，对风险要有一定的预测。

6. 控制项目进度的能力

制订项目计划是一回事，使项目能按照既定的计划正常进行又是另外一回事。在第二次世界大战期间，巴顿将军率领部队在一条狭窄的路上行军，突然通信兵来报，有一头驴在路中间挡住了去路，导致大军行动缓慢，巴顿快速来到现场，掏出手枪将驴击毙，保障了部队的正常行进。作为一名战地指挥官，巴顿能够获得常胜将军的美名与他的果断是分不开的，正是这种果断精神保障了部队的正常行军，这就是一种驾驭项目的能力。在项目实施过程中，可能不断遇到问题，无论你是一个项目负责人，还是一个普通的程序员，都应有控制自己分管项目进度的能力。

作为一个IT工作者，平时注重类似的艺术修养和道德涵养的提高，使自己基本素质得到大幅度的提高，再加上良好的技术技能训练，就一定能够取得成功。

6.2 职业发展

很多人都对自己现在的这份工作不满意，常常会抱怨自己的工作过于枯燥，每天都会加班，这种工作状态，无论是谁都会觉得无聊。你是不是也希望自己能够换一份工作呢？能够改变自己的这种精神状态，其实也未尝不是一件好事情。换工作也要懂得行业的选择，选择一个好的行业，就能够避免工作的枯燥了。每个人对于工作的欲求都是不同的，有些人喜欢简单的工作，能够清闲一些，但是有些人就喜欢那种比较具有挑战性的工作，这种类型的工作不会让他们感到枯燥。

在我们求职的过程中，有很多需要考虑的问题，首先应该要考虑的是这个职业的发展前景，选择一个发展前景好的职业，对你今后的职业发展，是非常有利的。

6.2.1 职业发展的概念

职业发展就是在自己选定的领域里，或在自己能力所及的范围内，成为最好的专家。专家并不一定是研究开发人员或技术顾问，专家是在某个领域有深入和广泛的经验，对该领域有深刻而独到的认知的人。至于行政管理能力、员工培养能力、团队建设能力、规划和沟通能力等，是个体在职业发展过程中必须培养的能力，是实现职业发展的重要工具，但不是职业发展的目标。

职业发展通道是进行职业生涯管理的基础条件之一，是通过整合企业内部各个岗位，设置多条职业发展系列并搭建职业发展阶梯，然后通过岗位能级映射，探测岗位间的关联，为员工提供广阔的职业发展平台，如行政序列、技术序列、销售序列、管理发展序列等。

职业发展规划是企业和员工长期利益的统一,每一家具有高度责任感的企业都有义务为其员工指明职业发展方向,设计职业发展通道,使员工看见个人发展的希望,实现人才的长期稳定性。

公司应在澄清企业发展战略的基础上,明确不同序列的职位的任职资格,融合企业的长期发展愿景和个人的职业目标,为员工设计清晰、明确和公平的职业发展通道,并将其与员工培训、绩效管理相结合,形成企业的人才梯队建设方案,提高员工的企业归属感,降低员工流失率,实现人力资源的可持续开发。

组织与员工结合自身需求,共同确定职业目标的过程,实际上就是企业吸纳适宜素质的人才进行的价值设定。员工自我职业探索与组织为员工量身定制职业发展策略,也可看成企业基于自身与员工需要所进行的价值开发活动。组织与员工的职业评价及职业目标修正就是组织科学评价员工为组织所做的贡献,并分配价值的过程。在职业发展管理价值链中,每个环节又包含若干人力资源管理模块,来完成相应的职能。价值设定环节包括组织调研模块、配置模块、职责目标分解模块;价值开发环节包括工作设计、培训、职业通道等模块;价值评价与分配环节包括绩效管理、整体薪酬设计等模块。这三大环节相互协同,从不同的角度来整合和激活组织的人力资源。企业经营战略驱动组织的职业发展规划及管理工作,职业发展管理价值链中的价值设定环节通过吸纳与不同职种、职层相匹配的适宜素质的人才进入企业,影响各个岗位主体——员工的职业素质特征;价值开发环节旨在使员工的知识技能与任职资格要求一致,从而具备相应的职业行为能力;价值评价与分配环节驱动并强化员工的职业化行为、员工的规范行为,促进企业业务运作流程的实现,从而提高企业的运营绩效,推动企业盈利,最终导致企业价值的提升。

◆ 6.2.2 员工职业发展规划

依据马斯洛的需要层次理论,物质需要是人类较低层次的需要,而自我实现才是人类最高层次的需要。职业发展属于满足人的自我实现需要的范畴,因此会产生更大的激励作用。

薪酬和职业发展是两种最主要的员工激励手段。越来越多的组织开始通过设计薪酬体系来进行员工激励,但很少有组织将员工职业发展作为一种激励手段给予足够的重视。

组织在建立和完善员工职业发展体系上应遵循以下原则。

(1) 除了晋升之外,组织也应采用工作轮换等其他职业发展方式。毫无疑问,晋升是职业发展中对员工最有效的激励方式。但事实上,职业发展还包括工作轮换、赋予员工更多责任等其他多种职业发展方式。工作轮换是指在公司的几种不同职能领域中或在某个单一的职能领域为雇员做出一系列的工作任务安排。工作轮换可以有效增加员工的接触面,使员工达到学习新的岗位知识的目的,起到激励作用。赋予员工更多责任是指给予员工更多管理或业务责任,这样也可以达到提高员工技能水平的目的。

(2) 对员工进行职业发展规划时,除以个人工作业绩为基础外,还应综合考虑员工的技能和职业道德水平。以工作业绩作为晋升的唯一依据,很可能做出不恰当的晋升决定。因为不同级别有着不同的技能要求,在员工提升时,如果只考虑员工因业务技能而获得的业绩表现,而不考虑其管理技能,往往会出现优秀的业务人员不适合管理职位要求的情况,反而给公司造成损失,员工个人也会因不适应新的岗位而被淘汰。

(3)运用适中的节奏规划员工的职业发展。很多组织在员工提升的速度上设置得不合理。一种情况是快节奏提升,快节奏提升的后果是员工到达职业顶端后,会因不再有发展空间而失去工作积极性甚至离开公司;另一种情况是慢节奏提升,其缺点是员工得不到职业发展上的有效激励,也不能学习到其他岗位的知识。正确的做法是采取一种适中节奏的提升,表现为对新入职的员工有计划地安排其走向上一级岗位,合理安排每次晋升的时间段。例如每2~4年有一次晋升机会。适中的节奏能不断激励员工,提高其岗位的认知价值,使其有充分的时间学习下一个岗位的技能。

(4)对不同年龄段的员工采用不同的职业发展策略。不同年龄段的员工会有不同的职业发展需求,因此公司需要采用不同的职业发展策略。人的职业发展阶段分为以下四个阶段。第一阶段为探索阶段。第二阶段为尝试阶段,包括25~30岁的员工。处于尝试阶段的人会判断当前选择的职业是否适合自己,如果不适合,会进行相应的调整。对于该阶段的员工,职业发展的重点在于给予职业发展规划的指导,对不适合岗位的员工进行工作轮换。第三阶段为职业确立阶段,包括30~45岁的员工。对于该阶段的员工,职业发展的重点是给予晋升、赋予更多的责任或给予特殊任职。第四阶段为职业稳定阶段,包括45岁以上的员工。

(5)当公司职位空缺时,应优先考虑内部晋升。很多组织在职位空缺时会首先想到外部招聘,而忽略了组织内部的人力资源。外部招聘的主要缺点是会打击组织内部业绩好却没有得到晋升机会的员工。另外,外部招聘会由于新员工要花较长时间熟悉工作环境进行角色转换而导致成本较高。反之,当职位空缺时,优先考虑内部提升或轮换,不但能够激励被提升的员工,而且让其他员工看到希望;同时,内部员工熟悉公司文化,容易迅速适应新的工作岗位。

总之,职业发展规划是一种重要的员工激励手段。以上原则可以帮助组织建立科学高效的员工职业发展规划系统。

◆ 6.2.3 IT 职业发展

IT 职业从业人员的流动性比较大,很多人频繁跳槽,但是如何保证每次环境的变化都能够给自己带来更好的发展,就需要下一番功夫深入研究一下自己的职业发展特征了。

我们都知道"温水煮青蛙"的例子。一些原本很优秀的人,到了一些组织以后,通常由于缺乏危机意识,在一些安逸的工作岗位上,不仅没有学习到新的知识,还将原来的专业忘掉了。也有一些人,做几天网络管理员,做几天客户服务,又做几天 Java 程序员,没有固定的目标,缺乏有效的职业发展规划,久而久之,成为一个每样都懂一点但都不精通的人。身边的人一个个都在自己的岗位上干出了成就,自己却还一事无成。

一般来说,计算机专业的大学生从学校毕业后,多数从事技术性工作岗来充分发挥自己的特长,经过一段时间的锻炼后,逐渐从基层岗位向高级岗位发展。很多公司的高级管理人员和高级工程师都是从最底层的技术岗位干起的。那么,是不是所有程序员或者设计师最后都能成长为 CEO 或者总工程师呢？那么 IT 行业从业人员应该如何规划自己的职业发展，才能获得职业生涯的成功呢？下面有几点建议供参考。

1. 要有明确的发展方向

大部分从业人员缺乏的就是明确的目标：一方面，刚毕业的学生在刚刚参加工作的时候，有很多技术需要学习，也有很多工作需要做，每天都在加班中度过，很少有时间来考虑自己的发展方向；另一方面，由于行业技术淘汰快，从业人员无论是主动还是被动，都需要经常学习，因此即使制订了发展方向，也难以有时间实现。这就要求我们有意识地去确定明确的发展方向，根据制订的发展目标，把眼前的学习资料和工作分类，有意识地选择性学习，通过有意识的学习，提高自己在这些方面的技能，从而实现自己的发展目标。

2. 不断进行自我分析

分析自己所具备的基本素质，看看发展方向是否与自己的能力相吻合。可以从技术能力、沟通能力、演讲能力等方面来分析，看看自己适合什么样的岗位，考虑如果自己是在项目经理或者管理者的岗位上能否胜任。

3. 学习身边人的优点

多向身边的人学习，加强团队意识，并尽量参加各种免费的技术会议。如果仔细研究一下，就会发现 IT 行业内很多的新公司，是几个同事从原来的公司一起辞职，然后一起创业办成的，如华硕是由从宏碁辞职的童子贤创办的，新大陆集团是胡钢与从实达公司一起辞职的 15 位同事创办的。一方面，这些事例说明在 IT 行业中人才的重要性。盖茨曾经说过："如果现在一场大火将微软大厦烧得一干二净，但是只要给我留下最核心的一百位人才，给我 15 年的时间，我又可以发展出一个微软来！"另一方面，这些事例告诉我们，与身边的人建立起良好的团队伙伴关系，不仅能够给我们带来知识上的收获，还可以给我们带来意想不到的事业上的收获。

4. 坚持终身学习

IT 行业知识更新快，软件不断升级，技术体系也在不断发展。如果不坚持学习，一段时间以后必将被甩在后面，不要说事业成功，能够保住岗位就很不错了。同时，从事技术工作与从事管理工作不同，一个好的技术人员，未必能够成为一个好的管理者，因此要不断学习管理理论和技巧，为事业转型做好准备。

在 IT 行业工作，随时会有机会在你眼前出现，因此必须随时保持良好的状态，以便迎接机会，获得职业生涯的成功。

6.3 职业规划

如果一个人能经营好自己的职业生涯，掌握一门技术，有很强的竞争力，就不会因为组织的变化而失业，还能达到自己的职业目标，实现自己的人生价值，获得职业成就感。做好职业规划有以下几方面的好处。

(1) 以既有条件为基础，分析自己的性格，评估自己的优势和劣势，明确适合自己的方向和目标,制订行动计划,从而从容地掌握自己的工作、生活,提高效率。

(2)确定了职业方向,将在心理上产生优势,增强自信和自主能力,不受外界干扰,了解自己实际的进度,明确是否成功。

(3)通过职业规划,可以抓住学习和工作的重点,明确学习和工作的轻重缓急,增加成功的可能性。

(4)通过职业规划可以不断认识自身的爱好、价值、优势和不足,增强自身竞争力,促使自己增值,发挥最好的潜力,战胜困难,争取成功。

(5)职业规划是自我评估的一个重要手段,可以根据规划的进展情况及时评价目前取得的成绩,最终走向自我价值的实现和事业的成功。

◆ 6.3.1 了解IT职业生涯规划

近几年,高校IT相关专业初次就业率连年下滑,成为大学生就业市场上一大热门话题,受到社会各方面的普遍关注。原因有两点:很多高校的IT相关专业的学生求职方向不明晰,他们在选报该专业时大多是冲着"热门"来的,对自己今后的发展方向没有正确的心理定位;高校扩招之后,大量本科、专科IT相关专业毕业生涌入就业市场,若无一技之长,很难在众多竞争对手中脱颖而出。

1. 缺少职业规划的学生的特点

很多缺少职业规划的IT相关专业毕业生有以下几个方面的特点。

1)职业生涯规划意识淡薄

通过企业招聘的笔试和面试,我们发现,应届IT相关专业学生普遍缺乏职业生涯规划意识,他们对制作简历、写自荐信、搜集就业信息、准备面试、就业基本礼仪等常识性问题了解甚少。求职时,他们只知道投简历,没有明确的职业岗位要求,没有个人的发展目标和思路。在与用人单位沟通时,他们过分关注经济利益,过分关注专业对口,不考虑职业前景与长远发展,更不考虑个人的能力和自身的优劣势,择业盲目,职业生涯规划意识淡薄。部分学生还认为职业生涯规划是工作以后再考虑的事情,在大学阶段考虑为时过早,这样,当他们毕业就业时就毫无准备、束手无策。

2)自我分析不足,职业定位不准确

由于缺乏对自身兴趣爱好、专业特长、家庭背景、行业形势等的全面分析,尤其是缺乏对社会发展、市场前景的判断及适应能力较弱,学生在职业生涯规划过程中容易走入误区,暴露出职业定位模糊等问题。在调查中发现,大部分IT类专业学生对于本专业的行业状况没有进行过调研,也不了解相关行业的发展前景、用人制度、企业文化、人际关系等,对自己将要从事的职业一知半解,很少考虑自己的职业定位,走一步算一步。

3)职业价值观偏颇

通过与学生私下的交流,我们发现许多学生把薪酬和待遇作为职业选择的首要因素,过于注重个人的自我感觉,很少考虑社会的实际需求和人生发展的规律,没有把自己可持续的职业发展放在重要位置,没有对自己进行正确的认识、评估,也未对职业环境进行全面了解。他们在择业时明显存在着追求实惠和功利化的倾向,看重大城市、大企业、大单位,只顾暂时的利益,而不考虑长远的发展前景。

4) 缺乏职业生涯规划的指导

目前,我国绝大多数本科院校只在学生毕业的时候开设就业指导课,对刚进入大学的学生不进行职业生涯规划引导,缺乏对该专业当前的就业形势与就业政策的分析,没有及时为学生提供面试技巧、择业心理、简历书写等深层次的服务。这在一定程度上造成了毕业生就业难、职业发展错位的问题。职业生涯规划不是一蹴而就的事情,而是高校的就业环节中一项长期的任务。

2. 职业生涯规划策略

职业生涯规划是一个长期的过程,需要一系列策略来保证顺利实施。职业生涯规划策略包括自我评估、环境评估、理想职业目标选择及职业生涯路径选择、实施、评估与反馈等环节。

进行职业生涯规划时应注意以下几方面的内容。

1) 评估环境、认识自我,进行准确的职业定位

在制订职业发展规划时首先要进行的是职业环境评估以及职业自我评估。一方面,了解IT行业前景、职场压力、IT行业所需知识、成功的必要条件、各种利弊、报酬以及晋升机会等职业环境要素,才能做到避害趋利,把握职业机会,决定其是否为自己的理想职业。另一方面,学生可借助测评工具来客观、全面认识自我,充分了解自己的职业兴趣、能力结构、职业价值观、行事风格、优势与劣势等是否适合IT行业。学生一般通过整合信息、分类研究找出感兴趣的职业环境,了解IT业是否是自己的兴趣所在,思考自己在该行业中到底适合做一名技术型人才、销售型人才,还是管理型人才。

一般来说,IT专业学生从学校毕业后,多数从事与本专业相关的技术性工作,能够发挥自己的特长。经过一段时间的磨炼后,从基层工作岗位向高级工作岗位发展,但是并不是所有的人员都会成为CEO或者总工程师,那么,IT人员该如何规划自己的职业发展并取得成功呢?具体有如下几点。

(1) 要有明确的发展方向。大多数IT从业人员没有明确的发展方向:一方面,刚步入工作岗位时,忙于熟悉工作环境,满足工作需求,无暇顾及自己的发展方向;另一方面,IT技术更新快,即使明确了发展方向,也难有时间学习。这就要求IT从业人员有意识地明确发展方向,制订发展目标,把眼前的学习资料、工作分类,有选择性地学习,有意识地提高专业技能,实现发展目标。

(2) 不断自我认识和自我分析,根据自身各方面能力评估自己,看自己究竟适合怎样的工作岗位,从而更好地进行职业定位。

(3) 为了既定的方向,坚持终身学习:一方面,向周围的人学习,加强团队意识;另一方面,IT技术更新快,要不断学习新知识、新技术,还要学习管理理论和管理技巧,为事业转型做好准备。

2) 确定职业目标,设计职业生涯道路

职业生涯规划的核心是确定自己的职业目标和选择职业发展路径:对自己的优势、劣势进行清晰判断,对外部环境、行业的发展趋势和人才素质要求进行客观的了解,在此基础上确

定符合实际的目标。

3)职业生涯规划策略

根据职业方向选择一个对自己有利的职业和得以实现自我价值的组织,是每个人的良好愿望,也是实现自我价值的基础,但这一步的迈出要相当慎重。因此在进行职业生涯规划的时候应注意采用以下策略。

(1)灵活调整。

影响职业生涯规划与发展的因素很多,有的变化因素是可以预测的,有的变化因素则难以预测。在此状况下,要使职业生涯规划行之有效,就必须不断对职业生涯规划进行评估与修订。修订的内容包括职业的重新选择、职业生涯路线的选择、人生目标的修正、实施措施与计划的变更等。

(2)终身学习。

当今时代是终身学习的时代,要取得事业上的成功,重要的是不断更新知识、提升能力,才能保持自己的职业竞争力。

①兴趣是可以培养的。职业兴趣可以在学习IT知识和技能的过程中培养,也可以在未来的职业生涯中得到强化。

②性格是可以完善的。性格并非一成不变的,它会随着人的阅历、见识的提高以及职业的特殊要求而改变。

③能力是可以提高的。个人的综合职业能力,如专业能力、社会能力等,可以在知识学习、技能训练和实践活动中得到提高,也可以在职业生涯中得到强化。

④潜能是可以挖掘的。每个人都具有未被发现的潜能,进入职场后,在恰当的引导和合适的环境中,潜能就能变为显能,使人在职业生涯中表现出卓越的才华。

IT行业技术变化快,需要从业者拥有快速学习的能力。IT从业者必须一直紧跟技术发展的脚步,时刻走在技术的前端,压力才会小些,一旦有了些变数,再想赶上就很吃力了。IT从业者在学习时要注意以下事项:①不要沉溺于旧知识,在IT行业内要紧跟技术发展的潮流,不要满足于既有的知识、技术;②要把握自己的学习方向,"充电"是好事,但要注意明确自己的学习方向,博而杂的"万金油"式学习方法有时并不吃香;③要注意结合实践,IT重视的是技能实践,绝不仅仅是书本知识。

(3)抓住机遇。

有了明确的职业定位、科学合理的职业规划,还要相机而动,抓住最好的时机跳槽或转型,才能成功地找到适合的职业。

(4)重视沟通。

在行业中,从事与技术类有关的职业的人,尤其是软件编程者,由于工作性质和工作压力,往往关注与机器"对话",缺乏与人相处、交流、沟通与协调的能力,长期发展会导致性格内向、思维定式、阅读或兴趣面越来越窄。现代社会中,个人职业的成功必须脱离单打独斗的方式,特别是现在企业越来越倾向于将业务进行横切,每个人所做的事情更加专业,有时一件事情根本不可能由一个人完成。因此,广泛交流,大量沟通,绝对是必不可少的。

(5)借助他人。

许多人对自身的优缺点和周围环境认识不足,对职业发展虽有一个大致的、模糊的设想,但没有形成文字性的东西,而且计划不清晰、不具体,也缺乏操作性,随意性过大,影响了职业生涯发展的进程。想进入IT领域的人员,可以咨询职业规划人员、学术顾问、职业顾问以及职业中介等。

◆ 6.3.2 职业规划发展路径

职业生涯是整个人生的重要组成部分。影响职业生涯的因素很多,因此形成了千差万别的职业生涯道路。尽管有各种各样的职业生涯道路,但这些道路还是有规律可循的,IT行业也不例外。影响职业生涯道路的因素很多,概括起来主要有三个因素:一是经济因素,包括社会经济结构和社会经济发展趋势等;二是社会因素,主要包括社会价值观和家庭因素等;三是个人因素,包括个性(如价值观、兴趣、气质和性格等)、个人的能力和生理因素等。

1. 经济因素

经济发展影响着国家的经济政策,进而影响着个人的职业生涯发展。现在信息技术的应用越来越普及,促进了社会的发展,也改变着人们的工作、学习和生活的方式,以及思想观念。从世界经济发展的总体趋势来看,信息产业将是使全球经济摆脱困境,进入下一轮快速增长的重要推动力量。我国在"十五"计划时就已经提出了以信息化带动工业化的战略,同时制定了信息化发展方针,以信息技术应用为主导,面向市场,发挥后发优势,实现社会生产力的跨越式发展。"十五"期间中央政府和地方政府大力投资操作系统、数据库、管理系统、中间件和重大应用软件的开发,为软件企业的发展创造了更为广阔的空间。由此可见,信息化对于国民经济的重要性。我国信息产业一直在高速发展,已成为国民经济中发展最快的部分。目前我国已经成为全球IT制造大国。我国信息化战略形成经历了准备期、酝酿期和重点领域发展期,正逐渐走向成熟,进入全面发展并完善的新阶段。信息化、数字化已经成为现阶段人们生活的重要支撑力量。各个领域对信息技术专业人才的需求迅速增长,我国信息产业从业人员将面临大的机遇。

2. 社会因素

1)社会文化环境对IT职业的影响

社会文化环境包括教育条件和水平、社会文化设施等。在良好的社会文化环境中,个人能受到良好的教育和熏陶,从而为职业发展打下更好的基础。

当前,我国不仅重视实现义务教育,而且正在凭借最新科技和现代化手段实现全民终身知识教育和技能培训的目标。终身教育开始被理解,继续学习成为时尚。同样的变化正在发生于教育的各个层次。各个领域和各个方面许多新的教育观念正在从陌生到逐步被人们接受,进而渗入人的社会生活。学习途径也早已突破了传统的课堂讲授的模式,包括自学考试、电大、函授、网上学习等。IT教育培训市场日益兴旺,一直在持续增长,家庭、个人在IT培训上的支出增长较快,各类企业对培训的需求增长最快,需求逐渐增多。

2)价值观念对IT职业的影响

职业价值是人们在选择职业时,对职业给人的回报的偏好,如有人看重职业的稳定,有人追求经济回报,有人希望得到自由等。一个人生活在社会中,必然会受到社会价值观念的影响。甚至大多数人的价值取向,都是受社会主体价值取向左右的。个人的思想发展、成熟的过程,其实就是认可、接受社会主体价值观念的过程。社会价值观念正是通过影响个人价值观影响个人的职业选择的。

从IT行业的客观现状来看,众所周知,IT行业的技术更新非常快,一年半、两年就会产生新技术,这便迫使这个行业的人不断补充新知识、汲取新技术。学过编程的人都知道,要自学一门新的技术并不简单,不仅需要阅读书籍以接受一种新的思路或者方法,更需要一遍遍上机实践,这需要大量的时间和精力,而这些正是每一个软件从业人员所缺少的。要改变这种现状,需要社会、企业和个人的共同努力,创造学习机会。有了知识更新,年龄绝不是IT人员职业生涯的障碍。

3. 个人因素

个人因素是影响职业生涯的核心因素。想处理好组织中的事情,就必须有相应的人与之匹配。人的差异主要体现在能力和性格等方面。

(1)职业兴趣。丁肇中说过:"兴趣比天才重要。"学生在进行职业规划时首先要认清自己,找到自己的兴奋点和兴趣。很多人因为IT行业(职业)收入高、热门、找工作方便等理由,茫然选择从事这份工作,入行以后发现这个职业远非自己想象的那么美好,需要整天对着机器进行编程、纠错。编程本就是一件枯燥乏味的事情,但是如果你对它有强烈的兴趣,它却是一件充满乐趣的事情,也是一件具有很大成就感的事情。因此,在选择长期、稳定的IT职业生涯时,不仅需要知道自己是否有能力从事这样的工作,更重要的是需要知道自己是否对该工作感兴趣。只有将能力和兴趣结合起来考虑,才更有可能规划好职业生涯,并取得职业生涯的成功。

(2)性格。著名心理学家荣格说过:"力量的最大源泉之一就是特殊而迷人的性格。"性格决定人的思想和行为方式,决定人的生活态度和习惯。不同职业性格特点有着职业的适应性要求,要选择某一职业而不具备这一职业所要求的性格特征比具备相应的性格特征在职业生涯发展乃至实现个人价值方面都会有更大的阻力。所以,只有了解了性格,才能把握好性格,只有把握好性格,才能把握好命运。

(3)能力。每个人对职业道路的规划都离不开个人能力这个前提,对于有特定能力的人,机遇才能称为机遇。与职业有关的能力分为体能、心理素质和智能。体能即生理素质,主要是人的健康程度和强壮程度,以及对劳动负荷的承受能力和消除疲劳的能力。心理素质指人的心理成熟程度,表现为对压力、挫折等的承受能力。智能包括智力、知识和技能。智力是指一个人认识事物、运用知识解决问题的能力。知识是指一个人通过学习实践等活动获得的理论与经验。技能是指一个人在智力、知识的支配和指导下操作、运用、推动各种物质与信息资源的能力。体能、心理素质、智力、知识和技能构成了一个人的全面综合能力。

IT技术的快速更新和行业的高速发展有别于传统行业,其对从业者的能力和要求与传统企业不同,但对基本的职业素质,如有效沟通、求知欲和进取心、分析能力等的要求都是相同的。IT从业者的素质和能力要求如下。

(1) 团队精神和协作能力。国内 IT 人才注重凸显个人能力,缺乏必要的团队合作能力以及目标管理能力。然而很多项目都需要依靠团队的力量,个人能力再优秀也很难完成整个项目,更不用说成为一名优秀的管理者和领导。

(2) 表达沟通能力。企业看重的员工不一定要在技术上有超强能力,但一定要掌握沟通协调技巧,善于听取客户的意见和反馈,做好上传下达工作。

(3) 工作主动性和参与性。无论是软件开发还是项目管理,国内员工大多只是做好分内事或完成交派任务,很少能主动发现问题。其实,只有拥有更高眼界,才能谋取更大发展。例如,唐骏还只是微软的一名普通程序员时,就从公司发展的角度考虑,向老板提议开发了中文版 Windows 系统,最终使他从几万名工程师中脱颖而出,成为部门经理。

(4) 韧性和毅力。IT 行业是一个快速更新的行业,技术类的工作又是枯燥无味的,只有具备了韧性和毅力的人才能在行业中谋求更好的发展,这也是业内的高手与一般职员的区别。

(5) 正直诚信,恪守职业道德。职业道德是职业角色要求所赋予的,是职业从业者人性和人格的真善美在职业生涯中的体现。

(6) 学习和总结的能力。IT 行业的知识更新速度很快,要适应这个快节奏,就要马不停蹄地更新专业技能,扩展专业知识。善于学习,对于任何职业而言,都是前进所必需的动力。善于总结学习和工作经验,也是学习能力的一种体现。

(7) 经受住压力的能力。IT 行业的发展日新月异,其竞争也异常激烈。从业人员要有超常承受压力的能力,宠辱不惊。

(8) 扎实的基础。IT 行业的从业人员,尤其是从事软件编程工作的人员需要有非常好的推理能力、逻辑思维能力和数学能力。如果不具备这些能力,很难在技术上有所提升。

◆ 6.3.3 职业规划设计

1. 职业规划应注意的问题

1) 结合社会人才需求设计职业生涯

大学生对职业的选择是不能脱离社会需要的,要注意社会需要与个人利益的统一、社会需要与个人愿望的有机结合。在进行职业生涯设计时,大学生应积极把握社会人才需求的动向,把社会需要作为出发点和归宿点,以社会对个人的要求为准绳,既要看到眼前的利益,又要考虑长远的发展,既要考虑个人的因素,也要自觉服从社会需要。

2) 结合专业方向设计职业生涯

IT 类大学生经过短期的专业学习,具有一定的专业知识和技能,就可以确定自己的培养目标和就业方向,可以进行专业方面的职业生涯设计。用人单位选择毕业生时,一般最看重的是大学生的某专业方面的特长。大学生迈入社会后的贡献,主要靠所学的专业知识来实现。需要强调的是,大学生对所学的专业知识要精深、广博,除了要掌握宽厚的基础知识和精深的专业知识外,还要拓宽专业知识面,掌握或了解与本专业相关的专业知识和技术。

3) 根据个人兴趣与能力特长设计职业生涯

职业生涯设计要与自己的个人性格、气质、兴趣、能力特长等方面结合,充分发挥自己的优势,扬长避短,体现人尽其才、才尽其用的要求。大学生在进行职业生涯设计时,要对自己的兴趣有一个客观的分析,对自己的兴趣爱好进行重新培养和调整。能力特长对职业的选择起着筛选作用,是求职择业以及事业成功的重要保证。知识多、学历高不一定能力强,大学生切不可以学习成绩作为评价能力高低的唯一尺度。大学生应在对自己的能力特长有一个正确的自我认知和评价的基础上,根据自己的真才实学和能力特长进行职业生涯设计。

由于IT技术的发展日新月异,IT专业学生的职业生涯规划也是动态的、可持续的。从学生职业规划的时序上看,学生个人发展的每个阶段都是协调的,每个阶段又是上个阶段的升华、调整的结果,体现了一种发展上的持续性,即一个人为实现他的职业生涯目标必须进行的实践活动,只是一个持续不断地从一个阶段向另一阶段进步的过程。这个发展不仅是量变的过程,更是质的飞跃。这个阶段的发展能为下个阶段或整个人生经历打下基础,具有解决实践中不断出现问题的能力。

职业生涯规划的本质特征在于追求人的发展的最大化。这就决定了职业生涯的规划不局限于在学校受教育阶段,而是整个人生历程中都要坚持学会学习、学会做事、学会合作、学会反思、学会发展,进而使人生的潜力得到最大化的开发,最终实现预期的人生价值。

2. 职业规划设计

1) 自我评估和环境分析

本科生在制订IT职业发展规划时首先要进行的是职业环境评估以及职业自我评估。

(1) 自我了解。

学生可通过一定的测试来确定自己的职业兴趣、价值观和行为倾向,对自己的气质、性格、能力等进行全面认识。测试时应客观、冷静,不能以点代面,既要看到自己的优点,又要面对自己的缺点。只有这样,学生才能避免设计中的盲目性。为避免自我评估的主观性,学生可通过和同学、老师及家长的交流获得对自身的客观评价。只有充分认识自己,才能对自己的职业做出正确的选择,避免不切实际的决定。

(2) 行业环境分析。

IT人才市场很大程度上决定着对IT人才的层次结构、就业去向、能力与素质等方面的具体要求。本科院校IT专业的学生需要通过对IT行业环境的分析进行职业定位和职业技能培养。学生要对IT行业现状和发展前景有比较深入的了解,比如人才供给情况、平均工资状况、行业的非正式团体规范等,还要了解职业所需要的特殊能力。学生在了解了自身特点之后进行环境分析,就能知己知彼,使个人职业生涯规划客观、现实。IT产业是知识密集、技术密集型的产业,IT人才市场往往集中在经济发达的地区,因此,在进行职业生涯设计时,要考虑到经济发达地区的职业需求特点,如该地区的特殊政策、环境特征等。在进行职业生涯设计时,不能仅看单位的大小、名气、工资待遇,而要看该职业在IT行业的现状和发展前景,如人才供给情况、平均工资状况、未来发展趋势等。

2) 职业定位

在进行了自我评估和环境分析后,就需要制订一个职业目标与方向。职业方向的选择一般包括行业、企业、岗位等的选择,就是我们所说的职业定位。职业定位有两层含义:一是确定自己是谁，自己适合做什么工作；二是告诉别人你是谁，你擅长做什么工作。本科院校的学生应将自身理想和社会需求进行有机结合，确定正确的职业发展方向，并且考虑国家利益，使自己的职业理想与社会客观条件实现最佳匹配。

3）职业目标

有了清楚的职业定位以后，学生需要给自己制订一个科学的目标，作为奋斗的目标与方向。确定职业目标是职业生涯规划的核心。志向是事业成功的基本前提，没有志向，事业的成功也就无从谈起。职业志向是一个人立志要从事的职业，是选择职业的方向。因此在进行职业生涯规划时，要确定目标，确立志向，这是制订职业生涯规划的关键。由于IT行业技术淘汰快，学生需要不断学习，因此即便确定了发展方向，也难以有时间实现。这就要求我们有意识地去确定明确的发展方向，有意识地学习，提高自己的技能。

制订了目标，就要把目标付诸行动。成就理想需要艰辛的努力，目标的实现需要不懈奋斗，成就大目标需要将大目标分解成可以一步一步实现的小目标。在进行职业生涯设计时，学生可以将职业目标分解为一个个可以实施的小目标，然后一步一步去实现。

4）行动计划

如果说目标说明我们想做的事情，那么实施计划则告诉我们怎样去实现目标。行动计划要写清楚实现目标的每一步，它会帮你确定实现目标所需要的资源。制订计划的关键是对目标进行细化，首先给自己制订一个科学的阶段性目标。有了这个目标，我们再理智地分析我们现在的状况与目标间的差距，以及为达到这个目标我们还需要做出哪些努力，这样才能帮助我们分阶段实施我们的目标，并依据每个阶段计划的实施情况对后面的行动进行修正与调整。

每一步的计划都要有明确的时间、资源、达成标准等一系列内容，以帮助我们判断其完成情况。我们可能需要做多件事情，所以这时我们还要考虑事情的重要级别。对于我们目标达成起关键性因素的事情先做，不太重要的事情可以后做。

在我们行动计划中一定不要忘记，有些内容是在当时看似不太重要，但对于我们以后的发展及远期目标的达成有非常重要作用的内容。它们是我们的知识与能力的积累，是我们在实现职业生涯目标过程中的加油站，不要觉得我们现在有很多事情要做，学习就可以放一下，以后再说，那样，等机会来到我们面前时，我们会因为准备不充分而无法抓住。

5）及时调整和修正计划

在实际工作中，我们应根据实际情况不断地修改和更新人生和职业发展目标。

3. IT职业发展路径与策略

计算机专业毕业生的职业发展路线基本上有如下3条。

1）纯技术路线

信息产业是朝阳产业，对人才提出了更高的要求。因为这个行业的特点是技术更新快，要求从业人员不断补充新知识，同时对从业人员的学习能力的要求也非常高。

2）由技术转型为管理

这种转型常见于计算机行业。程序员是一项脑力劳动强度非常大的工作，随着年龄的增长，很多从事这个行业的专业人才往往会感到力不从心，因此由技术人才转型为管理类人才不失为一个很好的选择。

3) 自主创业

自主创业需要各方面能力的促成，具体如下。

(1) 网络工程专业培养的人才具有扎实的网络技术，能系统地掌握计算机网络和通信网络技术领域的基本理论、基本知识；能掌握各类网络系统的组网、规划、设计、评价的理论、方法与技术；能获得计算机网络设计、开发及应用方面良好的工程实践训练，特别是获得大型网络工程开发的初步训练。

(2) 软件产业作为信息产业的核心，是国民经济信息化的基础，已经涉足工业、农业、商业、金融、国防和百姓生活等各个领域。软件工程专业就是学习如何采用先进的工程化方法进行软件开发和软件生产。

(3) 学生应掌握计算机软件主流开发技术、软件工程、软件项目过程管理等基本知识与技能，熟练掌握先进的软件开发工具、环境和软件工程管理方法，培养系统的软件设计与项目实施能力，成为胜任软件开发、管理和维护等相关工作的专业性软件工程高级应用型人才。

(4) 信息工程网络与信息安全方向以信息安全技术和网络技术为基础，以信息安全、网络协议、网络产品的研究、开发、运行、管理和维护为学习和研究对象，指导学生掌握网络中实现信息安全的相关技术，要求学生系统地学习信息科学和通信系统的基本理论和基本知识，使学生受到严格的科学试验训练和科学研究初步训练，使学生成为具有从事信息安全和网络工程综合设计、开发、维护及应用等基本能力的高级应用型技术人才。

思考与练习

1. 根据你的了解，简述计算机从业人员应具备的素质。
2. 制订出你的职业发展规划。
3. 未来 IT 行业的发展方向是怎样的？

第 7 章
职场规则

导读资料

团队合作听起来像是老生常谈,但是是否落实推行,却可能影响着企业的生死存亡。当童子贤、徐世昌、谢伟琦、廖敏雄站在施振荣办公室门前时,四人忐忑不安。他们都是在宏碁工作多年的资深工程师,但这一次他们决定要集体出去创业,创立一家名为华硕的公司。

这四位热血沸腾的年轻人在1990年愚人节的第二天创立了华硕,从创业到现在,华硕已经发展了30多年。从最早在台北市长春路大约30平方米的小办公室,到今日成为IT业的知名品牌,技术与品质均受肯定,华硕的故事,称为"传奇"并不为过。

作为华硕的第一任总经理,童子贤对华硕的成功与发展起着不可替换的作用。在童子贤掌管华硕期间,对人才和团队的成功管理,是华硕克敌制胜的绝招。在童子贤等四人从宏碁辞职的时候,施振荣只是中肯地告诉他们:"脑袋里的东西是你们的,我留不住,就尽管带走吧,但要小心处理公司机密文件以及相关资料,以免日后产生知识产权上的纠纷。"

施振荣的宽容和对人才的尊重也深深地影响了童子贤,在他堪称狭小、陈设简单的办公室里,放着一座小型透明铁柜,架上陈列的书籍中,有几本书被童子贤视作"华硕管理圣经",包括由英特尔总裁葛洛夫所著的《十倍速时代》,以及日文翻译而来的《现场改善》等。童子贤说:"每当有员工犯规,根本不必长篇大论说教,只要翻开书本让他们自己品味阅读即可。太阳底下没有新鲜事,很多错误书上早已有解答。"

曾经有一位华硕员工,以满怀歉意的口吻对童子贤说:"对不起!我有事情要耽误你一个小时。"童子贤当下回答:"不对啊!我的工作就是要解决员工及干部问题,让大家安心工作、发挥潜力,为什么要说抱歉?"

"高科技产业,不是靠大型机器、充足资金便可以撑起来的,重要的是人与管理。若说IT业机器、厂房是武器,管理则是在适当的时候扣下扳机。"童子贤说。从创业开始,"寻访千里马"便是他的主要任务之一。

当年童子贤在宏碁时,施崇棠担任其主管7年之久。自从决定离开老东家创业后,他和师父立刻从昔日的友好同事关系,急转直下成为互相对立的敌我两方。由于从事领域相同,华硕和当时由施崇棠领军的宏碁团队,曾有多次"狭路相逢"。

对IT厂商而言,争取与Intel的合作,是兵家必争之地。有一年在美国拉斯维加斯参加国际计算机展,因为事先获知施崇棠将于第二天早上8点钟和Intel主管进行会议,取得优惠供货条件,童子贤半夜紧急致电Intel主管下榻的旅馆,双方敲定一大早7点钟早一步展开会议。为"防堵"施崇棠,随时随地紧盯其动向,成为华硕最重要的"任务"。要么就是抢先一步拜访客户争取商机,如果不幸落后,也得随后跟上"灭火消毒",以避免重要客户流失。时日一久,童子贤心想:"干脆把师父找来,一劳永逸。"

为了争取施崇棠,童子贤曾有多次半夜还"赖"在施家不肯离去的纪录。或许是诚意感人,他终于"磨"得师父点头允诺。华硕创立4年后,施崇棠辞去宏碁个人计算机事业处总经理职务,正式加入华硕。童子贤则自动"退位"为副董事长,由施崇棠同时担任华硕董事长与总经理要职。

除施崇棠外,华硕业务副总李聪荣,亦属童子贤与经营团队早期求才主要"战绩"之一。"经营事业犹如打仗,先攻下城池后,再回头整顿,而不是一开始便强调踢正步,浪费时间。"童子贤说。李聪荣

> 为宏碁集团资深业务大将,原先和童子贤等人并不相识,只是互闻其名。当年求才若渴的童子贤,从业界人士口中获知李聪荣是一位有能力的人,于是再一次充分发挥"三顾茅庐"精神。最后李聪荣终于离开任职10年的宏碁,加入当时还未成气候的华硕电脑公司。
>
> 施崇棠掌舵华硕后,又多次运用个人的影响力,陆续从业界其他知名公司吸引到诸多关键人才。就这样,施崇棠、童子贤等创业伙伴联手并进,一步一步地完成了华硕管理班子的搭建,组合成一支足以"攻城掠寨"的战斗团队。

7.1 什么是职场规则

不同的人在不同的岗位环境中,面临着形形色色的职场状况,如何在不同的环境中做到游刃有余、处事自如,下面有一些比较好的建议供参考。

1. 刚刚入职时应注重自身的职业形象

(1) 认识职业形象对每位职业人的重要性。

如果把职业形象简单地理解为外表形象,或者把一个人的外表与成功与否联系,那么你就犯了个非常严重的错误。职业形象包括多种因素,如外表形象、知识结构、品德修养、沟通能力等。如果把职业形象比作一个大厦,外表形象就是粘在大厦外墙上的马赛克,知识结构是地基,品德修养是大厦的钢筋混凝土结构,沟通能力则是连接大厦内外的通道。

想获得成功就要改变我们的性格,而改变我们的性格应该改变我们追求成功的欲望,改变平时的习惯。所有这些都要通过学习来改变,也就是说要通过知识的积累、品德的修养、沟通能力的锤炼等来改变。最后再给这个"大厦"粘贴上漂亮的马赛克,你的职业形象就成功了。

实际上,不管你愿意与否,你时刻带给别人的都是关于你的形象的一种直接印象。当你进入一个陌生的房间时,即使这个房间里面没有人认识你,房间里面的人也可以通过你的形象得出关于你的结论:经济、文化水平如何;可信任程度,是否值得依赖;社会地位如何,老练程度如何;你的家庭教养的情况,是否是一个成功人士。调查结果显示,当两个人初次见面的时候,第一印象中的55%来自人的外表,包括衣着、发型等;第一印象中的38%来自一个人的仪态,包括举手投足之间传达出来的气质,说话的声音、语调等;只有7%的印象来源于简单的交谈。也就是说,第一印象中的93%都是关于人的外表形象的。

美国一位形象设计专家对美国财富排行榜前300位中的100人进行过调查,调查的结果显示:97%的人认为,如果一个人具有非常有魅力的外表,那么他在公司里会有很多升迁的机会;92%的人认为,他们不会挑选不懂得穿着的人做自己的秘书;93%的人认为,他们会因为求职者在面试时的穿着不得体而不予录用。现实中我们也有很多这样的例子,同样是去参加招聘会,有的人因为得体的穿着和良好的表现,在求职的过程中取得了很好的职位,而很多人因为没有注意到这一点与机会失之交臂。所以你想要成功,就要从改变你的形象开始。

(2) 对形象的概念理解。

从心理学的角度来看,形象就是人们通过视觉、听觉、触觉、味觉等各种感觉器官在大脑中形成的关于某种事物的整体印象,简而言之是知觉,即各种感觉的再现。有一点认识非常重要:形象不是事物本身,而是人们对事物的感知,不同的人对相同事物的感知不会完全相同,因此其正确性受到人的意识和认知过程的影响。意识具有主观能动性,因此事物在人们头脑中形成的不同形象会对人的行为产生不同的影响。

个人形象的重要性主要体现在以下四个方面。

①得体地塑造和维护个人形象,会给初次见面的人良好的第一印象。个人形象包括发型、着装、表情、言谈举止、待人接物、化妆及饰品等。最近允许员工着装自由的大企业越来越多了,员工着装也越来越自由化。要想给人好感,得体地塑造和维护个人形象是很重要的。着装的基本规定是男女均应穿商务套装,以高雅的穿着作为工作服。另外,装扮也应注意场合,不只要注意着色和款式,也要注意服装是否合身。

在正式场合中,一个人的言谈举止可以体现一个人的内在品质。握手是最普通的见面礼。在美国,握手时,男女之间由女方先伸手。男子握女子的手不可太紧,若对方无提手之意,男子就只能点头鞠躬致意。长幼之间,年长的人先伸手;上下级之间,上级先伸手;宾主之间,主人先伸手。握手时应注视对方,并脱下手套。如果因故来不及脱掉手套,须向对方说明原因并表示歉意。还应注意人多时不可交叉握手,女性彼此见面时可不握手。与握手的先后顺序相同,介绍两人认识时,要先把男子介绍给女子,先把年轻的人介绍给年长的人,先把职位低的人介绍给职位高的人。

②个人形象不只代表个人,它承担着对一个组织的印象。服饰礼仪、职业礼仪渐渐成为企业的必修课。服饰礼仪是人们在交往过程中为了表示相互尊重与友好,达到交往的和谐而体现在服饰上的一种行为规范。职业礼仪是在人际交往中,以一定的、约定俗成的程序、方式来表现的律己、敬人的过程,涉及穿着、交往、沟通、情商等内容。SOHO 中国有限公司董事长潘石屹,总是穿着黑衣服,戴着黑框眼镜。他说:"这种着装并不是特意的形象设计,只是觉得别的颜色驾驭不住,怕穿了不合适。而黑色很简单,在正式、非正式的场合都适合,尤其是当我一天当中参加很多活动时,黑色可以以不变应万变。"着装没有必要讲究名牌。保持形象的连贯性也很重要,千万不要今天这样,明天那样,否则会把自己的形象一点点破坏掉。讲究个人形象的连贯性,会给人一种稳定、诚信的感觉。

③个人形象是沟通工具。

俗话说"人靠衣装马靠鞍",商业心理学的研究告诉我们,人与人之间的沟通所产生的影响力和信任度,来自语言、语调和形象三个方面。它们按重要性的不同所占比例分别为语言占 7%,语调占 38%,视觉(即形象)占 55%,由此可见形象的重要性。服装作为形象塑造中的最重要的一环,则成为众人关注的焦点。你的形象就是你自己的未来,在当今激烈竞争的社会中,一个人的形象远比人们想象的更为重要。一个人的形象应该为自己添辉,当你的形象成为有效的沟通工具时,那么塑造和维护个人形象就成了一种投资,长期持续下去会带来丰厚的回报,让美的价值积累,让个人价值增值。

④个人形象在很大程度上影响着组织的发展。

对于一个企业,员工的个人形象在很大程度上影响着企业的成功或失败,这是显而易见的。一个人真正意识到个人形象与修养的重要性,才能体会到个人形象给自己带来的机遇有多大。要注意交往的对象：与大众传播、广告或是设计等行业的人士交往时，个人形象可以活泼、时髦一些；与金融保险、律师等行业的人士交往时，个人形象以简单稳重的造型为佳。如果你注意到了这一点，那么你已经成功了一半。

总之，交往中表现给上司、同事、商务伙伴以及客户专业稳重的个人印象是至关重要的，因此在出门上班前，正确地选择服装、发式，注意自身的言谈举止，将对你的工作有很大帮助。

2. 打造个人核心竞争力

我们处在一个竞争的时代，所面临的竞争正在变得越来越激烈。以前我们更多地感受到的是一个产品的竞争，而现在更多的是人力资源的竞争。无论对于一个企业还是对于一个职业人士来说，提高员工或个人的素质和技能将变成企业和个人发展的一个重要的核心竞争力。员工能够在工作中取得怎样的业绩，取决于三个方面的因素，即态度、知识和技巧。

在职业生涯中，尤其是起步阶段，有很多人都想去创业，却很少有人想过自己的核心竞争力如何，这也是导致一些人创业失败的一个重要的原因。

个人的核心竞争力主要包括三个方面：一是工作能力；二是在自己工作圈里的知名度、人脉网；三是个人的核心竞争力。核心竞争力不牢固，即使你还在大公司就职，已经为你下一步的发展制造了瓶颈。其实，你已经把自己固定在一个狭小的圈子中，工作成绩自然就会下降。个人在职业生涯发展中应该做的一件事就是打造个人核心竞争力。

3. 必须认同企业的文化，融入企业

在现代企业中，企业文化是企业管理的生命线，企业文化是企业在长期的生产经营中形成的管理思想、管理方式、集体意识和行为规范。员工对企业文化的认同程度，是决定工作态度、行为方式和工作绩效的关键因素，也是企业文化能否得以继承与发扬光大的重要因素。对于企业管理者来说，塑造员工认同的企业文化，并引导员工实践企业文化，进而转化为自己的行为，是企业文化成败的关键。那么如何使员工认同所建立的企业文化呢？提高员工对企业文化的认同度，一般要经历"认知、认同、信念"三个阶段。认知是前提和基础；认同是核心和关键；信念是对企业文化认同的最高形式。这三个阶段企业文化从抽象到具体，从理念到行动的过程，真正内化于员工的生活之中。一个初上岗位的新员工，需要经历"认知、认同、信念"三个阶段，才可以完成自身和企业文化的融合。

(1) 第一阶段：认知。

企业文化不是给外界看的，员工的认知是衡量企业文化成功的基础因素。认知也就是要让员工真正了解企业的文化。从新员工进入企业的第一天起，企业就要不断介绍企业文化的理念，通过反复的冲突和磨合逐渐改变其原有的价值观，接受和适应现有的企业文化；通过制度的强制，使员工产生符合企业理念与价值观的行为。在执行制度的过程中，企业理念与价值观不断得到内化，最终变成员工自己的理念与价值观。除此之外，企业还应该向员工发放企业文化手册，让员工了解公司的企业文化核心理念、经营管理理念及员工岗位规范等；制定与企业文化相关的规章制度，并严格执行，或者将一些与企业文化建设相关的活动书面化、制度化；建立畅通有效的企业文化宣传渠道，进行大规模的企业文化培训和宣讲，并对宣传效果进行考核；举行企业文化知识竞赛，让员工学习并牢记企业文化的内涵等。

(2) 第二阶段：认同。

认同是指员工在情感上与群体或他人密切联系，从而接受某种观点或做出某种行为。在认同阶段，员工对企业文化的接纳是自愿的，而不是迫于外在的压力。他们表现出的与企业文化一致的行为，不是权宜之策，而是来自内心情感的变化。从认知到认同，上下级之间良好的沟通环境是实现这个转变的组织载体。

(3) 第三阶段：信念。

在企业管理理论中，"价值规律"被称为"看不见的手"，意思是价值规律对企业的经营活动起着导向的作用。实际上，还有一只"看不见得手"也在引导着企业的发展，这就是企业文化。企业文化对企业发展的导向性和影响力虽然是间接的，但其效果却是持久、深远、潜移默化和根深蒂固的。优秀的企业文化会内化为每一位员工自身的信念，对其行为产生一定约束作用，使员工在工作中充分发挥其主人翁意识，以企业的发展目标为个人努力工作的唯一目标，保持对企业的忠诚和稳定的归属感，保持严谨的工作态度和高效的工作状态。内化阶段的员工对企业文化的认识是一种新价值观的获得，是自觉将公司所倡导的价值观内化为自己的价值观。内化阶段的员工接受企业文化既不依赖外在的压力和规定，也不依赖自己与集体、与他人的关系，而是出于自己的信念。

张瑞敏在谈到自己的角色时说："第一是设计师，在企业发展中使组织结构适应企业发展；第二是牧师，不断地布道，使员工接受企业文化，把员工自身价值的体现和企业目标的实现结合起来。"由此可见，对于企业高层管理者来说，如何让员工认同公司文化，并转化为自己的工作行为，是关系企业文化成败的关键。

4. 细节决定成败，态度决定一切

生活细节一直与个人发展息息相关。俗话说："细微之处见真章。"说的就是很多事情都可以从生活细节中看出个究竟，找出个所以然来。生活细节往往在一定程度上反映出一个人的思想性格和为人处世原则，基本上相当于个人的"名片"，是认识、了解一个人的重要途径。所以，注重个人生活细节，保持好的细节习惯，是让自己表现得更出色，更能得到别人认可的关键，将对个人日后的发展有着不可忽视的帮助，是必不可少的。对于新世纪的大学生，面对日益激烈的竞争趋势，注重培养好的生活细节习惯，以饱满的热情去完善自我，迎接各方面的竞争与挑战将有助于自己今后的长远发展。

在当今异常激烈的职场竞争中，生活细节的作用与魅力有时更是惊人的，说不定在某个时刻，它会显示出奇特的力量，赢得意想不到的效果，无形中增加你的工作绩效指数，使你得到上司的青睐，甚至提升你的人格，让你获得更好的发展机会和取得更大的成就。

这是一个细节取胜的年代，个人与集体要想有所成就，都离不开细节，细节之中往往潜藏着巨大的机会，所以，对于细节必须精益求精。细节可以体现出一个人的工作、学习态度，行为方式和做人理念。注重细节是一个优秀人才所必备的素质，具备这样素质的人才能创造出出色的业绩，因此，能否把握细节并予以关注就成了一个人素质的体现与能力的体现。对于细节给予必要重视的人，必定是有着敬业精神与较强责任心的人；反之，对细节马马虎虎，不以为然的人，是不可能在竞争中具有优势的。因此，我们要做重视细节，特别是生活细节的人，处理好这方面的问题，并注重最大限度地利用好能利用的身边资源，在细节中发现新思路、开辟新的领域，充分表现出个人的创新意识与创新能力，出色、高效地完成学习、工作任务，提高绩效指数，让自己的发展更上一层楼，取得更大的成就。

5. 合作意识是衡量好员工的重要标尺

一滴水只有融入大海，才不会干涸；一个员工，只有充分融入企业，才能充分发挥自己的才干，实现自己的价值。把个体与团队整合起来，才能拥有更强大的力量。因此，合作精神对做成事、做大事具有非常重要的意义。任何时候，任何企业都不会欢迎一个罗宾汉式的"独行侠"，因为他们过于炫耀个体的力量，而忽略了整体，这种做事方式是不利于团队整体发展的。一个人的力量是有限的，做事要懂得借力，懂得合作，联合他人的力量，才能创造出更大的价值。

> 小张两年前应聘到一家事业单位从事设计工作，工作中他认真负责，可很少与同事交流。有一次，他利用双休日加班，自作主张将已经拟定的设计方案进行了修改，也没对之前的文件进行备份。为此，设计室主任狠狠地批评了他，同事们也只好陪着他加班赶制设计图。小张却认为自己的设计有创意，心中对主任和同事很不满。后来，同科室的同事出差时请他帮忙取个包裹，或职称考试时求他帮忙换班，他都不愿意，认为自己做好分内的工作就够了，没必要去为别人做什么。不久后，他便成了单位里的"孤家寡人"，连去食堂吃饭别人也不愿和他坐在一个餐桌上。

> ▶ **分析：**
> 在与同事相处时，我们要记得为他人着想和考虑，否则很容易被人误解为自私、冷漠。因为眼里没有别人的人，别人眼里自然也不会有他。在具体工作中，更不要只埋头苦干而不抬头看路，多听听别人的看法和意见，学学他人的经验和做法，通过相互的沟通、协作，你的工作肯定会更加出色。

6. 凡事多做一点，机会就会更多一点

> 小贺和小沈毕业后，一起进入一家大型公司的总部工作，而且同在一个部门。由于是新成立部门，人数不多、岗位划分也没有那么严格，所以总是存在领导随时指派的工作。一天，领导让小贺去行政部借投影机，下午两点开部门会议。小贺借到后，便放到了会议室，随后便忙自己的事儿去了。下午两点开会时，领导看到投影机借来了，但是还没接线，就让其他人接了一下，也没有批评谁。
> 后来，领导又让小沈去借了一次投影机。小沈不但借来了投影机，并且提前接好线，又通知领导和大家已接好，两点可以准时开会。自此以后，领导便让小沈负责部分行政和管理工作。三年以后，小沈升任部门的副经理，而小贺仍然是职员。

为机会多做些准备。再小的技能用在关键时刻就是优于别人的能力。小沈平时注意观察投影机的外借、归还流程，也学习了操作方法，这就比别人多了一个机会。不要小瞧这些小

的技能,能在领导、部门需要时挺身而出解决问题,不论问题大小,都是个人实力和形象的体现。凡事多做一点,做个有心人,你会积累多于旁人的经验和机会,你的职业生涯无疑会更精彩。

7. 认准目标

领导分派工作时,有时也很难描述清楚完成的标准。但你一定要有心、有责任感,应该多承担一点,多付出一点,这样既是对自己工作的高要求,也是对自己的锻炼。沉下心做事,积累点滴,才能成就职业生涯的大收获。

初入职场,别妄想一步登天。别因为你是名牌大学,就嫌岗位低端;别因为你是海归,就瞧不起小项目;别因为自恃才识过人,就不屑简单的任务。如果眼前的工作你都不能做出彩,拿什么证明你的实力?

自认为"怀才不遇,被埋没了"的小李

> 小李刚从国外某大学环境工程专业毕业,进入一家软件公司工作。这家公司的主要产品是生产型企业要用到的环保监控软件,小李主要负责销售,上门为客户提供相应的使用指导服务。
>
> 小李之前在国外学的一些软件操作技能,与国内的完全不同,所以,他并不能完全熟练操作公司里的产品,出门和客户洽谈时还得有个技术专员陪同前往,但他并不觉得这有什么问题。他认为反正已经掌握了国外的那些更先进的软件,国内的软件了解一二就可以了,有技术专员在,何必那么费事呢?工作几个月后,小李对"跑腿"的工作越来越没有兴趣,觉得这低端的工作和他一开始所期望的"技术性工作"有差异,并不是那么有价值,他的愿望是进入产品开发部门,做产品开发这样的工作,并有朝一日坐上技术开发总监的位子。然而,不到一年,小李就在郁闷中离开了这家很有潜力的公司。因为他无法承受更大的业务压力,工作没有起色,眼看和他同期进来的人都越做越好,自己这个"想当将军的士兵"真是怀才不遇,只能另寻能"一击即中"的地方。在小李看来,自己何必在这种地方浪费时间呢?

低端岗位里,也能做出骄人的成绩。没有人能够随随便便成功。超过50%的职场人在入职后3个月至一年的时间中很容易出现案例中的问题,心态浮躁,在工作技能上的累积还很欠缺,往往还没等到"突破期"就放弃了,半途而废,错失了提升的机会。如何在低端岗位中收获价值,为自己的职业生涯加分呢?根据这个案例我们给出三条中肯建议。

1) 低调做人,高调做事

刚入职场的新人,多有"初生牛犊不怕虎"的冲劲,喜欢张扬个性,喜欢标新立异。其实,这些行为都还带有"学生味",是职业成熟度不够的表现。"低调做人,高调做事"这句话,一高一低的对比,强调的是做人要有谦虚的心态,有虚怀若谷的胸襟;这句话凸显做事的"高调",指对待工作应非常专注和认真,绝不出现虎头蛇尾或办事不靠谱的状况。对于职场新人,除了职业定位不准、缺乏职业规划两大问题外,第三种对他们职业发展影响最大的问题就是弄不清自己在团队里的角色,做人处事的心态、行为举止等方面存在明显的不足。很多时候,他们没有将精力真正放在工作上,不懂得"做好工作才是王道"这个道理。案例中的小李正是如此。

2）不仅要"做完事"，更要"做好事"

在职场上有这么一种说法：你做出的成果，应比老板的预期再高出20%。当然，话也不能说得那么绝对，能不能超额完成任务还会受到其他因素的影响。这句话想表达的意思是想自己的发展更上一个台阶，只是"把工作完成"这样的程度是不够的，只有把工作做好、做出彩，才可能获得质的变化。

我们发现，职场上喜欢抱怨"大材小用"的人，多是能力不足、心态不成熟的职场人。这种人往往在离成功只有一步之遥时就放弃了，之后陷入一片悲观和迷茫中。真正有所作为的、能取得最终成功的人，常常是那些一开始做一些不起眼的事，也最经得起"冷嘲热讽"的人。正如美国企业家洛克菲勒所说："成功的秘诀之一就在于将平凡的事，做得不同凡响。"

3）懂得汇报，"秀"出成绩

这一点看似不起眼，其实非常重要。当然这里的汇报并不是指"炫耀"。在一个公司里，不论是上级主管，还是老板，面对的是整个公司的运营和各种事务，对于每个员工的工作状况并不都能及时、全面地了解，因此经常向老板汇报工作进展情况及取得的成果相当有必要。及时汇报工作进展、反映工作的问题有以下好处：①让老板知道你的工作进展情况；②表现出与上级的良好互动（如要升职，这一点很重要）；③及时沟通问题，提高工作效率。其实，职场无捷径，唯一能让你如愿走上你梦想中的职业发展轨道的"捷径"就是把不起眼的工作也做得有声有色。这些不起眼的工作，正考验着你的耐心、智慧、技能、情商等各方面的综合能力，抓住机会做好，就能展现你的价值。我们提醒每位职场人：认准目标，沉下心做事，积累点滴，才能获得职业生涯的成功。

8. 工作中应该学会思考，提升自己的理解能力

职场中，有人做事喜欢完全听从老板的吩咐，而不会思考，所以很多事情由于没有经过自己的深思熟虑而做得差强人意，与老板的意图相差很远。他们认为，只要服从老板的命令，踏实、老实、本分地工作就足够了，至于自己的一些想法还是不加入为好，免得与老板的意图相反，将事情搞砸。如果你还秉承着这种工作态度，那么你永远无法把事情做好，你的事业也难以得到长足的发展。

在企业里，任何一个工作岗位都只是完成组织目标的一小部分，瞬息万变的市场要求企业快速做出反应，为社会提供适合的产品和服务。这种变化趋势势必会影响公司的策略，使其调整自己的组织结构和岗位，如果在该工作岗位上的员工没有很强的理解能力，不能及时准确地执行命令，就会影响整个企业的调整和运作。良好的理解能力已成为公司、老板、社会对一名员工的要求。如果员工想在职场中得到发展，就必须抓紧锻炼自己的理解能力。

认真做事，将执行力转换为行动。执行力就是一种把想法变成行动，把行动变成结果，从而保质保量完成任务的能力。执行力的强弱因人而异，同样一件事情不同的人去做，往往会产生不同的结果。领悟和理解是执行的前提，对于简单的日常工作，领悟和理解能力大多不是障碍；但对于需要你独立完成的新任务，领悟和理解能力就具有决定性作用了。倘若没有超强的领悟力，你就无法快速、准确地理解公司的方针、政策，就无法正确地领会老板的真实意图，就无法很好地与同事协作，就无法与客户高效地洽谈、合作。提高领悟和理解能力，就

要学会凡事自己思考,时常与老板换位思考,锻炼自己的记忆力及注意力。

成功的真谛其实不在于你的能力有多强,而在于你是否具有超越别人的领悟力。

9. 糟糕的人际关系是职场成功的绊脚石,要学会与同事沟通的技巧

在好莱坞,流行这么一句话:"一个人能否成功,不在于你知道什么,而是在于你认识谁。"在职场中,衡量一个人是否是人才,有时不只是看个人的工作成绩,还要看他是否有良好的人际关系,是否能与他人良好地协作与合作。一个人只知道一味地在工作中严于律己、踏实肯干还不够,若与同事矛盾过多,与老板关系不睦,跟客户总是吵架,那么他的成功之路将会很坎坷。

> 研发部梁经理才进公司不到一年,工作表现颇受主管赞赏,不管是专业能力还是管理绩效,都获得了大家的肯定。在他的缜密规划之下,研发部一些延宕已久的项目,都在积极推行当中。
>
> 部门主管李副总发现,梁经理到研发部以来,几乎每天加班。他经常上班时会收到梁经理前一天晚上十点多发送的电子邮件,甚至收到当天早上七点多发送的另一封邮件。这个部门下班时,梁经理总是最晚离开;上班时,梁经理总是第一个到岗。但是,即使在工作吃紧的时候,其他同事几乎都准时下班,很少跟着他留下来加班。平时也难得见到梁经理与他的部下或是同级主管进行沟通。
>
> 李副总对梁经理怎么和其他同事、部下沟通工作很好奇,开始观察他的沟通方式。原来,梁经理都是以电子邮件交代、部署工作。他的部下除非必要,也都是以电子邮件回复工作进度及提出问题,很少找他当面报告或讨论。电子邮件似乎被梁经理当成与同事们合作的最佳沟通工具。
>
> 但是,最近大家似乎开始对梁经理这样的沟通方式反映不佳。李副总发觉,梁经理的部下对部门逐渐没有向心力,除了不配合加班,还只执行交办的工作,不太主动提出企划或问题。其他各部主管也不会像梁经理刚到研发部时,主动到他房间聊聊,大家见了面,只是客气地点个头。开会时的讨论,也都是公事公办的味道居多。
>
> 李副总趁着在楼梯间抽烟碰到另一部门陈经理时,以闲聊的方式问及梁经理的状态,陈经理则回复,梁经理工作相当认真,可能对工作以外的事没有多花心思。李副总也就没有再多问。
>
> 这天,李副总刚好经过梁经理房间门口,听到他打电话,讨论内容似乎和陈经理的业务范围有关。他到陈经理那里,刚好陈经理也在接电话。李副总听谈话内容,确定是两位经理在谈话。之后,他找了陈经理,向他了解具体情况。明明两个主管的办公房间就在彼此隔壁,为什么不直接走过去说说就好了,竟然是用电话谈。陈经理笑答:"这个电话是梁经理打来的,梁经理似乎比较希望用电话讨论工作,而不是当面沟通。"陈经理曾试着要在梁经理房间谈,当面沟通。梁经理不是以最短时间结束谈话,就是眼睛一直盯着计算机屏幕,让他不得不赶紧离开。陈经理说,几次以后,他也宁愿用电话的方式沟通,免得让别人觉得自己过于热情。了解这些情形后,李副总找梁经理聊了聊。梁经理觉得,效率应该是最需要追求的目标,所以他希望用节省时间的方式,达到工作要求。李副总以过来人的经验告诉梁经理,工作效率重要,但良好的沟通绝对会让工作顺畅许多。

很多管理者都忽视了沟通的重要性,而是一味地强调工作效率。实际上,面对面沟通所

花的些许时间成本,绝对能让沟通效果大为增强。

沟通看似小事情,实则意义重大。沟通通畅,工作效率自然就会提高,忽视沟通,工作效率势必下降。企业的一员,不仅需要扎实的业务技能和专业知识,而且需要良好的沟通能力。与内部人员沟通,与客户沟通,处理各方关系等,都离不开良好的沟通技巧。

7.2 职场新人应该具备的素质

作为一名应届毕业生、职场新人,要想顺利找到工作,一些基本的素质是必须具备的。下面我们具体分析一下职场新人应该具备怎样的素质。

初入职场,学生首先要完成从学生到职场人的身份转变。对于刚走出"象牙塔"的新人来说,接受自己已经毕业,重新认识自己是件很重要的事情。由于种种原因,职场的初体验会和我们想象中的工作有很大差别,我们要梳理好情绪,调整好心态,学着适应全新的工作环境和工作节奏。刚刚毕业,工作上难免有些眼高手低,要及时调整好自己的心态,给自己时间适应和学习,不能过于浮躁,脚踏实地地工作才是最重要的。

◆ 7.2.1 职场新人会出现哪些不成熟

一个初入职场的学生,在很多方面的表现都与准员工或正式员工有很大差异,很多方面还是太不成熟。毕业班的同学需要在这方面做好自我分析,找出自己的不足,可以在学习生活中注意加以锻炼,让自己快速成熟起来。不成熟的方面主要表现在以下几点。

1. 只是踏踏实实地做具体的工作

踏踏实实地做具体工作,这没有错。但如果只会这样,那也不行,因为这只是新员工的工作方式,仅靠这种方式永远也成不了高手。

2. 不会踏踏实实地工作

年轻人喜欢幻想,本身也没有错,但若是一天到晚只是幻想,那就麻烦了。这将使你脱离现实,好高骛远,不能踏踏实实地从事本职工作。

3. 瞧不起上司

受过高等教育的人都比较清高,很容易把别人不如自己的地方放在眼里,并嗤之以鼻,尤其是对领导。让不如自己的人领导自己,实在不公平。但是,领导之所以成为领导,是有原因的。也许他学识不行,也许他能力不行,但他可能在某一方面有出众的地方。

4. 崇拜上司

相比起瞧不起上司的行为,对上司盲目崇拜,则更显得幼稚。对上司的话全盘接受,无条件服从,缺乏起码的分析能力,最终会让你在职场中迷失自我。

5. 容易被激发、被感动

有些人比较感性,对于领导的一些比较有煽动性的语言或文学,难以抵制,很容易头脑发热。但无论如何,事后一定要冷静思索,站在不同的角度来思考问题,切莫意气用事。

6. 甘当云梯，默默无闻

甘当云梯，默默无闻，这是一种很高尚的情怀，在如今更是难得，但是不利于职业生涯的发展。

7.2.2 职场新人成长的要点

适应不了工作环境、工作迟迟不能上手、难以融入同事圈这些问题，是很多职场新人共同的烦恼。一项调查显示，老员工对新员工的不搭理、每天的琐碎事务、所学专业不为所用等都成为职场新人目前最苦恼的事。那么职场新人如何做才能快速成长呢？

1. 诚信为先

诚信是一名新人走进职场最被注重的品质。不少企业人力资源经理都表示，诚信的品质比实际技术更加重要，因为学校里学的专业知识毕竟不完整，也在一定程度上缺乏实用性，一般都要到企业中经过实战操作，才会真正熟悉专业技术。这样一来，一个新人最基本的人品和素质就成了企业最关注的东西。

2. 谦虚好学

作为新人，处在一个新环境中，不论你有多大的理想和抱负，也要本着谦虚好学的态度。"多干活少说话"是一个很好的办法，切忌自作主张。"初生牛犊不怕虎"，刚刚参加工作的新人总是迫不及待地把自己的创新想法说出来，希望得到大家的认可。而实际上，工作中的能力是表现在做大事上的，而不表现在说大话上，工作业绩才是最好的竞争武器。

3. 沟通合作

善于交流和沟通的新人，更容易融入集体。主动友善地接近身边的同事，在该发言的时候发言，在该表示关心的时候真诚地关心他人。如果看到这样态度积极的新人，周围其他同事也会很乐意去接受这种善意的亲近，并做出相应的反馈。这样双方都能更快地熟悉和了解，不仅有利于新人成长，也有利于开展工作。同时，团队精神也是通过团队成员不断磨合、理解、迁就锤炼出来的。作为新人，有合作的意识将更受企业欢迎。

4. 责任心强

很多新人会对办公室的琐事不屑一顾，但一些小事常常能反映出员工的责任心，体现出职业素质。对于一些别人都推掉不干的事情，新人如果能主动要求接过来做，就会比较容易融入同事，得到领导或者同事的赏识。其实，做每一件事，都是向上司或同事展示自己学识或能力的机会；只有做好每一件事，才能获得上司和同事们的好感与信任。

7.2.3 初入职场的原则

每年的 11、12 月，都是大学生求职的高峰期，不少幸运的大学生此时已经找到了如意的实习单位，准备开始入职前的实习了。告别了"象牙塔"、投身职场，是人生一大转折，准职场新人们在满怀憧憬的同时，也都惴惴不安：在实习中，如何能顺利完成学生到社会人的转变？如何迅速适应新环境？如何给同事和领导留下良好印象，为今后的发展奠定基础？初涉职场的人应遵循以下几条原则。

1. 认真了解企业文化

每家公司都有很多不成文的制度和规则，它们加在一起，就构成了公司的精髓——企业文化。想迅速融入环境，在公司里如鱼得水，就要严格遵守这些制度、规则。

2. 快速熟悉每位同事

忽然进入一个完全陌生的圈子，面对的是一张张或亲切、或深沉的脸庞，你得花上一番工夫，尽快和同事们熟悉起来，从中找到几位兴趣相投、价值观相近的同事并与之建立友谊，打造自己在公司里的社交圈。这样，一旦在工作中遇到困难，不愁没人对你进行点拨；遭到恶意刁难时，也不致没人出手援助。不过要注意，与同事搞好关系时应把握一个度，千万不要钻进某个狭隘的小团体，拉帮结派只会引起"圈外人"对你的对立情绪，有百害而无一利。

3. 多做事，少说话

复印机没纸了，悄悄地给加上；饮水机没水了，主动给送水公司打个电话。做这些鸡毛蒜皮的小事并非大材小用，它们往往最能给人留下美好的印象。另外，不要在背后议论领导和同事，以免卷入是非或者闹出笑话。

4. 适度表现，不要过火

积极表现无可厚非，谁不想给上司留下好印象呢？不过也莫忘了四个字——过犹不及。表现自己没有错，但表现过度很可能会为你日后的人际关系埋下严重隐患。比如，你每天提前20分钟到办公室打水、搞卫生，久而久之，同事们就会产生一种错觉，认为你这么做是理所当然。如果某天你突然不做了，大家就会觉得你失职，对你指手画脚、说三道四。此外，表现太积极，风头盖过了"老人"，也容易招致他人的嫉妒和不满。

5. 别太拿自己当回事

年轻人往往锋芒毕露，但在职场里，还是韬光养晦比较好。用人单位最怕大学生太把自己当回事，大事做不来，小事又不屑于做。其实，也许你身边藏龙卧虎，且不说那些风云人物，就是平日里不显山露水的"小人物"，关键时刻也可能发挥出令你吃惊的作用，甚至决定你的去留。只有不太拿自己当回事，别人才会把你当回事。

6. 不要怕说"我不懂"

初入职场，对公司的特点、运营方式尚不熟悉，工作中肯定会遇到很多困难，要敦促自己迅速进入角色，别因为自己是新人，便等着别人来手把手地教你。遇到不懂的问题时，不妨直说"我不懂""我还不大明白"或向有经验的同事讨教，无论对方的学历如何。不懂装懂或抛开问题不管是最不可取的做法，那样的话，后面你就只能"老牛拉破车"般地在事业发展的道路上慢慢挪动了。

7. 做事分清轻重缓急

个人的能力、精力有限，谁也不是超人，不可能一夜之间解决所有难题，做完所有事情。当一大堆工作同时压到你身上时，按"轻重缓急"的次序依次完成，是最合理的解决之道。暂且把那些杂七杂八的小事搁下，集中精力处理棘手的事情，安抚要求苛刻的客户。做好一件事,远比事事都尝试、最终却一事无成要强得多。

8. 绝对遵守劳动纪律

"劳动纪律"这个词似乎已经有些过时了,但它的重要性不会随着时间的推移而消失。每家公司都有自己的劳动纪律,只是不一定这么称呼罢了。有些劳动纪律是你无论在哪里都必须遵守的,如不迟到、不早退、办公时间不打私人电话、不占公司的便宜等。也许没有人因你早下班10分钟而指责你,但领导的眼睛是雪亮的,如果在这种小事上栽跟头,可真是得不偿失。

9. 莫为失败寻找借口

任何一个职场人都不可能不犯错,何况是刚刚入行的新人呢。怕就怕犯了错之后不能坦然面对,而是千方百计找借口逃避。纵然你有一千种理由来证明那不是你的错,也得把这些理由憋在心里。一位银行的业务主管曾说:"我希望下属有承担错误的勇气,我不会因为犯了小错就改变对他的看法,但我看重一个人面对错误的态度。"相信这句话代表着绝大部分上司的观点。

10. 任劳任怨仍是美德

一般来说,用人单位都喜欢把一些琐碎、单调、技术含量低的工作交给刚入职的大学毕业生,让他得到锻炼。这个阶段缺乏乐趣和挑战,往往让大学生陷入苦恼,觉得自身价值无法体现。其实,你大可不必唉声叹气,相反应该任劳任怨地做好。要相信,这个阶段只是对你的小小考验,只有表现好,才有机会获得进一步施展才能的机会。

7.3 与客户沟通的方法

与客户沟通首先要考虑的是自己所代表的组织的利益,要具有组织荣誉感,这是所有沟通和谈判的基础。不论客户代表的是谁,我们都应该以组织的利益为主,也只有这样,才能在组织中获得成功。那么我们应该如何跟客户进行沟通呢?具体应注意以下几点。

(1) 做好沟通前的准备工作。

首先,你必须要确定今天拜访客户的目的和意义,明确和客户交流的主题,并要准备好相关的资料和道具。例如,你今天拜访客户的主要目的是推荐新产品,那么今天你与客户交流的主题就是新产品,拜访出发前应准备好新产品和新产品的相关知识,对新产品知识能够做到了然于心,这样拜访时你和客户进行沟通时才能够做到有的放矢。因此,沟通前的充分准备是至关重要的,它能够提高你的自信心,是你与客户进行顺畅沟通的前提和保障。

(2) 善于倾听客户的谈话和询问客户。

与客户进行有效沟通,首先必须学会倾听客户的谈话,因为沟通是一个相互的过程,只有认真倾听了客户的谈话,客户认为你尊重了他,他才有可能认真听你的谈话,这也才有机会接受你的观点和意见。在倾听的过程中应学会从客户的谈话中了解会客户的立场以及客户的需求、愿望、意见与感受。当然,只会倾听是远远不够的,还必须学会巧妙地询问。询问时应注意顾客的态度和忌讳等,同时最好能够学会利用一些巧妙的问话,从客户口中找出自己想要得到的信息或把自己的一些想法和意见表达出来。

(3)学会换位思考问题。

客户经理拜访客户时经常会遇到客户提出各种各样的要求,有些要求在客户经理看来是无理取闹。可是,当你把自己作为一名客户来看时,你就会觉得他们的要求都是相当有理有据的。这就是所处位置的职责不同造成的感受的不同。与客户沟通时,我们应学会从客户利益出发去考虑问题,多想想如果自己就是客户是否能接受公司的一些经营策略和政策,是否能接受客户经理这样的服务方式等。经过这一系列换位思考的假设,相信许多客户的想法和反应也大都能被你预测到,你也就能够适当调整自己的沟通方式和方法,与客户进行更有效的沟通,同时,换位思考也能够使你在工作方式和方法上获得不断改进,使你更容易开展各个方面的客户工作、更加深入客户的心。

(4)学会和不同类型的客户沟通。

奋斗在一线的客户经理面对的是上百名客户,每一位客户都有其不同的性格和办事风格,客户经理如何在与性格各异的客户打交道中做到游刃有余是客户经理与客户有效沟通的一个难点。与不同类型的客户进行有效沟通和交流,需要一定的方法和技巧。根据客户听别人说话时注意力是否集中,我们可以把客户分为认真型、随意型、积极型、配合型等类型。随意型客户听人谈话一般不够认真,常常忙于揣摩别人接下去要说什么,喜欢断章取义,而不想听别人的完整表述,而且他们易受干扰,甚至有些客户还会有意寻找外在干扰。对这类型客户,客户经理应简明扼要地表述,并清楚地阐述自己的观点和想法,切忌长篇大论,以免客户心烦。总之,与客户沟通要学会根据客户的不同特点区别对待,力求顺应对方的特点,选择有共同点的话题,有了共同点,彼此间的冷漠就会渐渐地消退,而逐渐亲密起来。

(5)其他必须注意的细节问题。

①客户经理和客户沟通过程中务必保持一份诚心,只有以诚相待、以礼相待,才能和客户打成一片。

②有诺必行,答应客户的事,说到一定要做到,千万不要夸大其词或妄下断语,否则会让客户对你产生不信任感。

◆ 7.3.1 沟通的基础

沟通是人与人之间、人与群体之间思想与感情的传递和反馈的过程,以求思想达成一致和感情的通畅。沟通是人们分享信息、思想和情感的过程。这种过程不仅包含口头语言和书面语言,也包含形体语言、个人的习惯和方式、物质环境——赋予信息含义的任何东西。日常生活中我们所做的很多事情都是在沟通,如在学校教师给学生上课的过程是一个沟通的过程,在宿舍中同学之间的交流是一个沟通的过程,回到家后与父母之间的交流是一个沟通过程。沟通有如下几方面的特点。

(1)沟通的过程需要信息的传递。在沟通的过程中,信息的发送者将信息通过语言、表情、肢体等表达方式,通过一定的渠道,发送给要沟通的对象,接收信息的一方通过理解感受到信息,理解你要表达的意思。

(2)沟通过程存在表达方式、沟通渠道、噪声等重要因素,这些因素影响着沟通的效果。例如,一个美国人和一个中国人通电话,他们所使用的语言就是沟通的表达方式,从双方的思想意图到形成语言的过程称为编码过程。他们使用的电话,即为沟通的渠道。双方语言存在的障碍和电话信号对声音质量造成的影响,则为噪声。

(3)人的沟通范围通常有一个由小及大的过程。一个刚出生的婴儿,只熟悉家庭的成员,他沟通的范围也仅限于家庭的成员。随着年龄的增长,他与除了家人之外的人产生了沟通,首先是小学、中学、大学时期的同学,然后是同事以及社会上遇到的各种人。个人的可沟通的圈子越来越大,可沟通的人也越来越多。

(4)与客户的沟通是一个科学的过程。虽然日常生活中的大多数沟通都是在没有准备的情况下发生的,但是在工作中与客户之间的沟通,必须认真准备。

沟通是一个人生活在社会上最基本的活动之一,如果想更好地立足于社会,成为行业中的佼佼者,具备良好的沟通能力是必须的,良好的沟通能力也能为我们今后的事业打下坚实的基础。

◆ 7.3.2 与客户沟通的技巧

一般来说,沟通能力主要表现在两个方面:一是理解别人的能力;二是表达能力。如何与客户进行有效交谈是一项很重要的商业技能。与客户沟通不是举行辩论赛,说服客户不是靠论理明确、论据充分,而是靠客户心甘情愿的认同。在与客户沟通的过程中,暗示性较强的含蓄的语言往往更容易令客户在心理上接受,很多难以用道理说明的事情,用含蓄幽默的表达方式会更好。针对不同的目标对象,注意语言的表达方式,有策略地沟通,才能成功地抓住客户的心。

部分客户或许不了解你的方案,或许对你的想法不认同,这个时候你如何给客户演示,如何阐述你的思想,如何使客户了解就非常重要了。具体来说,在沟通的过程中应注意以下几个方面的内容。

1. 注意沟通的场合和沟通的对象

不同场合对于沟通的要求是不一样的,如办公室、聚会、会议室等,应采用不同的沟通方式。同时,沟通的对象也决定了沟通的语言和形式,如沟通对象对专业的了解程度、对业务的关心状况等。在沟通的过程中,不要一味将自己的想法不顾场合和对象,不分时间地讲述。

2. 反思自己的沟通的方式

一般情况下,是你经常主动与别人讲话,还是别人主动与你讲话?在与别人讲话的过程中,你会处于主导地位吗?你觉得别人适应你的讲话方式吗?

如果你迈出主动沟通的第一步,那就非常容易与别人建立广泛的人际关系,在与他人的交流中更能处于主导地位。你处于主导地位时,就会集中注意力,主动了解对方的心理状态,并调节自己的表达方式,以便更好地完成沟通过程。这时候的沟通方式是最合适的。

3. 讲话的内容应为对方关心的问题

任何人都关心与自己利益相关的问题,如果谈话缺乏目的性,没有实质内容,只有空洞的语言表达,即使你用再多华丽的辞藻、再多优美的语言,也很难引起对方的注意,这将影响沟通的效果。想要使沟通达到预想的效果,你就需要在沟通之前进行精心的准备,将你想要表达的内容通过梳理,有条理、有逻辑地向对方说明,再加上一些讲话的技巧,引导对方与你交流的方向,一定会达到预想的目的。了解客户关心的内容,从客户的角度出发,让客户感受到你对其利益的关心,可以帮助你真正地赢得客户的心。

4. 学习一定的表达技巧

与人沟通,完全不讲策略是不行的,但是颠倒黑白、混淆视听也是不可取的。平时在与客户交流中,事前如果进行简单的分析,常常可以洞察问题的本质,做出较明确的判断。

恰当地沟通技巧能够帮助你避免不必要的冲突,赢得客户的心。只有赢得客户的认可,才能获得成功。

7.4 与同事和领导沟通的方法

人际沟通能力是我们每个人都需要掌握的,尤其是在职场中,我们经常需要与同事沟通、合作,有很好的人际沟通能力,做起事情来往往也会得心应手,但往往有些朋友觉得与同事之间沟通很费力。那么,如何与同事和领导进行有效沟通呢?

◆ 7.4.1 与同事协作完成工作

在一个单位的内部,同事之间需要互相交流。在交流的过程中,知识得到传递与分享。然而同事之间的交流与朋友之间的交流不同,下面我们将介绍一些与同事交流的技巧。

1. 交流的过程尽量言简意赅,只说有用的话

同事不是同学,也不是朋友,与同事交流时应尽量使用简单的语言将问题说明白。这样做有以下优点:①表现出你为简化交流付出了努力,使同事喜欢与你交流;②避免使老板认为你喜欢在上班时间聊天,浪费他的资源;③避免祸从口出,让同事认为你是一个挑拨是非的人;④简化问题使你得到有用答案的机会增加,让人容易直接了解问题;⑤使自己在提炼问题的过程中,找出问题所在或做出更正,提高自己的业务能力。

交流通常从问题的提出开始,漫无边际和无休止地提问最让人反感。最能给你有用答案的人通常也正是最忙的人,他们非常反感漫无边际地提问。如果你经常这么做,日后他们不太可能喜欢与你交流。

我们都希望能够与那些有经验的前辈和专家多进行交流,但是要理解专家们生活的习惯,要把专业技能想象为充裕的资源,把回复的时间想象为贫乏的资源。尽量快速地使他们明确你交流的目的,这样很容易得到回复。直接向他们提问:"我想更好地理解××,能给点提示吗?"通常比问"你能帮我解释一下××吗?"更好。如果你设计的程序或者艺术效果不能令人满意,问问它有什么地方不对,比要求别人替你修改明智得多。

2. 谦逊绝没有害处,而且常帮大忙

彬彬有礼,多用"请"和"谢谢",让大家都知道你对他们花费时间义务提供的帮助心存感

激。要知道,任何人都没有义务为你解决问题,要对经常给你介绍经验的人心存感激。

从事IT工作的人员一般更喜欢直截了当地表述敏锐的技术问题,而不是彬彬有礼的交流,这就需要你掌握礼貌的技巧和量度。注意通常不要使用"先谢了",因为这样会让人觉得言外之意是过后就不会再感谢任何人了。在交流结束之后,如果交流的过程有些技术上的问题,向所有帮助过你的人发个说明,让他们知道问题是怎样解决的,并再次向他们表示感谢,这是非常重要的。同事们都喜欢看到问题被解决,而不是越拖越久,事后主动向他们说明情况,会让他们感觉到交流的好处,从而产生主动与你交流的欲望。

3. 尽量避免私下交流

如果你要求同事与你进行私下交流,很容易引起别人的误解,产生误会。公开、透明的交流,一方面能够让与你沟通的人产生荣誉感,使他感到得到了尊敬;另一方面通过公开的交流,使其他同事了解你所面对的问题,你也可能可以从旁听者那里得到解答。

4. 注意时间和对象

也许你是一个精力充沛的工作者,但是你的同事可能和你的作息时间不一样,没有十分紧急的事情,一般的人都不喜欢在工作以外的时间处理工作上的事情,经常需要加班的IT工作人员也是如此。很多中年人都有午休的习惯,想象一下,你刚刚睡着却被电话铃惊起,而对方只不过是拨错了电话号码,或者是重复一件并不重要的事情,你会有怎样的反应呢?在交流的过程中,要学会区分上班和下班时间,即使作为领导,也不可以在下班时间去打扰下属,因为每个人都有属于自己的私密时间,而这个时间是不可侵犯的。

另外,根据交流对象慎重选择语言是很重要的。沟通的对象不仅有男女老幼之分,文化背景、知识层次、民族特征及性格特点也不尽相同。如果你在一个大型的跨国公司工作,与你身边的国外同事进行交流时,一方面要注意语言的选择,选择一个双方都能所懂的语言;另一方面在交流的过程中,要注意不要与对方的宗教文化信仰产生冲突。

5. 理解对方的题外话

交流的双方是同事关系,因此大家都会尽量避免一些直接的冲突,在言语上尽量显得客气一些,使用的语言也比较含蓄。同事之间的交流也许有些复杂。比如说,如果你邀请同事一起去吃晚饭,他可能回答:"我晚上可能有事情,需要看看再说。"有时候这表示他不想与你一起去吃晚饭;而有的时候这表示他想与你一起去,使用这句话表示客气;有的时候他可能想试探你一下,看你是否真心邀请他。你需要根据具体情况去判断,了解对方真正的意思。要注意,同事之间多会表扬对方,只有亲戚、同学、朋友才会指出你的缺点,对你进行批评。

6. 学会与粗鲁的同事交流

如果你觉得受到粗鲁的对待,请保持冷静。不要期待所有人都很会沟通,一些人可能性格和善,但是缺乏表达的技巧,言语可能会比较粗鲁,对这类人要宽容一些。

人不仅是一个生物人,而且是一个社会人,每个人都有与其他人沟通交流的欲望。不仅如此,一个人或一个组织在社会上取得成功,与交流的技巧息息相关。很多组织机构都对内部员工进行一些有关交流技巧的培训,这些都说明了交流的重要性。

7.4.2 处理与同事之间的矛盾

在学校的时候,很多人都认为人际关系和学习成绩一样重要,甚至人际关系比学习成绩更重要,这是有一定道理的。因为大学的生活是踏入社会之前的一个阶段,要想成为一个合格的社会人,就必须成为一名合格的大学生。一名合格的大学生不仅要成绩优异,而且应该尊敬师长,与同学相处融洽。首先要学会做人,其次才是学会学习。与同学相处,彼此之间并没有什么大的事情,同学之间的矛盾通常并非什么深仇大恨,大多数是日常生活上的矛盾。因此处理好日常生活中的小事,在学习生活中彼此谦让,不仅有助于处理好同学之间的关系,也有助于将来处理好与同事之间的关系。

如果不注意"勿以恶小而为之",经过一段时间的积累,一些小事情也容易演变为大事情。马加爵事件就是一个活生生的例子,一个年纪轻轻的大学生,和同宿舍的同学之间并没有多大的矛盾,然而就是在打牌的时候被同学挖苦了几句,便向同学举起铁榔头,使四个鲜活的生命就这样逝去了。

在与同事相处的时候,彼此之间很容易产生误解。每一种工作环境中都会存在不同的工作风格,人际关系方面的问题很容易被放大。造成误解的潜在因素有很多,其中代沟、管理风格、教育背景、文化背景等方面问题的影响是最大的。冲突不可避免,但是解决得好就不会影响你的工作,也不会给你带来难以忍受的压抑。如何采取一些方法使你的工作环境不那么压抑?以下是一些遇到冲突时可以借鉴的解决办法。

(1)意见具体。如果有什么意见,提出的时候一定要具体,诸如"从来没有人让我参加过会议"这样的说法就不如"上个星期四的营销会议要是让我参加的话,我会提出一些想法"等。

(2)远离冲突。尽量不要卷入他人的冲突当中,特别是不要卷入那些与自己无关或不必要的冲突。

(3)就事论事。不要把出现的问题看成"我跟你"之间的事情,相反要当成"我们之间的事情",这种态度不仅更专业,而且能提高效率,这符合公司的最大利益。我们经常听到这样的话:"你怎么老犯错误?"这句话一下子把简单的问题变成复杂的人际冲突了,应尽量做到就事论事。

(4)耐心倾听。学会倾听别人的观点并给予反馈。如果双方能够了解彼此的观点,就会避免产生误解,在解释你的立场之前,先把对方所说的内容条理化,然后压缩成一两句。回答的时候可以这样开始:"刚才你说……"看看对方的意思你到底明白了多少。也许你跟他的想法不谋而合,只是表达上面有所不同而已。

(5)别总找领导。同事之间的问题,自行解决比较好。有些人一感觉委屈就找领导,希望领导给他做主。要知道,一旦把你的上司卷入冲突中,日久天长,领导会认为你的能力有问题。

(6)有话好好说。如果扩大牵涉面很有必要,就先约个时间和地方谈一谈。与那些有客户或者工作有期限的同事发生冲突是不公平的,也是不专业的。找个双方都不忙的时间,好好谈谈看看如何解决

(7)私下解决。有了问题的时候,如果不牵涉别人,尽量不要在他人的面前解决。当办公

室有人，一字一句都能听清的时候不要讨论这种事情。

（8）切忌挖苦。如果有什么抱怨，一定要说给与此有直接关系的人听，不要贬损人家的名誉。记住，你需要的是保持工作关系而不是个人关系。你没有必要对一个同事的品行说三道四。可以说"他上星期没按规定完成工作"，但是不能说"他简直是个木头"。

（9）自我批评。工作场所发生的冲突，多半都是为了工作，解决起来并不难。不过这有一个前提，那就是事实证明你确实对冲突负有责任，你就应该直接道歉。有时候一句"对不起"能化解不小的矛盾。

（10）寻找裁判。如果问题失控或者问题太敏感，两个人无法解决，就要考虑找一个第三者来"仲裁"。这时可以邀请你的上级来当裁判。如果在本公司内找个人，人力资源部门的人比较合适，或者找一个你们双方都信任的人。

（11）弄清原委。也许问题与你毫无关系；也许你认为同事是故意针对你，只是那天他的心情正好很糟糕。花点时间好好想想，然后再答复，什么都不说可能是最好的回答。

（12）摒弃前嫌。大家都是为了工作才走到一起来的，说话做事很难做到尽善尽美。事情发生不可怕，谈清楚并解决就行了。要尽快忘掉之前的不快，这样才能有利于以后的相处。这是避免更多冲突的重要的一点。

◆ 7.4.3　与领导沟通

在实际工作中，及时向领导汇报工作是非常重要的。注意，这里所说的汇报与打小报告不同，汇报是指让上级了解你的工作。有时候尽管你可能将工作做得很好，但是你却没有思考这项工作是否该你去做。你越权去做一件事情，就算把这件事情做得完美无缺，也未必能够获得领导的认可。工作中不能追求个性和自由，必须遵守规定的制度。很多刚刚走上社会的大学生，不懂社会交往的"规矩"，往往在不该说话的时候随便说话，不该做主的时候随意做主，给上司留下了不好的印象。

小高毕业于上海某著名大学，在一家广告公司中从事方案策划工作。一天，一位客户打电话给经理。经理不在，小高代接电话，客户说："麻烦你转告经理，我这里需要设计一个户外广告。""这个啊，没问题！你派人过来和我们谈一些具体操作事宜就可以了。"小高爽快地说。虽然参加工作之前小高学习成绩突出，参加工作之后业务能力出众，但是小高的社会经验基本为零。客户打来的这个电话应该由经理处理，小高自作主张，没有咨询经理的意见。后来经理知道后，又亲自打电话给客户，"对不起！您来电话的时候我不在，您是要做一个户外广告是吗？我们将派人到您那里去，将您的详细需求带回来。"小高这种自作主张的工作方式很容易引起经理的反感。领导最害怕的是工作一项项安排下去后，就像石沉大海，没有任何反馈。下属的工作状态，自己根本不知道。工作完成到什么地步，下属也不汇报。尤其是IT行业，通常一个项目需要几个月的时间来完成，在这段时间内，员工完成的情况领导很难掌握，通常也就难以协调这个项目的进度，因此，员工主动向领导汇报工作进度是非常重要的。很多公司要求员工每天下班时把当天完成的工作、明天要做的工作、当天工作中发现的问题记录下来交给领导,领导将自己的意见批复下来,返回员工,实质上就是通过这样一个管理手段将汇报工作程序化,强迫员工向领导汇报工作。导致员工与领导产生隔阂的原因很多,主要可能是心态问题——怕见领导。很多刚参加工作的学生往往都会经过这样一个时期,刚刚进入工作岗位,脸皮薄,总是想方设法躲着领导,进领导办公室,往往都是挨批评,时间长了就形成了心理障碍。另一种原因可能是工作效率低,总是不能如期完成工作,所以不敢见领导。这种情况下,一方面要提高自己的工作效率,及时完成工作;另一方面最好把工作完成的情况及时向领导汇报,让领导知道自己一直在竭尽所能地工作,表明自己的工作态度,自然会给领导留下一个好印象。向领导请示工作时要注意如下几点。

1. 仔细聆听领导的命令

在工作确定了大致方向和目标之后,领导通常会指定专人负责该项工作。如果领导明确指示你去完成某项工作,那你一定要用最简洁有效的方式明白领导的意图和工作的重点。弄清楚该命令的时间(when)、地点(where)、执行者(who)、为了什么目的(why)、需要做什么工作(what)、怎么样去做(how)和需要多少工作量(how many)。在领导下达命令之后,立即将自己的记录进行整理,再次简明扼要地向领导复述一遍,看是不是有遗漏或者自己没有领会清楚的地方,并请领导确认。

2. 与领导探讨目标的可行性

领导在下达了命令之后,往往会关注下属对该问题的解决方案,他希望下属能够对该问题有一个大致的思路,以便在宏观上把握工作的进展。在接受命令之后,你应该积极开动脑筋,对即将负责的工作有一个初步认识,告诉领导你的初步解决方案,尤其是对于可能在工作中出现的困难要有充分的认识,对于在自己能力范围之外的困难,应请教领导。

3. 拟定详细的工作计划

在明确工作目标并与领导就该工作的可行性进行讨论之后,你应该尽快拟订一份工作计划,再次交与领导审批。在该工作计划中,你应该详细阐述你的行动方案与步骤,尤其是对工作进度给出明确的时间表,以便于领导进行监控。

4. 在工作进行中随时向领导汇报

现在,你已经按照计划开展工作了,那么就应该留意自己工作的进度是否与计划书一致,无论是提前还是延迟了工期,都应该及时向领导汇报,让领导知道你现在在做什么,取得了什么成效,并及时听取领导的意见和建议。

5. 在工作完成后及时总结汇报

把每一次请示汇报工作都做得完美无缺,这样领导对你的信任和赏识也就会慢慢加深。千万不要忽视请示与汇报的作用,因为它是你与领导进行沟通的主要渠道。下属在请示汇报的过程中,一定要充分尊重领导,在各方面维护领导的权威,支持领导的工作。首先,对领导在工作上要支持、尊重和配合;其次,在生活上要关心;第三,在难题面前为领导解围,有时领导处于矛盾的焦点上,下属要主动出面,勇于接触矛盾,承担责任,排忧解难。一般来说,部门主管在自己职权范围内大胆负责、进行创造性工作是值得倡导的,也是为领导所认可的。下属也不能事事请示、遇事没有主见、大小事都不做主,这样领导也许会觉得你办事不力,能力有限。该请示汇报的必须请示汇报,但绝不要依赖、等待。在处理与领导的关系上要克服两种错误认识:一是领导说什么就是什么,好坏没有自己的责任;二是自恃高明,对领导的工作思路不研究、不落实,甚至另搞一套,阳奉阴违。当然,下属的积极主动、大胆负责是有条件的,要有利于维护团队内部的团结,维护领导的权威,在某些工作上不能擅自超越自己的职权。

◆ 7.4.4 处理上下级之间的矛盾

1. 产生矛盾的原因

下级在与上级打交道的过程中,要勇于在上级面前承认自己的错误,不要狡辩,有了错误要积极改正,领导不喜欢拖拖拉拉的人。尊重领导,首先要从细节做起:开会时,不要随意打断领导的发言,也不要忙于表达自己的想法;会客的时候,不要抢在领导面前喋喋不休;领导来视察工作,一定起身迎接。普通员工和领导之间主要有以下差别,这些差别决定了领导和普通员工看问题的角度不同。

1)信息不对称

你的信息肯定不如领导的信息全面,有人说领导在高层,我在底层,我最了解详细情况,所以我不执行领导的命令,这是很多不执行任务员工的借口。然而现实情况往往是,你受所处位置的限制造成信息不对称,也许从你的角度看,领导做得不对,但领导是从大局考虑的。通常在执行细节上,领导是会给你空间的,比如你的大方向必须是正确的,至于你具体如何执行,公司不会干扰你,这与你的个人能力展示不矛盾。

2)资源不对称

你掌握的资源,包括人力、物力等只是一小部分,而你的领导掌握的人、财、物资源都比你多。如果你和公司的执行方向相反,将会分散人、财、物等资源的使用,是具有破坏性的,会给公司的正常运转造成干扰,甚至产生副作用,把原来剩下的那部分资源也给侵占了,失去了其应有的效用。

3)目标和任务不对称

分配给你的工作只是公司整体工作的一小部分,因此,你的工作目标和要求完成的任务也只是公司整体工作的一小部分。领导则是站在全局的角度,控制着整体的目标,关注着整体的任务的进度。

"领导错了怎么办?""如何说服领导同意自己观点?"在日常生活中,我们看到领导对某些人的话言听计从,而对另外一些人的提议,无论是否正确一概否定,一棍子打死,这就说明,要说服领导,必须要掌握一定的技巧。

2. 处理矛盾的方法

1)选择恰当时机

刚上班时,领导会因事情多而繁忙,到快下班时,领导又会疲倦心烦,显然,这都不是提议的好时机。总之，记住一点，当领导心情不太好时，无论多么好的建议，他都难以细心静听。

那么，什么时候会比较好呢？我推荐上午10点左右。此时领导可能刚刚处理完清晨的业务，有一种如释重负的感觉，同时正在进行本日的工作安排，你适时地以委婉方式提出你的意见，会比较容易引起领导的思考和重视。还有一个较好的时间段是在午休结束后的半小时里，此时领导经过短暂的休息，可能会有更充沛的体力和精力，比较容易听取别人的建议。总之，要选择领导时间充裕、心情舒畅的时候提出改进方案。

2) 提议前应做好整理

只是凭空来说，是没有太大说服力的。事先收集、整理好有关的数据和资料，做成书面材料，会增强说服力。

3) 准备回答领导的问题

准备周全，考虑领导可能会提出的问题，事先准备好答案。领导对于你的方案提出疑问，如果事先毫无准备，吞吞吐吐，前言不搭后语，自相矛盾，当然不能说服领导。因此，应事先设想领导会提什么问题、自己该如何回答。

4) 简明扼要，重点突出

在与领导交谈时，一定要简单明了。对于领导最关心的问题要重点突出、言简意赅。如对于设立新厂的方案，领导最关心的还是投资的回收问题。他希望了解投资的数额、投资回收期、项目的盈利点、盈利的持续性等问题。因此，你在说服领导时，就要重点突出、简明扼要地回答领导最关心的问题，不要东拉西扯，分散领导的注意力。

5) 面带微笑，充满自信

一个人若是对自己的计划和建议充满信心，那么他无论面对谁，都会表情自然；反之，如果对自己的提议缺乏必要的信心，就会在言谈举止上有所流露。试想一下，如果你的下属表情紧张、局促不安地对你说："经理，我们对这个项目有信心。"你会相信他吗？

6) 尊敬领导，勿伤领导自尊

领导毕竟是上级，因此，无论你的可行性分析和项目计划多么完美无缺，你也不能强迫领导接受。毕竟，领导统管全局，他需要考虑和协调的事情很多，你并不能完全了解清楚，你应该在阐述完自己的意见之后礼貌地告辞，给领导一段思考和决策的时间。即使领导不愿采纳你的意见，你也应该感谢领导倾听你的意见和建议，同时让领导感觉到你工作的积极性和主动性。

7.5 什么是团队

团队是由基层和管理层人员组成的一个共同体，它合理利用每一个成员的知识和技能协同工作，解决问题，达到共同的目标。

团队的构成要素分别为目标、人、定位、权限、计划等。团队和群体有着根本性的一些区别，群体可以向团队过渡。

◆ 7.5.1 团队的概念

1. 团队的特征

团队和群体经常容易被混为一谈,其实它们之间有根本性的区别。群体是两个以上互相依赖的为了某个目标而聚在一起的集合体。但是并不是所有的群体都可以成为团队,团队除了是一个群体以外,还必须具有以下特征,二者之间是存在区别与联系的。

1) 目标明确

团队具有明确的目标,并且团队成员的目标与整个团队的目标应保持一致,团队成员能够自动、自觉地围绕这个目标而努力。群体则不一定具有一个明确的目标,即使拥有明确的目标,群体成员和群体的目标并不一定能保持一致。

2) 共同决策

群体通常要求有一个领导人,而团队不一样,尤其当团队发展到成熟阶段后,成员可能共享决策权。

3) 相互协作

协作性是群体和团队最根本的差异,群体的协作性比较低,有时候成员还有些消极,有些对立,但团队有一种齐心协力的气氛。例如,大雁是一种具有很强的迁徙能力的候鸟,它们经常跋山涉水,进行长距离飞行。然而,它们的长距离飞行必须以团队为基础,一旦某天某只大雁脱离了团队,它就丧失了迁徙能力。按队形飞行的距离比独自飞行的距离至少可以增加71%。某只大雁脱离了队伍,它会突然感到增大的飞行阻力,这使它立即返回原位以借助团队的力量。当头雁体力不支时,它将退到队尾,由另外一只大雁担当头雁,后面大雁会大声地鸣叫,鼓励前面的大雁保持速度。当某只大雁生病或因受伤而掉队时,就会有两只大雁离开队伍来帮助或保护这只伤病的大雁,它们会跟随其他大雁一同飞行直至赶上它们自己的队伍。一个大雁的飞行团队,就是一个有良好分工、齐心协力的团队。

4) 共担责任

团队的成员要承担各自的责任。群体通常由领导者来承担具体的责任。团队中除了领导者要负责之外,每一个团队成员也要负责,甚至要相互作用、共同负责。例如,一支足球队必须成为真正意义上的团队,才能够取得胜利,球队中的每个球员都要承担起自己的责任,前锋、中场、后卫、守门员、教练及其他球队成员必须尽职尽责,做好属于自己的工作,这样球队才能取得好成绩。如果成员之间互相埋怨、彼此指责,球队必然会走向衰败。

5) 各有所长

团队成员之间最好能够形成技能互补。群体成员的技能可能是不同的,也可能是相同的。团队成员的技能是相互补充的,把不同的知识、技能和经验综合在一起,形成角色互补,从而达到整个团队的有效组合。例如,《西游记》中的唐僧师徒就构成了一个技能互补的良好团队,虽然这个团队的成员之间也产生过矛盾,但是他们组成了一个高效率的团队。唐僧是整个团队实现目标的关键人物;孙悟空能够降妖除魔;猪八戒起到辅助作用,如一路上解闷,承担看护马匹和物资的作用;沙僧保障后勤运输工作。整个团队分工明确,大家合作得非常愉快。

如果团队中的每个人都是孙悟空或者都是唐僧,恐怕就完不成取经的任务了。

6) 合作力量

群体的绩效是每一个个体的绩效之和,团队的结果或绩效是由大家共同合作完成的,其结果可能远远大于群体的绩效。劳动分工对生产效率有促进作用,生产流水线上的每一个小组形成一个团队,他们共同完成某个产品,产生的绩效远远高于每个人单独完成整个产品的绩效。

以上是团队的一些特征。一个组织形成团队,能够获得竞争对手无法效仿的竞争优势。成本的控制、生产的效率和科技的使用等手段,行业之间可以互相借鉴,而一个运行有效的团队,则是每个组织独有的。例如,阿里巴巴作为一家电子商务贸易服务的提供商,其技术、设备、资金等与行业内其他的企业相比较都不具备优势。为什么在互联网经济泡沫时期,阿里巴巴能够安然度过并取得巨大成就呢?这主要得益于组织良好的员工团队。

每个组织都会努力建立属于自己的工作团队,前面我们已经了解了群体的概念。那么,什么是工作团队呢?工作团队是为了实现某个目标而互相依赖的个体组合而成的群体。为什么要组成工作团队呢?从阿里巴巴团队的事例中我们可以得到一些关于形成工作团队的优点,简单归纳如下。

(1) 能够推动员工之间的团结。一旦形成高效的工作团队,员工就像在一个大家庭一样,非常团结。

(2) 工作团队有利于提高工作绩效。

(3) 员工高度自制,管理者不必将时间花费在员工管理层面上,从而可以利用更多时间确定组织的发展战略。

(4) 组织的灵活性得到大幅度提高,能够在员工中实行一些灵活的、先进的管理方式。

(5) 团队成员之间技能互补,从而组织能够从多元化的员工身上获取利益。

2. 团队的类型

随着社会的发展,工作团队也得到了发展,组织中的工作团队越来越多样化。一个组织中可能有若干个团队,组织中的某个人可能在不同的团队中起着不同的作用。在现在的各种组织中,常见的工作团队的类型有职能型团队、自我管理型团队、虚拟工作团队和跨职能团队。

1) 职能型团队

职能型团队是在同一职能领域中,根据工作性质和范围设计的团队。职能型团队经常在工作规定的范围内合作,解决相关问题,这种类型的团队管理、领导相对比较容易。在学校中,每个班级的学习委员构成的团队,就是一个职能型团队,他们所要处理的是学习上的事务,具体工作就是解决同学们的学习问题。

2) 自我管理型团队

自我管理型团队是一个没有管理者统领全局的团队。给团队员工分配任务、监督任务完成情况的过程都是由团队成员共同完成的。

3) 虚拟工作团队

虚拟工作团队是伴随信息技术的高度发展产生的。随着网络技术的发展,组织成员之间的沟通不再受地域的限制,可以通过互联网在不同的地域召开可视电话会议,可以通过这种虚拟的会议解决工作中遇到的问题,包括任务决策、分享信息等。

4) 跨职能团队

跨职能团队通常是由来自不同领域的专家组成的一个混合群体,共同完成一项工作。

3. 高效团队的特点

工作团队成立以后,并不能自动为管理者带来高效率,它也有可能成为一个令人失望的团队。在社会上的每个组织中,领导者都期望建立一个有效的团队。一个高效的团队应该包括以下几个特点。

1) 目标清晰

高效的团队应该像个体一样,明确他们要达到的目标,并坚信这个目标具有重大价值。团队成员应能够积极主动地为这一目标奉献自己的力量,团队成员应非常清楚团队在干什么、团队中的其他成员在干什么、彼此之间应该如何协作才能够推动团队的发展。

2) 技能互补

团队成员不仅要有一定的能力,彼此之间的能力还应该互补。在一个高效率团队中,如果有太多某一方面的专家,彼此之间意见分歧明显不利于团队的合作。

3) 信任

在杂技表演中,我们经常震惊于一些团体的空中飞人项目,这些项目成功的诀窍就在于伙伴之间的信任。团队成员之间的信任要建立起来并不是一件很容易的事情,然而毁坏彼此之间的信任却相当容易。团队的管理者要在团队中应刻意保持这种信任。

4) 承诺

团队要想获得成功,团队成员必须有一定的献身精神,成员要对团队有认同感,把自己看成团队中的一分子,并为整个团队感到骄傲。

5) 良好沟通

高效的团队的成员之间的沟通应该是没有障碍的,彼此之间以其可以清晰理解的方式传递信息,无论是语言信息还是非语言信息。例如,团队成员之间互相以"诨名"称呼,就是为了打破界限,有利于彼此之间的沟通。

6) 规章制度明确

工作过程当中难免会遇到各种各样的问题,常规性问题的解决必须依靠一定的规章制度。成员应该能够及时应对和处理这些问题。

7) 工作方式灵活

问题的处理不仅要依靠规章制度,还需要团队成员的灵活处理。团队的优点在于解决那些没有办法形成规章制度的问题,这需要团队成员去发挥主观能动性。对于一个高效的团队而言,工作会不断调整,而调整的过程需要灵活性。每个成员都应该能够处理一些突发的事件和情况。

8) 内部和外部的支持

高效的团队离不开环境的支持。实行团队管理必须有一个合理的基础结构。适当的培训,合理的职业生涯规划,清晰而且合理的绩效评估系统,恰当的报酬分配方案,这些都是构成团队的基本条件。对于一个按资历来进行报酬分配的机构来说,缺乏形成团队的基本条件,很难构成团队。

◆ 7.5.2 开发和管理团队

并不是所有团队管理都能一帆风顺。随着内外环境的改变,团队会产生各种各样的冲突。篮球、足球这样的运动项目依靠的就是团队的力量。如果团队内部发生冲突,团队的工作效果很容易受到影响。

在学校中,一个班级就是一个团队,团队越团结,就越能取得好成绩。我们都有这样的感受和经验,当班委成员上下一心,能够团结合作的时候,整个班级自然会有良好的风气,班级各项工作都能够顺利开展。反之,如果一个班级不够团结,班级成员之间互相猜疑,彼此矛盾重重,整个班级必然会乱成一团,各项工作自然落后。

1. 促进团队的团结

如何促进一个工作团队的团结,解决彼此之间的矛盾?仔细理解下面的内容,它对于帮助团队成员之间建立信任提供了有益的建议。

1) 加强沟通

通过相互间真诚的沟通,消除彼此之间的误解,做到信息交流无障碍。在沟通的时候,多检讨自己的缺点和不足,给人真诚的感觉。

学生彼此之间难免会产生矛盾和误解,消除矛盾和误解的最好方法就是加强沟通和交流。很多学生在进入大学之前,没有集体生活的经历,并且基本上都是娇生惯养,在家中说一不二。在相对自由的大学环境中,要养成检讨自己缺点和不足的习惯是比较困难的。在校学生的任性与社会工作中沟通的需求,形成难以调和的矛盾。对学生的团队能力的培养,应从消除家庭中养成的骄傲习气开始。

2) 相互支持

领导要支持下属,对所有团队成员一视同仁,使他们和睦相处,还要鼓励和支持身边的人。下属在工作中也应该尽力支持领导的工作。只有相互支持,才能提高效率,收获成功。

3) 彼此尊重

团队成员之间应彼此尊重,每个人的决策、意见、工作都应能得到充分的重视和肯定。这样团队中每个成员就能够真正体会到自己是团队中的一员。团队成员是从自己的特长出发,围绕团队事务提出意见、展开决策的。能得到团队其他成员的认可,有助于建立一个团结的团队。

4) 处事公正

不拉帮结派,不搞小团体。在团队集体事务的处理上,不搞小动作,不因为与某人亲近就支持他的观点。

5) 展示实力

每个人都希望自己身边的人有能力,没有团队喜欢养"寄生虫",因此你要使团队成员了解你的特长,让其他人了解你擅长的事项,说明你是一个在关键时刻可以依靠的人,赢得团队其他成员的信赖。

2. 团队的发展阶段

一个新团队的发展大多会经历一系列的发展阶段,通常可分为四个阶段,即组成阶段、磨合阶段、规范阶段和履行职责阶段。

1)组成阶段

组成阶段是团队初创阶段,这时每个成员都显得很有礼貌,也显得很迟钝。有冲突不直接说出来,以个人为中心,这其实对团队有破坏性。由于团队是新建的,每个成员都以自己的观点为准则,大都很保守、固执。确切来说,团队氛围非常紧张,有的成员可能无法正常工作,整个团队有顺从于团队领导强权的倾向。

2)磨合阶段

在磨合阶段,所有的不良情况都会暴露出来:领导职权不明晰;团队内出现不同的小团体;相互之间有冲突时,互不退让。最严重的是,成员之间很少相互交流和沟通,没有人愿意聆听他人的意见,有的人甚至不愿在公开场合交谈。对于团队来说,这是非常不好的状态。

3)规范阶段

在规范阶段,团队成员逐渐习惯在一起工作,内耗逐渐减少,新的合作精神出现,每个成员在表达自己的观点时有了安全感。这些观点亦可在团队内公开讨论。最明显的进步是成员之间开始听取别人的意见,团队的工作方法形成规定并得到认可。

4)履行职责阶段

履行职责阶段是团队建设的高峰阶段。团队中已经形成了一种制度,容许人们自由、坦诚的交换意见,团队最大限度地支持每个成员和团队的决策。对出现的问题,团队成员齐心协力、共同解决,将个人能力融入团队建设中,全面体现了团队的精神实质,工作效率也大大提高。

就履行职责而言,团队水平有一个由低到高的提高过程。提高团队水平主要有以下几种方法。

(1)提高团队内个体之间的协作能力。关于如何与同事进行沟通前文已经论述过,团队成员之间的沟通,应该超越与普通同事之间的沟通,团队成员之间应该形成互相依赖的关系,应该互相信任、互相依靠、相互配合共同完成工作,团队管理首先要提高成员这方面的能力。

(2)培养团队成员共同承担责任的意识。团队如同一个球队,不可能在任何项目上都获得胜利,需要在不断的失败中成长。如果某一次团队的目标没有达成,团队的领导和团队成员应该一起分担失败的痛苦,而不是由某一个人来承担失败的责任。共同承担责任可以增加团队的凝聚力,培养团队成员患难与共的精神。

(3)让团队个体了解自己在整个项目中的作用。避免团队成员的短视行为,培养团队成员的战略观、大局观。在战争中,我们经常会发现这样的情形:某个战役整体的胜利,是建立在局部损失的基础上的。在团队中,为了整体的目标而牺牲局部利益的情况会经常出现,要维护团队的稳定,就必须使团队成员明白整体利益的重要性。

（4）团队管理者应决策果断。团队需要一个决策者,这个人能够给团队带来明确的目标和清晰的规章制度。

（5）团队中要有能够处理重点工作的人。一个项目有困难的地方,也有容易的地方。项目中的重点、难点必须由团队中的"攻坚小组"解决。组成团队解决问题的意义就在于,每个人负责恰当的工作,这些工作的难易程度不同。一个团队中不能所有的人都负责最困难的问题,总要有人负责为"攻坚小组"提供服务。例如,在外科手术团队中,实际主刀做手术的可能就是一两个人,他们是团队的"攻坚小组"的成员,也是衡量团队能力的主要标准,其他人员是为他们提供服务的,"攻坚小组"成员与团队普通成员之间默契配合,才能够使团队的能力发挥到最大。

◆ 7.5.3 IT 团队

美国科学家萨科曼、爱因克森和格兰特等人通过实验研究表明：效率高和效率低的实施者之间具体差别非常大,经常达到了不同数量级的水平。传统的工作中,熟练的技术人员与普通的技术人员的工作成果可能存在数倍的差异,但是效率高的 IT 工作人员与效率低的 IT 工作人员相比,却能够产生数十倍的工作效率差异,不论在软件设计方面,还是在其他智能化设计方面。因为 IT 工作中,不符合质量的设计不仅不能帮助项目,反而往往成为阻碍项目发展的绊脚石。那么是否意味着在一个需要 500 人协同完成的大项目中,只需要留下 50 个最能干和最有开发经验的项目经理,开除剩下的 450 名程序员,由项目经理独立完成所有的任务,从而节省大量的人力资源成本呢？事实告诉我们这样做肯定是不行的,一方面,原有的开发队伍不是理想的小型强有力的团队,因为强有力的团队通常不超过 10 个人,否则意见很难统一,团队内耗过大,不符合强有力团队的定义。一个 50 人的团队至少需要两层管理,或者说大约 5 名管理人员。另外,它需要额外的财务、空间、文秘和机器操作方面的支持。另一方面,如果采用一拥而上的开发方法,那么原有 500 人的队伍仍然不足以开发真正的大型系统。例如,参考微软的 Office 项目,在顶峰时,有超过 1000 人在为它工作——程序员、文档编制人员、操作人员、秘书、管理人员、支持小组等。很明显,Office 不断推出新功能,这些庞大的功能需要大量人手来支持,我们假设完成这些功能需要这些精英们花费 10 000 人/年的时间。现在,这些精英们必须面临一个非常尴尬的问题,那就是对于真正意义上的大型系统,他们的工作速度显得太慢了。设想 Office 的设计工作是由一个小型、精干的团队解决的,如一个 20 人的队伍。可以假设他们都是相关专业专家,比一般的编程人员在编程和文档方面的效率高 7 倍。假定 Office 原有开发人员是一些平庸的编程人员（实际上并非如此）。同样,假设另一个生产率的改进因子提高了 7 倍,因为较小的队伍所需的沟通和交流较少。那么,他们需要花 10 年来完成 10000 人/年的工作。一个产品在最初设计的 10 年后才出现,还有人会对它感兴趣吗？或者它是否会随着软件开发技术的快速进步,而显得过时呢？显然,所有软件设计公司不得不面临进退两难的境地：对于效率和概念的完整性来说,最好由少数干练的人员来设计和开发；而对于大型系统,则需要大量人手,以使产品能在时间上满足要求。所以,即使我们都知道小型强有力的团队是 IT 项目中最合适、最需要的,但是仍然不得不组织大型的开发团队,忍受大型开发团队所产生的高额管理成本,而只在核心子项目的开发上运用小型团队。很明显,在现实中我们不能把普通人从群体中剔除出去,而只剩下精英构成团队来完成所有的工作,我们需要把大量普通的人培养成团队中的成员,给他们合适的工作,让他们逐渐成为团队中有用的一员。那么如何来组建一个合适的大型团队呢?大型项目的每一个部分由一个小型子团队组成,显然组成这些小型团队的人并不是无差别的,在开发设计的时候而并非一拥而上。也就是说,与每个成员截取问题中的某个部分的做法相反,由一个人来进行问题的分解,其他人给予他所需要的支持,以提高效率和生产力。

换句话说,如果上述概念能够实施,那么它可以满足大型项目开发的迫切需要,在 IT 项目中,时间是非常重要的因素。如果很少的人员来进行设计和开发,其他大多数人来进行工作的支持,这样做是否可行呢?软件设计团队应该包含哪些非设计人员呢? 组成这样的一个大型团队,需要哪些后勤支持人员呢?下面我们以软件设计团队为例,介绍如何建设一个大型团队。

(1)团队需要一个首席程序员,即总工程师,他负责整个团队,对整个项目的开发负责。他需要亲自定义功能和性能技术说明书、设计程序、编制源代码、测试及书写技术文档。他能够熟悉像 J2EE 的面向对象编程语言,可以使用通用 UML 语言描述软件蓝图,拥有对服务器系统的访问能力。该服务器系统不仅能进行测试,还存储程序的各种版本,以允许简单的文件更新,并对文件提供文本编辑能力。首席程序员需要极高的天分,十年的工作经验,应用数学、业务数据处理或其他方面的大量系统和应用知识。

(2)团队需要高级程序员或者是高级工程师,他们能完成任何一部分工作,但是具有相对较少的经验。这部分人往往是各个开发小组的领导,其主要作用是作为设计的思考者、讨论者和评估人员。首席程序员会和他们沟通设计,但不受他们建议的限制。高级程序员经常在与其他团队的功能和接口讨论中代表自己的小组。他们需要详细了解所有代码,研究设计策略的备选方案。显然,他们充当首席程序员的保险机制。他们甚至可能参与编制代码,但针对代码的任何部分,不承担具体的开发职责。

(3)管理人员是必不可少的。无论是首席程序员还是高级程序员,他们需要有人为其服务。首席程序员必须在招募人员、薪酬分配等方面具有决定权,但绝不能在这些事务上浪费任何时间。因此,首席程序员需要一些帮助他处理财务、人员、工作地点、设备等工作的专业管理人员,这些管理人员是团队小组成员之间,以及团队与外界之间的润滑剂。

(4)文档编辑人员是必不可少的。首席程序员需要负责产生大量的文档——出于最大清晰度的考虑,他必须书写文档。内部描述和外部描述都是如此。文档编辑人员根据首席程序员的草稿或者口述的手稿,进行分析和重新组织,提供各种参考信息和书目,对多个版本进行维护并监督文档生成。文档编辑人员根据首席程序员的思路为整个项目团队提供清晰的、可靠的、完整的文档服务。

(5)秘书也是必不可少的。秘书分为两种,一种是团队秘书,另一种是首席程序员的私人秘书。团队秘书负责为整个团队提供衣、食、住、行的服务,负责接待、会议服务等一般性工作,为团队的正常运作提供后勤保障。私人秘书负责统筹安排首席程序员的议事议程,为首席程序员服务,以提高首席程序员的工作效率。

(6) 一般的程序员是必不可少的。他们是实现整个项目的具体工作人员,他们根据首席程序员或者是高级程序员所描述的任务模块进行功能开发。一般的程序员要具有一定相互之间配合的能力和与客户沟通的能力,完成从理解客户意图到与同事协作完成具体功能等具体工作过程,是体现整个团队文化和团队能力的关键。

从上面的过程可以看出,职员的专业化分工,使程序员从杂事中解放出来,提高了工作效率,保证了团队效果。专业化分工还可以对杂事进行系统整理,确保非程序化工作的质量;这些工作完成的好坏,是评价一个群体是否是一个团队的最佳标准。除了上述人员外,一个大型的软件开发组织还需要下列人员。

(1) 工具维护人员。在项目中,电力设备、通信设备、办公设备等都需要由专门的人来维护。这些设备使用起来必须令人满意,而且需要具备较高的可靠性。没有人能够坐在一个损坏的椅子上设计出优秀的程序,必须要保障团队中程序员不会受到设备的干扰。因此,团队需要工具维护人员,保证所有基本服务的可靠性,保证团队成员需要的特殊工具(特别是计算机)的稳定、正常、安全运行。计算机技术发展到今天,已经分为不同的领域,即使是一个高级程序员,也不一定能够在网络安全领域非常擅长,不一定能够掌握当前最流行芯片的型号,因此需要专业人员来保障大型团队的设备。

(2) 软件测试人员。项目需要软件测试人员来保障设计的软件的可靠性。进行软件测试的人员,必须具有专业的测试知识、专门的测试工具(包括软硬件),但不能是参与开发的人员,因为参与开发的程序员很容易受到惯性思维的影响,难以检查出所开发的软件的错误。

(3) 翻译和编辑。跨国的项目开发需要专门的翻译队伍支持,虽然程序设计人员可能都具有一定的外语基础,但是我们不能指望他们将整个系统翻译成另外一种语言。在系统测试过程中,我们需要大量的数据支持,这些模拟的或真实的数据需要文档编辑人员从客户那里搜集,而不是浪费程序员的时间来做原始数据采集。

上面就大型项目团队的组成人员进行了分析,对团队中不同角色进行了分工。对于团队来说就是要求通过彼此的互相协作,顺利地完成一个大型的任务,而大型任务的完成,需要团队成员各司其职、各负其责。在团队中大家是平等的,出现观点差异时,不可避免地需要讨论和相互妥协及让步。由于工作和资源的分解,不同的意见会造成策略和接口上的不一致(如谁的空间会被用作缓冲区),但最终它们必须整合在一起。在团队中,虽然首席程序员是总负责人,但是也要有一定机制,保障普通的工作人员良好的建议能够得到实施,每个人都对项目的成败负责,因为项目中的每个人都是团队的一分子。

◆ 7.5.4 企业文化

人类社会经过历史积累,形成了大量精神和物质财富,这种积累经过历史的沉淀,形成了不同的社会时代、不同阶层人的文化。企业作为人类工作群体组织,在企业经营的过程中也形成了一些独具特色的文化。

20世纪80年代初,美国哈佛大学教育研究院教授泰伦斯·迪尔和麦肯锡咨询公司顾问艾伦·肯尼迪,在长期的企业管理研究中积累了丰富的资料。他们花费了6个月的时间,集中对80家企业进行了详尽的调查,写成《企业文化——企业生存的习俗和礼仪》一书。该书在 1981 年 7 月出版后,就成为最畅销的管理学著作,后又被评为 20 世纪 80 年代最有影响力的十本管理学专著之一,成为论述企业文化的经典之作。它用丰富的例证指出,杰出而成功的企业都有强有力的企业文化,即为全体员工共同遵守,但往往是自然约定俗成的而非书面的行为规范,并有各种各样用来宣传强化这些价值观念的仪式和习俗。例如,IBM 公司使用蓝色标志强调公司的文化,并对公司员工的着装、日常行为提出一些要求,通过这些要求树立一种可以信赖的大公司的形象。又如,新大陆集团,要求员工对来访公司的客人非常礼貌,积极回答他们的问题,遇到别人打错电话等行为要有礼貌地答复。通过这些要求,集团员工逐渐养成以集团为家的文化。在著名的阿里巴巴集团,员工之间相互以"浑名"称呼,从而使公司人员在沟通的过程中避免了"主任""总"等麻烦的称呼,方便了公司人员的沟通,形成了独特的企业文化。企业文化是非技术、非经济的因素。在其他条件都相差无几的企业中,企业文化对企业发展所产生的影响完全不同。在公司文化上追求统一,看似与 IT 行业鼓励员工个性的发挥矛盾,实则不然。公司文化是对员工行为举止、衣着、生活习惯的一种约束,而员工个性是在工作方法和工作结果上追求创新。

对于刚毕业参加工作的大学生而言,最难适应的就是企业文化。大学生上学期间感受的是一种自由的校园文化,参加工作后面对的是紧张、独立、竞争激烈的企业文化。在生活习惯和工作方式发生了巨大改变的情况下,如果不能适应这种改变,大学生很难在社会中立足,这就是很多学习优秀的学生在工作中发挥并不出色的原因。

企业文化的内容比较广泛,主要可以概括为以下几个方面。

1. 经营哲学

企业的经营哲学也称企业哲学,通常指一个企业特有的从事生产经营和管理活动的方法论原则,是指导企业行为的基础。一个企业在激烈的市场竞争环境中,面临各种矛盾和多种选择,要有一个科学的方法论指导,有一套逻辑思维的程序决定自己的行为,这就是经营哲学。

2. 价值观念

价值观念,是人们基于某种功利性或道义性追求而对人们(包括个人、组织)本身的存在、行为和行为结果进行评价的基本观点。可以说,人生就是为了价值的追求,价值观念决定着人生追求行为。价值观念不是人们在一时一事上的体现,而是在长期实践活动中形成的关于价值的观念体系。

企业的价值观念,是指企业职工对企业存在的意义、经营目的、经营宗旨的价值评价和为之追求的整体化、个异化群体意识,是企业全体职工共同的价值准则。只有在共同的价值准则基础上才能产生企业正确的价值目标。有了正确的价值目标,才会有奋力追求价值目标的行为,企业才有希望。因此,企业价值观念决定着职工行为的取向,关系企业的生死存亡。有只顾企业自身经济效益的价值观念,企业就会偏离社会主义方向,这不仅会损害国家和人民的利益,还会影响企业形象;有只顾眼前利益的价值观念,企业就会急功近利,搞短期行为,使企业失去后劲,导致灭亡。

我国老一代民族企业家卢作孚(民生轮船公司的创始人)提倡"个人为事业服务,事业为社会服务，个人的服务是超报酬的，事业的服务是超经济的"，从而树立起"服务社会，便利人群，开发产业，富强国家"的价值观念。这个为民为国的价值观念促进了民生轮船公司的发展。北京西单商场的价值观念以求实为核心，即"实实在在的商品、实实在在的价格、实实在在的服务"：在经营过程中，严把商品进货关，保证商品质量；控制进货成本，提高商品附加值；提倡"需要理解的总是顾客，需要改进的总是自己"的观念，提高服务档次，促进企业的发展。

3. 企业精神

企业精神是指企业基于自身特定的性质、任务、宗旨、时代要求和发展方向，经过精心培养而形成的企业成员群体的精神风貌。企业精神要通过企业全体职工有意识的实践活动体现出来。因此，它又是企业职工观念意识和进取心理的文化。

企业精神是企业文化的核心，在整个企业文化中起着支配的地位。企业精神以价值观念为基础，以价值目标为动力，对企业的经营哲学、管理制度、道德风尚、团体意识和企业形象起着决定性作用。可以说，企业精神是企业的灵魂。

企业精神通常用一些既富有哲理又简洁明快的语言表达，便于职工铭记在心，时刻用于激励自己，也便于对外宣传，容易在人们脑海里形成印象，从而在社会上形成个性鲜明的企业形象。例如，王府井百货大楼的"一团火"精神，就是用员工的光和热去照亮、温暖每一颗心，其实质就是奉献服务；西单商场的"求实、奋进"精神，体现了以求实为核心的价值观念和真诚守信、开拓奋进的经营作风。

4. 企业道德

企业道德是指调整本企业与其他企业之间，企业与顾客之间，企业内部职工之间关系的行为规范的总和。企业道德从伦理关系的角度，以善与恶、公与私、荣与辱、诚实与虚伪等道德范畴为标准评价和规范企业。

企业道德与法律规范和制度规范不同，不具有法律规范那样的强制性和约束力，但具有积极的示范效应和强烈的感染力，当被人们认可和接受后具有自我约束的力量。因此，它具有更广泛的适应性，是约束企业和职工行为的重要手段。中国老字号同仁堂药店之所以能三百多年长盛不衰，在于它把中华民族优秀的传统美德融于企业的生产经营过程之中，形成了具有行业特色的职业道德，即"济世养身、精益求精、童叟无欺、一视同仁"。

5. 团体意识

团体即组织，团体意识是指组织成员的集体观念。团体意识是企业内部凝聚力形成的重要心理因素。企业团体意识的形成使企业的每个职工把自己的工作和行为都看成实现企业目标的一个组成部分，使他们对自己作为企业的成员而感到自豪，对企业的成就产生荣誉感，从而把企业看成自己利益的共同体和归属。因此，他们就会为实现企业的目标而努力奋斗，自觉地克服与实现企业目标不一致的行为。

6. 企业形象

企业形象是企业通过外部特征和经营实力表现出来的、被消费者和公众所认同的企业总体印象。由外部特征表现出来的企业形象称为表层形象，如招牌、门面、徽标、广告、商标、服饰、营业环境等,这些都给人直观的感觉,容易形成印象。通过经营实力表现出来的形象称为深层形象,它是企业内部要素的集中体现,如人员素质、生产经营能力、管理水平、资本实力、产品质量等。

表层形象是以深层形象为基础的,没有深层形象这个基础,表层形象就是虚假的,也不能长久地保持。流通企业主要是经营商品和提供服务,与顾客接触较多,所以表层形象显得格外重要,但这绝不是说深层形象可以被放在次要的位置。北京西单商场以"诚实待人、诚心感人、诚信送人、诚恳让人"树立全心全意为顾客服务的企业形象,而这种服务是建立在优美的购物环境、可靠的商品质量、实实在在的价格的基础上的,即以强大的物质基础和经营实力作为优质服务的保证,达到表层形象和深层形象的结合,赢得广大顾客的信任。

7. 企业制度

企业制度是在生产经营实践活动中形成的,对人的行为有强制性约束,并能保障一定权利的各种规定。从企业文化的层次结构看,企业制度属于中间层次,是精神文化的表现形式,是物质文化实现的保证。企业制度作为职工行为规范的模式,使个人的活动得以合理进行,使内外人际关系得以协调,使员工的共同利益受到保护,从而使企业有序地组织起来为实现企业目标而努力。

企业文化是摸不着、看不见的,但是它又是确确实实存在的。了解一个企业,先要了解它的文化机制,通过对企业文化的了解,适应企业的生活。

思考与练习

1. 初入职场,应该做什么准备呢?
2. 制订一份你与客户沟通的计划书。
3. 如果你是团队的负责人,接到一个项目,你应该怎样进行任务分配呢?
4. 什么是企业文化?企业文化对于一个企业的重要性是什么?

第8章
求职的准备

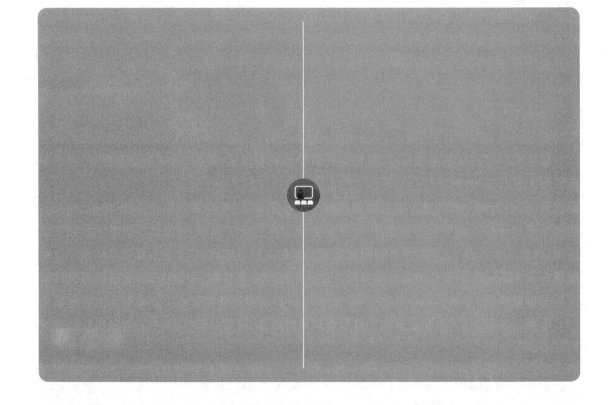

导读资料

李开复：做最好的自己

每次职业转身，正因王牌在握，李开复才能真正追随我心。2009年，一年多以来的传闻终于落了地，李开复亲口承认自己与Google缘分已尽，挥手告别，开始以创业者的身份面对大众。21年的职业生涯，李开复走得相当顺利，甚至可以用一帆风顺来形容。尽管业界也有不和谐的声音，例如：媒体指责他过于作秀，注重个人品牌胜过企业品牌；指责他诚信不够，从互为竞争对手的微软跳入Google……但这些指责没有妨碍他在职业经理人的发展道路上越来越成功。

当摆脱职业经理人的身份之后，去总结李开复在个人职业生涯发展中的构成"基因"，即李开复手中的职业"王牌"，对于正在打拼的职场人来说，在观念上或许有非常深刻的启示作用。面对比上一份合同报酬更高的新合同，为什么李开复却选择了不再续签？包括Google CEO施密特在内，各方面透露出的信息都是正面信息，Google管理层还是希望李开复能够续签合同。但真正决定性的因素不是老板们的态度，而是取决于签下合同之后，下一步个人职业生涯的发展轨迹究竟如何。李开复之所以选择离开Google，是因为他发现自己将进入个人发展的"瓶颈"阶段。这也是李开复职业生涯中最值得学习的一点，任何一个职业阶段，不要让自己职业生涯的"瓶颈"产生恶果之后，再去采取对策。

个人在企业中职业发展的高度取决于能够为企业带来的价值。对Google而言，李开复这位熟悉中国情况，在中国公众中有着极高影响力的高管自然还有着必要的价值。但Google对于李开复而言，显然价值上不存在对等性。从职业生涯发展角度看，Google对于李开复的价值定位已经被锁定在对中国市场的范畴之内，李开复个人在Google全球的发展空间其实并不大。这就是职业规划中的"职业锚"理论：对某个职位精通、高度专业化，具有强烈的不可替代性，个人的职业生涯发展反倒会因此产生阻碍——李开复对中国越熟悉，就会进一步被牢牢锁定在这个职位上。另外，从个人的能力角度，Google当时的主要目标是提升中国市场份额，技术出身的李开复也清楚自己并不是此中的高手。

除去薪酬之外，Google显然已经不能够给予李开复更多的价值。在中国，李开复已经获得了巨大的号召力和影响力，Google平台对于李开复提升个人品牌已经不再具有更深层次的作用。另外，Google在中国的发展策略和Google的企业文化一直存在悖论，正如许多业界评论家所说，李开复在Google的4年非常不容易，沟通与妥协的难度不是一般人可以应付的。

回顾李开复的职业生涯。在卡内基梅隆大学计算机系取得博士学位，毕业后留校任教2年后，他投身产业，显然是看到了自身特性与专业研究人员之间的不匹配性。在教学期间，他曾被学生评为"最差的授课老师"，因为缺乏互动性，学生甚至把他的课叫作"开复剧场"……

继续翻看李开复在苹果、SGI、微软的任职经历，就会发现他的每次离开都是面临着同样的"职业瓶颈"问题：1996年离开苹果，恰值苹果处于历史的最低潮时期，整个苹果公司的市值只有20亿美元；在SGI期间，李开复甚至不得不亲自去谈出售公司；在微软期间，李开复在被调回总部之后，一直处于边缘状态，这才有了跳槽Google的事件。继续签下一个4年合同，李开复个人已经无法从中获得更多的价值回报。在个人声誉达到顶点，市场占有率由2006年的16%回升到2009年的30%的良好业绩背景下，离职显然是一个最好的选择。

将个人价值最大化也是李开复职业生涯发展的原则。

个人拥有的职业价值是职场人在职业生涯能够取得成功的绝对值，但需要注意的是，在第一时间，主动寻求机会使自己职业价值最大化,却是个人职业生涯成功有效性的绝对值。

1998年李开复之所以能够加入微软,负责在中国组建研究院,使自己的职业生涯得到一个跨越式的发展,根本上讲是自身的职业价值符合当时微软的需要:微软已经决定要在中国建设研究机构,最棘手的问题是找不到合适的人来领导并管理,最优秀的人不了解中国的具体情况,了解具体情况的人又并非足够优秀,李开复的华人身份、技术人员出身的背景、拥有知名企业的管理经验无疑使他成为最合适的人选。但很多人都忽视了李开复在这其中的主动性。在进入微软的过程中,李开复始终保持了主动的姿态,让在微软研究院工作的校友兼好友黄学东极力推荐自己。在引来官司的加盟Google事件上,李开复更是延续了这样的思维:承认自己主动发送了求职信,并表示对设立中国办事处很感兴趣。李开复如果不主动推销自己,即使拥有组建并管理微软中国研究院的经历,也未必能够得到后来出任Google中国总裁的机会。

李开复的职业生涯是从遇到几位大师级的人物开始的,也正是受他们的影响,李开复对职业生涯发展的思考重点也大多放在大格局而非小技巧上,否则就很难说明为什么在他的职业生涯中,每一份新工作都能够站在IT界发展潮流的最前端。

从卡内基梅隆大学留校任教开始,到与Google挥手作别,21年的职业生涯中,李开复一共换了5份工作。在这个过程中,在李开复成功地实现自己从学校研究者到跨国企业高管的个人职业生涯转变。其背后似乎也有着一脉相承的思维模式——通过变换工作的企业,紧紧把握业界发展的浪潮。1990年,李开复离开卡内基梅隆大学进入苹果公司,此时正值个人计算机在全球范围内普及化的高峰阶段,作为当时PC行业的领军企业,苹果几乎控制着整个图形桌面操作系统的市场。1996年,李开复转投SGI出任网络产品部全球副总裁,此时互联网的热潮开始在美国兴起。1998年李开复受命组建微软中国研究院,此时微软凭借全新的产品Windows98奠定了自己在业界的霸主地位。2005年,李开复跳槽Google,此时搜索技术在全球范围内得到空前的发展和重视。

李开复选择离开Google,创办了一家以青年创业为主的风险投资平台。李开复显然也清楚地意识到,自己未来的事业已经无法离开中国这个大环境,创业正是中国当时的另外一股热潮。

职业选择实际上就是职业定位的问题,定位准确就能在相关职业获得持续、稳定的发展。善用自己的资源,抵抗外界的干扰,不轻易放弃,集中精力地发展,就有合适的用人单位愿意聘用你,并正确地培养你。在这之前,我们还需要做一些就业前的准备工作。

8.1 求职材料准备

8.1.1 简历

简历,顾名思义,就是对个人学历、经历、特长、爱好及其他有关情况进行的简明扼要的书面介绍。简历是有针对性的自我介绍的一种规范化、逻辑化的书面表达。对应聘者来说,简历是求职的"敲门砖",它能让招聘单位尽可能地了解你。因此,一份优秀的简历是求职者成功的第一步。

简历是用于应聘的书面交流材料,它向未来的雇主表明自己拥有能够满足特定工作要求的技能、态度、资质和自信。成功的简历就是一件营销武器,它向未来的雇主证明自己能够解决他的问题或者满足他的特定需要,确保能够得到会使自己成功的面试。写一份好的简历,单独寄出或与求职信配套寄出,可以应聘自己感兴趣的职位。参加求职面试时带上几份,既能为介绍自己提供思路和基本素材,又能供主持面试者详细阅读。面试之后,简历还可以供对方存入计算机或归档备查。

1. 简历的特点

简历要做到目的明确、特点突出。简历不是档案,内容不能过于繁杂。例如,写获奖经历时,理论上写获得了十二种奖励的人,一般比只写获得三种奖励的人要厉害,但是实际效果恰恰相反,写十二种奖励还不如只写三个重要的奖项,为了简历的最终效果,你就必须舍去那九个次要的奖项。

招聘人员是不会仔细阅读你的简历的。现在的普遍状况如此:一个招聘职位发布后,用人单位会收到大量简历,招聘人员根本就没有时间和闲暇来看你那些"丰功伟绩"。所以,你的简历必须做到特点突出,让看完你的简历的人将你的印象自动归纳为一点,如"此人很喜欢尝试新东西""此人很擅长公关交际"等。

2. 简历的分类

1)时序型

有许多职业指导专家和招聘专家认为时序型格式是简历格式的必然选择,因为这种格式能够演示出持续和向上的职业成长全过程。时序型格式是通过强调工作经历实现这一点的。时序型格式以渐进的顺序罗列你曾就职的职位,从最近的职位开始,然后回溯。区分时序型格式与其他类型格式的一个特点是罗列出的每一项职位下,你要说明你的责任,该职位所需要的技能,最关键的、突出的成就。关注的焦点在于工作持续期、成长与进步、成就。

2)功能型

功能型格式在简历的一开始就强调技能、能力、自信、资质以及成就,但是并不把这些内容与某个特定雇主联系在一起。职务、在职时间和工作经历不作为重点,以便突出强化你个人的资质。这种功能型格式的简历关注的焦点完全在于你所做的事情,而不在于这些事情是在什么时候和什么地方做的。

功能型格式的问题在于一些招聘人员不喜欢它。人们似乎默认这种类型的格式是为那些存在问题的求职者所用的,如频繁跳槽者、大龄工人、改变职业者、有就业记录空白或者存在学术性技能缺陷的人以及经验不足者。一些招聘人员认为,如果你没有以时序方式列出你的工作经历,那么必有原因而且这种原因值得深究。

3)综合型

这种格式提供了最佳的方式——首先扼要地介绍你的市场价值(功能型格式),随即列出你的工作经历(时序型格式)。这种强有力的表达方式迎合了招聘的准则和要求——推销你的资产、重要的资料和资质,并且通过专门凸显能够满足潜在行业和雇主需要的工作经历来支持。工作经历部分则提供了曾就职的每个职位的准确信息,它直接支持了功能部分的内容。

这种综合型格式很受招聘机构的欢迎。事实上,它既强化了时序型格式的功能又避免了使用功能型格式而招致的怀疑。当功能部分信息充实,有阅读者感兴趣的材料而且工作经历部分的内容又能够强有力地作为佐证加以支持时,简历尤为突出。

4)履历型

履历型格式的使用者绝大多数是专业技术人员。如果应聘的职位仅仅需要罗列出能够表现求职者价值的资料,求职者也可用这种格式。例如,医生就是使用履历型格式的典型职业。履历型格式无须其他,只要罗列出你的情况,如就读的医学院、住院实习情况、实习期、专业组织成员资格、就职的医院、公开演讲场合以及发表的著作等。换句话说,资料就能说明一切。

5)图谱型

图谱型格式是一种与传统格式截然不同的简历格式。传统的简历写作只需要运用你的左脑,你的思路限定于理性、分析、逻辑以及传统的方式。使用图谱型格式时,你还需要开动你的右脑(大脑的右半部分富于创意、想象力和激情),简历也就更加充满活力。

3. 简历的内容

一份简历,一般可以分为四个部分。

(1)第一部分为个人基本情况,应列出自己的姓名、性别、年龄、籍贯、政治面貌、学校、系别及专业、婚姻状况、健康状况、身高、爱好与兴趣、家庭住址、电话号码等。

(2)第二部分为学历情况,应写明曾学习的学校、专业或学科,以及起止时间,并列出所学主要课程及学习成绩、在学校和班级所担任的职务、在校期间所获得的各种奖励和荣誉。

(3)第三部分为工作资历情况,若有工作经验,最好详细列明,首先列出最近的资料,然后详述曾工作的单位、时间、职位、工作性质。

(4)第四部分为求职意向,包括求职目标或个人期望的工作职位,表明你通过求职希望得到什么样的工种、职位,以及你的奋斗目标,可以和个人特长等合并写在一起。

4. 撰写简历的注意事项

纸质的中英文简历建议全部采用打印方式,不要复印,打印的简历能够保证字迹更清晰。很多同学会写中文简历,但不太会写英文简历,于是就没有准备英文简历或者准备得不认真,这是万万不可的。部分国企、事业单位以及几乎所有的外企都是需要英文简历的,有可能招聘人员并不会认真阅读英文简历,但会扫一眼你的英文简历来判断你的英文水平。如果是外企,则会认真地阅读你的英文简历,此时英文简历不能出现任何拼写、语法错误。总之,简历的撰写需要有所取舍。我们不可能面面俱到,选择重点写入简历中就行,明确简历的主题是说明你的工作能力。不管你的经历多么丰富,只要与简历的主题无关,你应该毫不犹豫地舍弃掉,这样表达就变得简单多了。实际上,对招聘人员而言,书面文字的阅读也不是件轻松的事情,他们更希望求职者提供的简历能提供简明丰富的信息,尽量减少他们的阅读时间。因此,简历表达应抓住两个基本要点:重点和简洁。

◆ **8.1.2 求职前的准备**

每个大学生其实都应该知道,当我们踏入大学的那一刻,我们就应该为自己以后找工作做准备了,因为现在大学生们在找工作的时候的竞争压力是非常大的,只有提前做好准备才能在找工作的时候不至于手足无措。大学生求职应做好以下准备。

1. 要系统地梳理所学知识

求职前对所学知识进行系统的梳理很有必要。一门课程大都可以分为三个部分:理论知识部分、技能技巧部分和学科前沿部分。求职前对每门课程的知识结构要了然于胸,对专业主干课程中的重点、难点和热点更是得如数家珍。这样,当面试考官问及你专业知识的时候,非但不会对你造成任何压力,反而为你提供了一次展示自我的绝好机会。

2. 要完成自我定位

自我定位就是要找准自己的位置。确定自己的职业目标后,你要分析就业形势,找准职业目标的切入点,即在哪座城市的哪个行业的哪类职位中你最有可能找到适合你工作。一般而言,从深圳、宁波等人才需求量大的城市和从武汉、西安等高校密集、人才供给旺盛的城市都能很好地找到突破口。行业的选择,应结合所学专业来考虑,以选择本专业为宜。在专业以外还有其他突出专长的学生,也可以跨专业选择,但跨度不宜太大。职位的选择方面,不妨以低姿态进入工作,高标准、高起点和高姿态在毕业生供大于求的求职市场环境中很难实现。

3. 个人资料的准备

个人资料主要包括个人简历、求职信和相关证明材料。 简历应简单明了,有条理地说清楚在校期间学了些什么、参加了哪些活动和具备哪些能力这三个方面的内容,没有必要长篇累牍。同时,简历的写作要讲究真实性和针对性。真实性包括两个方面:一方面,谈自己的优势时,不得掺假、造假,不得用谎言来美化自己;另一方面,提及自己的不足之处时应坦诚,真诚往往更能打动人,文过饰非只会让人产生不信任感。为了取得较好的效果,最好一个职位一份简历,为用人单位量身定做,针对性强则成功率自然更高。

求职信在写作上要把握两点:第一,你要说明你具备用人单位需要的工作能力;第二,你应说出你有为用人单位服务的热忱。针对不同单位的不同职位,求职信的内容要有所变化,侧重点要有所不同。国企、事业机关重视毕业生在校期间的学习和表现,如果你要应聘这样的单位,你的求职信就应突出你的学习成绩和在校期间的获奖情况;外企、民企重视个人能力和外语水平,你的求职信就应着重你的外语水平和个人的实践能力。使对方觉得你的经历和素质与所聘职位要求一致,你就更容易脱颖而出了。

相关证明材料也应提前准备,以免需要出示时又要急匆匆去收集,耽误时间。证明材料包括身份证明(身份证、学生证、就业推荐表等)、学历证明材料(在校期间的成绩单和专门出具的证明等)、证件原件(英语和计算机等级证书、职业资格证、获奖证书等)、作品原件等。

4. 信息的收集

招聘信息可以从学校毕业生办公室、各地为毕业生安排的专场供需见面会、知名企业的校园招聘会、报刊、广播、电视、网络、短信以及亲朋好友处获得,其中,来自学校毕业生办公室的信息可信度最高。获得招聘信息后,我们还应注意信息的甄别,要确认招聘单位是否存在,有没有安排此次招聘活动,是否由你所见到的这些人负责招聘,工作岗位、工作时间、工作地点以及待遇水平是否和招聘信息一致。社会上某些不法分子利用学生急于就业的心理欺骗学生的事件并不少见,这些事例一定要让我们警醒!确认信息后,我们还应关注其时效性,过期的招聘信息可不必理会。

5. 心理准备

求职路并不是一条坦途,途中的坎坷在所难免。但是请记住,生命中所有的困难最终的目的不是击败你而是锻炼你、提高你,抓住机会锤炼自己,相信成功就在不远处等着你!

8.2 求职礼仪

面试的第一关非常重要,给人的印象既不能太弱,也不能太过。对于女生来说,除了良好的言谈举止外,令人舒服和喜爱的外表也是极为重要的,这时巧妙的化妆就显出了非同凡响的意义。清爽润泽的妆面,不仅让人觉得朝气蓬勃,更能在无言中显示出良好的个人修养和富有个性的审美趣味。如果妆面能够与投报单位的职业特征巧妙结合,则更能表现出你的机智与灵活。

初入职场的着装,最关键的就是做到适合,既适合你的身材和工作性质,又和公司的整体着装风格相符。饰品要少而精,适当地搭配一些饰品无疑会使你的形象锦上添花。但搭配饰品应讲究少而精,一条丝巾、一枚胸花就能恰到好处地体现你的气质,应避免佩戴过多、过于夸张或有碍工作的饰物,让饰品真正起到画龙点睛的作用。

随着择业的广泛多元化,职业的着装也成为一种艺术和学问,简单的职业套装已经不再是单一的选择,经典的黑、深深的棕、静静的灰、简约的白,总会有让人乏味的时候。相对一般的西装来讲,我们可以从色彩的多元化、细微的饰物搭配、鞋的选择等方面,让传统生动起来。

◆ **8.2.1 仪容礼仪**

恰当的服饰搭配会给人留下明快、自信、精干、庄重的良好印象。因此,大学生在应聘时要特别注意选择自己的服装。首先,服装应根据自己的求职定位来确定,既要表现出有教养、职业化的面貌,又要表现出对面试方的尊敬。其次,在选择面试服装时,要注重协调搭配的原则。另外,女生在求职时,可以适当化妆,最好化淡妆,切忌浓妆艳抹。

◆ **8.2.2 举止礼仪**

首先,保持生动、友善的面部表情。人的面部表情,能够传递丰富的内心情感,是个人修养、魅力和气质的外是表现。面试时,要充分发挥微笑的魅力,注意用真诚的目光与对方交流。面试过程中,自己的目光应正视对方脸部由双眼底线和前额构成的三角区域,以示自己在倾听。一般连续注视对方的时间要把握在几秒钟以内,同时应将目光放虚,让对方感到你的诚意。切忌不敢抬头正视对方,给人缺乏自信的感觉;切忌眼神飘忽不定,给人心不在焉的印象;切忌两眼紧紧盯着对方,让人感觉不适。要善用目光的变化,灵活使用目光来表达自己内心的感情。

其次，举止动作自然、大方、有条不紊，给人留下充满自信的良好印象。进入面试房间时，要先敲门，得到允许后再进入，开关门尽量要轻，进门后不要随手将门关上，应转过身去正对着门，用手轻轻将门合上。注意保持优美的站姿和坐姿。递物、接物时要双手接送。递名片时，面带微笑，注视对方，将名片下端对着对方，用双手的拇指和食指分别持握名片上端的两角恭敬地送给对方。递面试材料时，应面带微笑，注视着对方，将材料的正面朝向对方，双手送交对方或放在桌子上。应注意手机使用的礼仪，面试前要将手机关机或者设置成静音模式。

◆ 8.2.3 语言礼仪

人际方面的交流主要有三种方式：语言、文字和肢体动作。语言是人们交流中最普通、最重要的一种形式。在职业场所，我们要特别注意和重视语言的礼貌、礼节。

第一，态度要和蔼可亲。眼睛是心灵的窗户，一个人的生理、心理、感情、情绪等要素，会在态度上表现出来。你的相貌、态度、表情、说话的口气、用词是给别人的第一印象，第一印象特别重要。说话声音要平和轻柔，嗓音不能太高或太低，在办公场所切忌高声叫喊。如你和陌生人第一次交流，要让人感到你很容易接近，要有一种亲和力。心诚色温、气和辞婉，必能动人。所谓话不投机半句多，与人无法交流，事情就办不成功。第二，语言交流中要体现平等待人，要谦虚，不要居高临下，自己不要滔滔不绝说个不停，要认真听别人的表述，在交流中体现互动。第三，在日常工作、生活中，要学会和经常使用文明礼貌语言，如你早、你好、请（多用"请"，少用"叫"）、打扰你了、麻烦你了、谢谢、对不起、幸会、久违、晚安、再见、祝你快乐平安、祝你一路顺风、祝你阖家安康等。若有人祝你健康幸福、恭喜发财等，你应回答：托你的福或者让我们共同致富。有人赞美你，你应回答：谢谢你的鼓励或谢谢你的溢美之词。有人善意地指点或批评你，你要表示他说得很对，你一定注意改正。与同事、熟人、邻居、朋友见面，说声你好，相逢报以微笑。对陌生客人一般要三不问，尤其是女性：不问年龄、不问收入、不问家庭婚姻。如果你在日常工作生活中注意文明礼貌用语，人际关系会比较融洽，心情也会愉悦。

下面再介绍打电话和接电话中应有的礼貌。给人打电话时首先要道一声：你好！对不熟悉自己的人要先说一下自己的名字和单位，还可以问一下对方说话是否方便。通话结束以后要道一声"打扰你了""谢谢""再会"或"欢迎你来做客"。无论打电话或接电话，如果对方是领导或长辈，要等领导或长辈先放下话筒再结束通话，你不要先结束通话。若是有事、答复、问候才通话，通话时要注意言简意赅，重要的事或烦琐、复杂、容易纠缠不清的事，一般不要在电话中说，既浪费话费，又说不清楚，还是当面交谈为好。

如有事要向领导报告或请示，进领导办公室应先轻轻敲一下门，待领导说请进，方可进入。进门后应先称呼领导的职务，如某某总经理、某某主任，有事要说明的叫"汇报"或"报告"，有问题有事情需要领导答复的叫"请示"。向领导报告或请示时，你应该站立。如果领导到你跟前与你说话，你首先要站起来，或者搬一张椅子请领导坐着与你交谈。你坐着，让领导站着和你说话是很不礼貌的。对领导或他人说话时应注意：急事，要慢慢把条理要点说清楚；大事，要想清楚再说；没把握的事不要随便说；做不到的事不要先说；伤害人的话坚决不说；别人的事不要多说；答应领导和别人的事，要言而有信，说到做到。在职场中，在社会中，与人交往不要口若悬河、夸夸其谈、言过其实，尤其不要谈论单位领导和他人，更不要搬弄是非，特别要注意遇事不要出口伤人。总之，与人交流、交往要善于欣赏和赞美别人的优点和长处，要有一种健康的状态，不要精神不振。什么叫健康？健康是生理、心理和社会适应力全部良好的一种状态。

◆ 8.2.4 时间礼仪

准时赴约是一种守信行为，也是一种体现对他人的尊重的礼貌。迟到是面试的一大忌，如果你面试迟到，那么不管你有什么理由，也会被视为缺乏自我管理和约束能力，即缺乏职业能力。对于一个企业，面试往往要一次安排很多人，迟到几分钟，也就意味着机会的丧失。

面试以提前 10 分钟左右到达场地为宜，不宜过早，提前半小时以上到达也会被视为没有时间观念，但在面试时迟到或是匆匆忙忙赶到是致命的。到达后不要急于进入办公室，可在外面稍做准备。遇到恶劣天气，更要提前出发，确保准时到达。

8.3 求职心理准备

大学生择业要知彼知己。知彼就是要了解择业的社会环境和工作单位，正确认识面临的就业形势，了解社会需要什么样的大学毕业生。知己就是客观评价自己，对自己有正确的认识。要客观、正确地认识自己德、智、体等方面的情况，自己的优点和长处，缺点和短处，自己的性格、兴趣、特长。要明晰自己想做什么和能做什么，社会又允许你做什么。只有这样才能保持良好的择业心态。就业是摆在每位大学生面前的一道难题，是关系到以后人生发展的一件大事。在求职过程中，大学生往往不能客观地评价自己，要么自负，要么自卑，要么狂妄，要么胆怯，以致出现种种心理障碍。想要避免这些情况，就要做好求职前的心理准备。

◆ 8.3.1 合理的自我定位

合理的自我定位在求职过程中非常重要。如果对自己的主观评价与社会对自己的客观评价趋于一致，就容易成功；如果主观评价偏高于社会对自己的客观评价，往往会导致碰壁；如果主观评价低于社会对自己的客观评价，信心不足，犹豫不决，很可能会错失良机。因此，认识自我是成功走向社会的必要条件。大学生应该通过自我剖析，通过与他人的比较来认识自己，还可以向就业指导老师和辅导员咨询，也可以征求同学、家长和熟悉自己的朋友的意见，在就业前对自己做一个合理的定位。作为当代大学生，一个合理的自我定位可以使自己寻找到一个适合自己的工作。那么怎么样才能做到合理地自我定位呢？

大学生处于从依赖向独立、从学生向社会角色过渡的时期，他们对社会生活显示出较强的热情与好奇，缺少理性思考与合理规划。在这种氛围下，大学生择业的心态趋于"现实化"，这种"现实化"表现为工资的高低、待遇的好坏成为择业的首要决定因素，而很少考虑自己的理想、兴趣、特长、优势、潜力等自身条件。在一定程度上，这必将影响大学生对将来职业的选择和未来人生发展的定位。我们应该更多地从自身出发，积极寻找应对措施。大学生应调整心态,在校学习期间增强兴趣的广度,善于控制和调整消极情绪,培养意识的自觉性、果断性、自制力和坚韧性,正直坦率,谦虚谨慎,将择业观与人生目标联系。由于来自社会各个方面的压力,大学生在踏上找工作之途后,很容易陷入迷茫、焦灼的状态。如何在就业中自我定位,就显得格外重要了。

1. 自我定位的误区

当代大学生在就业中的自我定位容易出现的问题具体有以下几点。

1) 自我认知不清,定位不准

很多大学生找工作的时候,常常缺乏定位,只要见到有公司招聘,不管自己适合不适合,都投简历,事实上,很多公司可能从来不看你的简历,原因在于你的自我定位和职业意向与用人单位并不一定吻合。大学生一定要有对自己的一个自我认识、自我分析和自我定位,比如你的志向是什么、你是更擅长跟人打交道还是跟事务打交道、你是否掌握某种专业的技术、你能做什么、你看好什么行业和领域,再分析哪些行业和领域存在一定的机会以及你如何才能进入这个行业。事实上,应聘的时候,你应注意考虑以下三个因素:第一个因素是你想做什么;第二个因素是你能做什么;第三个因素是企业通过了解,认为你能做什么。应聘是看自己和别人怎么看你的一种眼光的聚合,当这两种看法比较一致,那么大家的结果就比较理想。很多大学生并没有自己的定位,这就好像一个没有自身定位的产品一样,你认为你可以"卖给"所有的企业,最后你可能很难"卖"出去。

2) 不重视第一份工作,初期选择处于混沌状态

有人说,毕业后找的第一份工作就是为了养活自己,不是职业,更不是事业,其实,这是一个误区。第一份工作对于一个人的职业来说非常重要,除非这个人具备做高级白领和职业经理人的素质或者运气和机遇非常好,否则一个人工作之后,决定其未来将在多大的圈子里面流动,基本上从第一份工作就开始了。大学生刚刚踏入社会,第一份工作为你带来的是一种职业习惯的养成。因此,大学生选择工作的时候,不能抱着暂时养活自己的心态,也不能说今天干的不是自己的事业,也不是职业,认为先就业才是根本,其次冷静、谨慎、认真地选择才是根本。

3) 不知道如何判断一个工作机会是不是好

很多大学生心中都会有一些自己的认识,比如外企好、国企好等,但是找到一些合适的机会的时候,大学生又开始犯嘀咕,特别是有多个机会可以选择的时候,常常这山看着那山高,最后等到好机会溜走才后悔莫及。这说明,很多大学生并没有深入了解职业发展的成功因素,职业发展的成功因素包括四个方面,分别是知识结构、技能、思维和社会资本。从四个因素来看,一个单位先不管背景,但是必须让一个人在四个方面中的某一个方面或者某几个方面受益才是一个好单位:第一,这个工作是不是有助于你拓宽你的知识结构,比如你可以在工作中学习到很多自己所不具备的知识;第二,这个工作是不是能够带给你某个细分的职业技能,这个职业技能也许你本身不具备或者你并没有实践经验,但是通过工作你可以让你在某个领域成为一个专业人员;第三,这个单位是不是有助于形成你的正确思维,包括你看问题的视角、看社会的视角、看世界的视角,这些视角可能给你带来新的价值;第四,是不是在这个单位你

可以获得社会资源,或者提升你整合社会资源的能力,比如你可以广泛地结交朋友、认识专家,或者是提升自己的社会资本。如果一个单位不能给你创造这四个方面的价值,那么这样的单位只能解决吃饭问题,并不能解决职业问题。

4) 大学生的职业心态欠佳

由于来自社会各个方面的压力,大学生在踏上找工作之路后,很容易陷入迷茫、焦灼的状态,特别是四处碰壁的时候。很多大学生找工作常常"遵循"这样的阶段:第一阶段,非常"高调",估价过高;第二阶段,非常"低调",碰壁之后就开始变得不自信,然后就开始降低期望,或者就越来越觉得自己"不值钱";第三阶段,开始"跑调",在接连碰壁之后,大学生就乱了阵脚,于是就失去了方向。当然,社会上的很多说法也会导致大学生很难适从,比如,认为大学生一定要做白领才好,北大才子卖肉了,博士去当村主任就觉得不划算了,但是这些人不也是在自己的岗位上做得很好吗?这需要我们用辩证的眼光来看问题,我们不能去阻止每个人都当领袖的欲望,但是大学生还是要清醒的认识一点,职业是不分贵贱的,既不要对自己期望过高,也不要碰几次壁就失去自我。"心态决定一切",这是职业人生存的关键法则。

2. 自我定位的方法

既然我们已经找到了就业中的自我定位容易出现的问题,那么我们如何做好就业中的自我定位呢?具体可参考以下几点。

1) 明确自身优势

首先是明确自己的能力大小,给自己打打分,看看自己的优势和劣势,这就需要进行自我分析。通过对自己的分析,深入了解自身,根据过去的经验选择,推断未来可能的工作方向与机会,从而彻底解决"我能干什么"的问题。只有从自身实际出发、顺应社会潮流,有的放矢,才能马到成功。要知道个体是不同的、有差异的,我们就是要找出自己与众不同的地方并发扬光大。定位,就是给自己亮出一个独特的招牌,让自己的才华更好地为招聘单位所识;对自己的认识分析一定要全面、客观、深刻,绝不回避缺点和短处。你的优势,即你所拥有的能力与潜力。

2) 发现自己的不足

卡耐基曾说:"人性的弱点并不可怕,关键要有正确的认识,认真对待,尽量寻找弥补、克服的方法,使自我趋于完善。"找出自身的不足能够帮助大学生更好地自我定位,找出自身的不足,才能为今后工作打下良好的基础。大学生可以采用"360"评估系统或者SWOT分析模型,对自己进行自我分析,找到自身性格等方面的弱点。性格上的弱点是先天的,我们不能逃避和忽视,我们必须正视,才能够减少这方面对自己的影响。例如,一个内向型的人就很难与人沟通,不能把自身的想法充分地告诉合作伙伴。如何寻找自身的弱点呢?我们需要静下心来,多跟自己熟悉的人好好聊聊,看看在别人的眼中,自己到底是个什么样的人,是否与自己的感觉一致,找到不一致的地方,然后慢慢提高自己。

3) 明确就业目标

个人职业生涯规划的核心是明确自身的就业目标,即解决"我选择干什么"这个问题,即通过SWOT分析，找出自身的优势和劣势，明确自己的职业目标。要想找到自己理想的职业目标，还应当遵循职业生涯规划的四个基本原则：第一，从自身兴趣出发，选择自己喜欢的，只有爱一行，才能做到干好一行，才能够全身心投入工作；第二，根据自己的特长，选择自己擅长的，这样才能充分发挥自身的优势，做到得心应手；第三，分析社会环境，选择社会急需的人才领域；第四，选择对自身发展有利的领域，只有选择了合适自己、有发展前景的领域，一个人才能发展，才会成功。

4) 发挥自身的长处

现在应届毕业生就业面临的一大问题是很多单位招聘的时候，需要具有工作经验的人，而这也是应届毕业生的一大"短处"。在就业的时候，应当充分利用自身的长处，来主动推销自己。毕业生在就业的时候，大多数都想获得一份高薪酬的工作，可是自身的实际能力还有所欠缺，这个时候应该发挥年轻人"不怕苦、不怕累"的精神，立足于实际，从基层做起，慢慢积累，用自己的长处去经营人生，这样才会取得成功。

总之，大学生在面对越来越大的就业压力的时候，应该结合自身的实际情况，学会分析自己，明确自身的目标，在就业的时候给自己一个明确的定位，学会适应各种环境而不被淘汰。职业生涯规划是一个动态的过程，求职者应该根据环境的改变，不断地修正自己的职业规划，不管在人生的任何阶段，都能给自己一个明确的定位。

◆ 8.3.2 自我肯定的意识

俗话说"金无足赤，人无完人"，每个人都有优点和缺点，求职中的大学生也一样，长处和短处并存，再加上一些外在的因素影响，大学生在求职时，就难免遭遇挫折和失败。这时候，建立在清楚认识自己基础上的自我肯定就显得非常重要了，它可以激励大学生坚信自己各方面都有可取之处，坚信自己一定能弥补自身的不足，坚信自己可以找到一份适合自己的工作，当然这份工作是建立在对自己客观评价的基础之上的合理定位的职业。自我肯定的意识除了可以帮助求职者坚定信心，还可以帮助求职者克服自负或者自卑两种消极的心态。大学生长期生活在"象牙塔"里，往往很难接受现实的残酷，一直以为考上大学就是将来找到好工作的保证，对就业的期望值过高；求职时，只选择好单位，自以为是，漫天要价；求职碰壁后，往往不能正视现实，陷入自卑的泥潭。无论自负还是自卑，其主要根源是没有客观的自我评价和合理的职业定位。

◆ 8.3.3 正确的职业观念

大学生在就业时，应根据自己的兴趣爱好、能力和价值观，选择合适的职业，这样才能有工作的动力和激情。同时，大学生在制订职业规划时，要实事求是，不能盲目跟风，应量体裁衣，确定适合自己的职位。大学毕业是人生一个新的开端，不可能在一开始就安排好结局，一劳永逸的事情是不存在的。随着社会的发展、自身经验的积累、机会条件等因素的变化。大学毕业生可以选择自己更为热爱的职业，也就是"先就业，再择业"。在基层，由于优秀人才要素占有的比重比较小，大学毕业生在基层单位可以独当一面。基层工作虽然环境较差、待遇较低,但是可以提高一个人的能力,给你一个很大的上升空间。相反,政府机关、事业单位和国有企业虽然很安逸,但是由于大量优质人才资源的存在,新进人员很少有机会得到磨炼,上升空间反而很狭小。因此,如何树立一个正确的职业观念,就显得尤为重要了。

◆ 8.3.4 职业能力的提升

近年来我国高校毕业生人数直线上升,2014年突破700万人,2018年突破800万人,2021年突破900万人,2022年突破1000万人。就业不仅是大学生实现自身价值的一种途径,也是促进社会经济健康发展的基本保障。然而,当前大学生就业环境却不容乐观,究其原因,从外部来讲,金融危机之后,整个世界经济在收缩,从内部来说,我国经济正面临着结构转型升级的阵痛期。为应对大学生就业难的问题,国家从宏观层面出台了很多促进大学生就业的措施,但是,高校也要根据就业市场的要求,进行教育教学模式改革,促进大学生就业能力的提升,提高就业竞争力。

对于大学生职业能力的结构,不同学者有不同的划分,其中最著名的是 Yorke 和 Knight (2004)等人从心理学角度构建的大学生职业能力 USEM 模型。该模型包括学科知识的理解力、技能、自我效能、元认知等四个要素。我国学者李恩平等人提出应从基础能力、专业能力、个人特质、社会适应能力等四个维度构建大学生就业能力。陈勇将大学生就业能力结构划分为专业知识和技能、通用技能、个人品质、职业规划能力等四个构成要素。下面,我们简单介绍一下常见的职业能力。

(1)通识能力。通识能力,是指在不同学科领域、不同行业和职业中均需具备的基本能力,主要包括学习能力、思考能力和合作能力等。

学习能力是指通过听讲、阅读、培训、交流、探究、实践等方式获得知识和技能的能力,又可细分为理解能力、表达能力、阅读能力、写作能力、运算能力、信息处理能力。理解能力是大脑对信息分析综合之后做出判断的能力;表达能力是用外部的行为(如语言、神态、身段等)把思想表达出来的能力;阅读能力是从视觉材料中获取信息的能力;写作能力是将观点、思想等通过文字语言表达出来的能力;运算能力是运用数学知识进行推理、运算,由现有条件推算出未知结果的能力;信息处理能力指获取、利用信息和使用信息技术的能力。

思考能力是指人们采用一定的思维方式对思维材料进行分析、整理、鉴别、消化、综合等加工改造,形成新的思想,获得新的发现,做出新的决策的能力,主要包括分析能力、批判能力和创新思维能力。分析能力是指把事物分成较简单的组成部分,并找出这些部分的本质属性和彼此之间关系的能力;批判能力是指通过检查问题、证据、解决方案之间的逻辑关系,对自己或他人的思想、行为、成果等进行评估的能力;创新思维能力是指在已有经验的基础上发现新事物、创造新方法、解决新问题的能力。

合作能力是指与人配合、共同完成一件事情的能力,主要包括沟通能力和协助能力。沟通能力指一个人与他人有效地进行思想、情感等的传递、反馈的能力;协助能力是指在社会活动中,相互帮助、相互配合,达到共同目标的能力。

(2)知识应用能力是指运用专业知识分析和解决生产实践中遇到的实际问题的能力,可分为运用专业知识分析问题的能力和运用专业知识解决问题的能力。运用专业知识分析问题的能力是指综合运用所学的专业知识和在学习中形成的专业思维方式、认知技能等,明确问题的性质、已有条件、要达到的目标和存在的主要矛盾等的能力;运用专业知识解决问题的能力是指在分析问题的基础上,运用所学的专业知识和在学习中形成的专业思维方式、认知技能等,提出解决问题的方案,达到预期目标的能力。

(3)专业动手能力是指在相关专业领域内,借助实验或相应的工具完成特定工作任务的能力和在社会实践中的操作能力,可分为实验模拟能力和社会实践能力。研究能力是指在所从事的专业、行业、职业中,以科学的思维和适当的方法,对现有问题进行改进或对未知领域进行科学探索的能力。对现有问题进行改进的能力是指针对现有科学、技术、社会活动和现象等事物存在的缺点,开展改进性研究活动的能力;对未知领域进行科学探索的能力是指根据科学、技术、社会等的发展要求或趋势开展前沿性研究活动的能力。

(4)职业认同能力是指在认识自我和认识职业的基础上,形成合适的职业预期,并为实现自己的职业预期而努力的能力。自我认知能力是指对自己的观念、情感、行为、意志、个性特征等进行觉察、判断和评估的能力;职业认知能力是指了解与自己专业或兴趣相关职业的内容、要求、前景等的能力;职业选择能力是指在充分认知自我和职业的基础上,确定自己的理想职业并为之努力的能力。

(5)求职面试能力是指在具体的求职活动中,掌握、获取求职信息、简历写作、面试印象管理等能力,获得职业的能力。获取求职信息的能力是指通过多种渠道有效获取招聘单位名称、招聘职位和人数、职责范围、职位要求、联系方式,以及招聘单位的性质、规模、组织结构、福利体系、企业文化等信息的能力;简历写作能力是指根据招聘单位、招聘职位的特点及要求制作针对性强、重点突出、制作精良、能吸引招聘者的求职简历的能力;面试印象管理能力是指在求职活动中能够有目的、有意识地给招聘者留下良好印象,避免留下不良印象的能力。

(6)职业适应与发展能力是指能够胜任工作,并对职业或职业所在行业的发展趋势进行有效预测,不断获得发展的能力,是对自己的职业生涯进行系统规划的能力。职业适应能力是指从学生角色到职业角色的过渡过程中,主动调节自己的行为以适应环境变化、满足新的角色期望,使自己逐渐达到所从事职业的要求并顺利完成职业活动的能力;职业发展能力是指个人在工作岗位上能够利用环境、创造条件使自己不断地达到更高职业发展目标的能力。

当代大学生除学习基础的知识和技能外,还要努力提高自己的职业能力,才能适应当今的社会,才能找到合适自己的职业,为今后打下良好的基础。

8.4 面试技巧

在求职面试过程中,求职者应掌握以下技巧。

与面试官道别,最好以握手的方式。离开办公室时,应该把刚才坐的椅子扶正到刚进门的位置,再次致谢后出门。经过前台时,要主动与前台工作人员点头致意或说:"谢谢你,再见!"之类的话。保证手机不停机、信号畅通;确定座机有人接听,并能及时转告你本人。这些都是面试应该要注意的事项。

面试结束时，不论是被顺利录取，还是被用人单位拒绝，我们都要注意对单位招聘人员礼貌相待，这不仅是待人处事的正确方式，而且用人单位有可能会根据需要增加用人的数量，给自己第二次机会。

面试结束后，要对用人单位的人事主管抽出宝贵时间来与自己见面表示感谢，并表示自己"非常希望有机会成为您的同事""将以在贵公司工作为自豪"等。这样既保持了与单位主管的良好关系，又表现出自己杰出的人际关系能力。我们也可以通过短信表达自己对用人单位的渴望和对招聘人员的感谢等。

8.5 面试案例分析

面试是很多求职者进入职场的一个必要环节，因为求职岗位的不同，面试的方式各有不同，而不管是哪种类型的面试，面试官对求职者的第一印象都非常重要，可能因为某一个细节直接决定不录用你，也可能因为你的某一个细节做得很到位，当场决定肯定录用你。

主动接近客户

小付是快毕业的大学生，得知一家电缆厂在招销售人员，认真准备了简历并按时来到了面试现场。"那次面试是在一个大教室，来了很多人，但同学们进教室后都选择离讲台较远一些的后排坐下了，随后就开始和旁边的同学或者与自己一起来的同学聊了起来。"小付回忆说。这时前排空荡荡的，对于平时就喜欢坐在第一排听课的小付来说，在这样的场合要勇敢坐到第一排也仍然算是个挑战，但她还是决定坐到第一排去。理由很简单：这样面试老师提出的问题能听得清楚些。此时的教室里的应聘者坐的位置形成了两个极端，第一排一个人，第四排才开始有同学坐并且也没坐满。正当大家都在窃窃私语等待面试开始时，面试官说话了："第一排这位同学，你被录取了。"这让大家都感到有些惊讶，甚至不解。

求职者的积极性非常重要，尤其是销售岗位的人员，更应该主动接近我们的目标客户。在面试现场，面试官就是求职者的目标客户。就这样，小付顺利进入了这家公司。

时间观念

小薛是正在找工作的应届毕业生，平时就喜欢坐后排的小薛在意识到这个面试官可能喜欢张扬高调的求职者时，似乎觉得自己的竞争力一下子弱了许多。但让小薛意想不到的是，接下来的"惊喜"也发生在了自己身上。"戴手表的同学你们被录取了。"面试官的这句话也让整个教室沸腾了片刻，很多没戴手表的同学只有大眼瞪小眼，看着旁边戴了手表的同学。小薛说，自己平时虽然也用手机看时间，但更愿意通过手表来把控自己的时间，所以几乎任何时候都带着手表。"这比手机看时间简单直接多了。"小薛说。

很多人或多或少还是有时间观念的，但更多人是通过手机来看时间的，而我们认为戴手表的人会更加注重时间安排，尤其对销售岗位的人员来说，有很强的时间观念是很有必要的。

攀比就业观不可取

小李、小孙是同一宿舍的好友，求职都很努力。小李很快就找到了一家各方面条件都不错的单位，并开始实习。这时，小孙也找到了一家单位，工资待遇均高于小李。小李不服气，她觉得小孙不论是学习成绩还是社会工作能力都不如自己，工作怎么能比自己好呢。于是，小李放弃了到这家单位工作的计划，又开始了新的一轮求职。结果到了临近毕业的五月份，她的工作还是没有着落。

在就业过程中同学们存在着攀比的现象。在求职过程中个人的能力可能占主要因素，但机遇也是很重要的。然而，所找的工作适合自己才是最关键的。先就业，打牢基础，再择业，才能一步步地走向目标。有些单位与毕业生签署协议较早，实际上也是因为单位需要用人，所以同学们不要这山望着那山高，到头来丢了西瓜，芝麻也没捡到。

不要放弃任何一次机会

某毕业生赶到杭州某次人才招聘会现场时，已经是下午三点多了，此时，许多单位已录满，剩下的单位也在整理材料考虑收场，他抱着试试看的心态向自己感兴趣的某单位递了最后一份材料，并诚恳地说明自己晚来的原因。谁知道刚过两天他就收到了该单位面试的通知，一周之后便签订了正式的就业协议。

外出参加人才招聘，一般来说是宜早不宜迟，但是有些客观因素是无法预测的，在这种情况下要随机应变，要沉着、有耐心。有时，耐心是求职成功的重要因素。

大学生找工作一定要端正自己的态度，不要过高奢望好的职位，在没有工作经验的情况下想做出突出的成绩是很难的，即使应聘成功了这些职位以后带给自己和单位的只能是极大的失望。在刚开始工作的时期，大学生应抱着学习的态度，在困难中磨炼自己，用大学生的工作激情和创新思维来为自己的职业生涯开一个好头。

思考与练习

1. 如何准备一份好的简历？
2. 求职时，需要准备哪些材料？
3. 什么是求职礼仪，它包括哪些方面的内容？
4. 如何树立正确的就业观？
5. 怎样提升自我的求职能力？

附录

附录 A　相关的法律法规

互联网新闻信息服务管理规定
（2017 年 6 月 1 日起施行）

第一章　总　　则

第一条　为加强互联网信息内容管理，促进互联网新闻信息服务健康有序发展，根据《中华人民共和国网络安全法》《互联网信息服务管理办法》《国务院关于授权国家互联网信息办公室负责互联网信息内容管理工作的通知》，制定本规定。

第二条　在中华人民共和国境内提供互联网新闻信息服务，适用本规定。

本规定所称新闻信息，包括有关政治、经济、军事、外交等社会公共事务的报道、评论，以及有关社会突发事件的报道、评论。

第三条　提供互联网新闻信息服务，应当遵守宪法、法律和行政法规，坚持为人民服务、为社会主义服务的方向，坚持正确舆论导向，发挥舆论监督作用，促进形成积极健康、向上向善的网络文化，维护国家利益和公共利益。

第四条　国家互联网信息办公室负责全国互联网新闻信息服务的监督管理执法工作。地方互联网信息办公室依据职责负责本行政区域内互联网新闻信息服务的监督管理执法工作。

第二章　许　　可

第五条　通过互联网站、应用程序、论坛、博客、微博客、公众账号、即时通信工具、网络直播等形式向社会公众提供互联网新闻信息服务，应当取得互联网新闻信息服务许可，禁止未经许可或超越许可范围开展互联网新闻信息服务活动。

前款所称互联网新闻信息服务，包括互联网新闻信息采编发布服务、转载服务、传播平台服务。

第六条　申请互联网新闻信息服务许可，应当具备下列条件：

（一）在中华人民共和国境内依法设立的法人；

（二）主要负责人、总编辑是中国公民；

（三）有与服务相适应的专职新闻编辑人员、内容审核人员和技术保障人员；

（四）有健全的互联网新闻信息服务管理制度；

（五）有健全的信息安全管理制度和安全可控的技术保障措施；

（六）有与服务相适应的场所、设施和资金。

申请互联网新闻信息采编发布服务许可的，应当是新闻单位（含其控股的单位）或新闻宣传部门主管的单位。

符合条件的互联网新闻信息服务提供者实行特殊管理股制度，具体实施办法由国家互联网信息办公室另行制定。

提供互联网新闻信息服务，还应当依法向电信主管部门办理互联网信息服务许可或备案手续。

第七条　任何组织不得设立中外合资经营、中外合作经营和外资经营的互联网新闻信息服务单位。

互联网新闻信息服务单位与境内外中外合资经营、中外合作经营和外资经营的企业进行涉及互联网新闻信息服务业务的合作，应当报经国家互联网信息办公室进行安全评估。

第八条　互联网新闻信息服务提供者的采编业务和经营业务应当分开，非公有资本不得介入互联网新闻信息采编业务。

第九条　申请互联网新闻信息服务许可，申请主体为中央新闻单位（含其控股的单位）或中央新闻宣传部门主管的单位的，由国家互联网信息办公室受理和决定；申请主体为地方新闻单位（含其控股的单位）或地方新闻宣传部门主管的单位的，由省、自治区、直辖市互联网信息办公室受理和决定；申请主体为其他单位的，经所在地省、自治区、直辖市互联网信息办公室受理和初审后，由国家互联网信息办公室决定。

国家或省、自治区、直辖市互联网信息办公室决定批准的，核发《互联网新闻信息服务许可证》。《互联网新闻信息服务许可证》有效期为三年。有效期届满，需继续从事互联网新闻信息服务活动的，应当于有效期届满三十日前申请续办。

省、自治区、直辖市互联网信息办公室应当定期向国家互联网信息办公室报告许可受理和决定情况。

第十条　申请互联网新闻信息服务许可，应当提交下列材料：

（一）主要负责人、总编辑为中国公民的证明；

（二）专职新闻编辑人员、内容审核人员和技术保障人员的资质情况；

（三）互联网新闻信息服务管理制度；

（四）信息安全管理制度和技术保障措施；

（五）互联网新闻信息服务安全评估报告；

（六）法人资格、场所、资金和股权结构等证明；

（七）法律法规规定的其他材料。

第三章　运　　行

第十一条　互联网新闻信息服务提供者应当设立总编辑，总编辑对互联网新闻信息内容负总责。总编辑人选应当具有相关从业经验，符合相关条件，并报国家或省、自治区、直辖市互联网信息办公室备案。

互联网新闻信息服务相关从业人员应当依法取得相应资质，接受专业培训、考核。互联网新闻信息服务相关从业人员从事新闻采编活动，应当具备新闻采编人员职业资格，持有国家广播电视总局统一颁发的新闻记者证。

第十二条　互联网新闻信息服务提供者应当健全信息发布审核、公共信息巡查、应急处置等信息安全管理制度，具有安全可控的技术保障措施。

第十三条　互联网新闻信息服务提供者为用户提供互联网新闻信息传播平台服务，应当按照《中华人民共和国网络安全法》的规定，要求用户提供真实身份信息。用户不提供真实身份信息的，互联网新闻信息服务提供者不得为其提供相关服务。

互联网新闻信息服务提供者对用户身份信息和日志信息负有保密的义务,不得泄露、篡改、毁损,不得出售或非法向他人提供。

互联网新闻信息服务提供者及其从业人员不得通过采编、发布、转载、删除新闻信息,干预新闻信息呈现或搜索结果等手段谋取不正当利益。

第十四条　互联网新闻信息服务提供者提供互联网新闻信息传播平台服务,应当与在其平台上注册的用户签订协议,明确双方权利义务。

对用户开设公众账号的,互联网新闻信息服务提供者应当审核其账号信息、服务资质、服务范围等信息,并向所在地省、自治区、直辖市互联网信息办公室分类备案。

第十五条　互联网新闻信息服务提供者转载新闻信息,应当转载中央新闻单位或省、自治区、直辖市直属新闻单位等国家规定范围内的单位发布的新闻信息,注明新闻信息来源、原作者、原标题、编辑真实姓名等,不得歪曲、篡改标题原意和新闻信息内容,并保证新闻信息来源可追溯。

互联网新闻信息服务提供者转载新闻信息,应当遵守著作权相关法律法规的规定,保护著作权人的合法权益。

第十六条　互联网新闻信息服务提供者和用户不得制作、复制、发布、传播法律、行政法规禁止的信息内容。

互联网新闻信息服务提供者提供服务过程中发现含有违反本规定第三条或前款规定内容的,应当依法立即停止传输该信息、采取消除等处置措施,保存有关记录,并向有关主管部门报告。

第十七条　互联网新闻信息服务提供者变更主要负责人、总编辑、主管单位、股权结构等影响许可条件的重大事项,应当向原许可机关办理变更手续。

互联网新闻信息服务提供者应用新技术、调整增设具有新闻舆论属性或社会动员能力的应用功能,应当报国家或省、自治区、直辖市互联网信息办公室进行互联网新闻信息服务安全评估。

第十八条　互联网新闻信息服务提供者应当在明显位置明示互联网新闻信息服务许可证编号。

互联网新闻信息服务提供者应当自觉接受社会监督,建立社会投诉举报渠道,设置便捷的投诉举报入口,及时处理公众投诉举报。

第四章　监督检查

第十九条　国家和地方互联网信息办公室应当建立日常检查和定期检查相结合的监督管理制度,依法对互联网新闻信息服务活动实施监督检查,有关单位、个人应当予以配合。

国家和地方互联网信息办公室应当健全执法人员资格管理制度。执法人员开展执法活动,应当依法出示执法证件。

第二十条　任何组织和个人发现互联网新闻信息服务提供者有违反本规定行为的,可以向国家和地方互联网信息办公室举报。

国家和地方互联网信息办公室应当向社会公开举报受理方式,收到举报后,应当依法予以处置。互联网新闻信息服务提供者应当予以配合。

第二十一条　国家和地方互联网信息办公室应当建立互联网新闻信息服务网络信用档案，建立失信黑名单制度和约谈制度。

国家互联网信息办公室会同国务院电信、公安、新闻出版广电等部门建立信息共享机制，加强工作沟通和协作配合，依法开展联合执法等专项监督检查活动。

第五章　法律责任

第二十二条　违反本规定第五条规定，未经许可或超越许可范围开展互联网新闻信息服务活动的，由国家和省、自治区、直辖市互联网信息办公室依据职责责令停止相关服务活动，处一万元以上三万元以下罚款。

第二十三条　互联网新闻信息服务提供者运行过程中不再符合许可条件的，由原许可机关责令限期改正；逾期仍不符合许可条件的，暂停新闻信息更新；《互联网新闻信息服务许可证》有效期届满仍不符合许可条件的，不予换发许可证。

第二十四条　互联网新闻信息服务提供者违反本规定第七条第二款、第八条、第十一条、第十二条、第十三条第三款、第十四条、第十五条第一款、第十七条、第十八条规定的，由国家和地方互联网信息办公室依据职责给予警告，责令限期改正；情节严重或拒不改正的，暂停新闻信息更新，处五千元以上三万元以下罚款；构成犯罪的，依法追究刑事责任。

第二十五条　互联网新闻信息服务提供者违反本规定第三条、第十六条第一款、第十九条第一款、第二十条第二款规定的，由国家和地方互联网信息办公室依据职责给予警告，责令限期改正；情节严重或拒不改正的，暂停新闻信息更新，处二万元以上三万元以下罚款；构成犯罪的，依法追究刑事责任。

第二十六条　互联网新闻信息服务提供者违反本规定第十三条第一款、第十六条第二款规定的，由国家和地方互联网信息办公室根据《中华人民共和国网络安全法》的规定予以处理。

第六章　附　则

第二十七条　本规定所称新闻单位，是指依法设立的报刊社、广播电台、电视台、通讯社和新闻电影制片厂。

第二十八条　违反本规定，同时违反互联网信息服务管理规定的，由国家和地方互联网信息办公室根据本规定处理后，转由电信主管部门依法处置。

国家对互联网视听节目服务、网络出版服务等另有规定的，应当同时符合其规定。

第二十九条　本规定自2017年6月1日起施行。本规定施行之前颁布的有关规定与本规定不一致的，按照本规定执行。

中华人民共和国网络安全法

（2017年6月1日起施行）

第一章　总　则

第一条　为了保障网络安全，维护网络空间主权和国家安全、社会公共利益，保护公民、法人和其他组织的合法权益,促进经济社会信息化健康发展,制定本法。

第二条　在中华人民共和国境内建设、运营、维护和使用网络,以及网络安全的监督管理,适用本法。

第三条　国家坚持网络安全与信息化发展并重,遵循积极利用、科学发展、依法管理、确保安全的方针,推进网络基础设施建设和互联互通,鼓励网络技术创新和应用,支持培养网络安全人才,建立健全网络安全保障体系,提高网络安全保护能力。

第四条　国家制定并不断完善网络安全战略,明确保障网络安全的基本要求和主要目标,提出重点领域的网络安全政策、工作任务和措施。

第五条　国家采取措施,监测、防御、处置来源于中华人民共和国境内外的网络安全风险和威胁,保护关键信息基础设施免受攻击、侵入、干扰和破坏,依法惩治网络违法犯罪活动,维护网络空间安全和秩序。

第六条　国家倡导诚实守信、健康文明的网络行为,推动传播社会主义核心价值观,采取措施提高全社会的网络安全意识和水平,形成全社会共同参与促进网络安全的良好环境。

第七条　国家积极开展网络空间治理、网络技术研发和标准制定、打击网络违法犯罪等方面的国际交流与合作,推动构建和平、安全、开放、合作的网络空间,建立多边、民主、透明的网络治理体系。

第八条　国家网信部门负责统筹协调网络安全工作和相关监督管理工作。国务院电信主管部门、公安部门和其他有关机关依照本法和有关法律、行政法规的规定,在各自职责范围内负责网络安全保护和监督管理工作。

县级以上地方人民政府有关部门的网络安全保护和监督管理职责,按照国家有关规定确定。

第九条　网络运营者开展经营和服务活动,必须遵守法律、行政法规,尊重社会公德,遵守商业道德,诚实信用,履行网络安全保护义务,接受政府和社会的监督,承担社会责任。

第十条　建设、运营网络或者通过网络提供服务,应当依照法律、行政法规的规定和国家标准的强制性要求,采取技术措施和其他必要措施,保障网络安全、稳定运行,有效应对网络安全事件,防范网络违法犯罪活动,维护网络数据的完整性、保密性和可用性。

第十一条　网络相关行业组织按照章程,加强行业自律,制定网络安全行为规范,指导会员加强网络安全保护,提高网络安全保护水平,促进行业健康发展。

第十二条　国家保护公民、法人和其他组织依法使用网络的权利,促进网络接入普及,提升网络服务水平,为社会提供安全、便利的网络服务,保障网络信息依法有序自由流动。

任何个人和组织使用网络应当遵守宪法法律,遵守公共秩序,尊重社会公德,不得危害网络安全,不得利用网络从事危害国家安全、荣誉和利益,煽动颠覆国家政权、推翻社会主义制度,煽动分裂国家、破坏国家统一,宣扬恐怖主义、极端主义,宣扬民族仇恨、民族歧视,传播暴力、淫秽色情信息,编造、传播虚假信息扰乱经济秩序和社会秩序,以及侵害他人名誉、隐私、知识产权和其他合法权益等活动。

第十三条　国家支持研究开发有利于未成年人健康成长的网络产品和服务,依法惩治利用网络从事危害未成年人身心健康的活动,为未成年人提供安全、健康的网络环境。

第十四条　任何个人和组织有权对危害网络安全的行为向网信、电信、公安等部门举报。收到举报的部门应当及时依法做出处理；不属于本部门职责的，应当及时移送有权处理的部门。

有关部门应当对举报人的相关信息予以保密，保护举报人的合法权益。

第二章　网络安全支持与促进

第十五条　国家建立和完善网络安全标准体系。国务院标准化行政主管部门和国务院其他有关部门根据各自的职责，组织制定并适时修订有关网络安全管理以及网络产品、服务和运行安全的国家标准、行业标准。

国家支持企业、研究机构、高等学校、网络相关行业组织参与网络安全国家标准、行业标准的制定。

第十六条　国务院和省、自治区、直辖市人民政府应当统筹规划，加大投入，扶持重点网络安全技术产业和项目，支持网络安全技术的研究开发和应用，推广安全可信的网络产品和服务，保护网络技术知识产权，支持企业、研究机构和高等学校等参与国家网络安全技术创新项目。

第十七条　国家推进网络安全社会化服务体系建设，鼓励有关企业、机构开展网络安全认证、检测和风险评估等安全服务。

第十八条　国家鼓励开发网络数据安全保护和利用技术，促进公共数据资源开放，推动技术创新和经济社会发展。

国家支持创新网络安全管理方式，运用网络新技术，提升网络安全保护水平。

第十九条　各级人民政府及其有关部门应当组织开展经常性的网络安全宣传教育，并指导、督促有关单位做好网络安全宣传教育工作。

大众传播媒介应当有针对性地面向社会进行网络安全宣传教育。

第二十条　国家支持企业和高等学校、职业学校等教育培训机构开展网络安全相关教育与培训，采取多种方式培养网络安全人才，促进网络安全人才交流。

第三章　网络运行安全

第一节　一般规定

第二十一条　国家实行网络安全等级保护制度。网络运营者应当按照网络安全等级保护制度的要求，履行下列安全保护义务，保障网络免受干扰、破坏或者未经授权的访问，防止网络数据泄露或者被窃取、篡改：

（一）制定内部安全管理制度和操作规程，确定网络安全负责人，落实网络安全保护责任；

（二）采取防范计算机病毒和网络攻击、网络侵入等危害网络安全行为的技术措施；

（三）采取监测、记录网络运行状态、网络安全事件的技术措施，并按照规定留存相关的网络日志不少于六个月；

（四）采取数据分类、重要数据备份和加密等措施；

（五）法律、行政法规规定的其他义务。

第二十二条　网络产品、服务应当符合相关国家标准的强制性要求。网络产品、服务的提供者不得设置恶意程序；发现其网络产品、服务存在安全缺陷、漏洞等风险时，应当立即采取补救措施，按照规定及时告知用户并向有关主管部门报告。

网络产品、服务的提供者应当为其产品、服务持续提供安全维护；在规定或者当事人约定的期限内，不得终止提供安全维护。

网络产品、服务具有收集用户信息功能的，其提供者应当向用户明示并取得同意；涉及用户个人信息的，还应当遵守本法和有关法律、行政法规关于个人信息保护的规定。

第二十三条 网络关键设备和网络安全专用产品应当按照相关国家标准的强制性要求，由具备资格的机构安全认证合格或者安全检测符合要求后，方可销售或者提供。国家网信部门会同国务院有关部门制定、公布网络关键设备和网络安全专用产品目录，并推动安全认证和安全检测结果互认，避免重复认证、检测。

第二十四条 网络运营者为用户办理网络接入、域名注册服务，办理固定电话、移动电话等入网手续，或者为用户提供信息发布、即时通信等服务，在与用户签订协议或者确认提供服务时，应当要求用户提供真实身份信息。用户不提供真实身份信息的，网络运营者不得为其提供相关服务。

国家实施网络可信身份战略，支持研究开发安全、方便的电子身份认证技术，推动不同电子身份认证之间的互认。

第二十五条 网络运营者应当制定网络安全事件应急预案，及时处置系统漏洞、计算机病毒、网络攻击、网络侵入等安全风险；在发生危害网络安全的事件时，立即启动应急预案，采取相应的补救措施，并按照规定向有关主管部门报告。

第二十六条 开展网络安全认证、检测、风险评估等活动，向社会发布系统漏洞、计算机病毒、网络攻击、网络侵入等网络安全信息，应当遵守国家有关规定。

第二十七条 任何个人和组织不得从事非法侵入他人网络、干扰他人网络正常功能、窃取网络数据等危害网络安全的活动；不得提供专门用于从事侵入网络、干扰网络正常功能及防护措施、窃取网络数据等危害网络安全活动的程序、工具；明知他人从事危害网络安全的活动的，不得为其提供技术支持、广告推广、支付结算等帮助。

第二十八条 网络运营者应当为公安机关、国家安全机关依法维护国家安全和侦查犯罪的活动提供技术支持和协助。

第二十九条 国家支持网络运营者之间在网络安全信息收集、分析、通报和应急处置等方面进行合作，提高网络运营者的安全保障能力。

有关行业组织建立健全本行业的网络安全保护规范和协作机制，加强对网络安全风险的分析评估，定期向会员进行风险警示，支持、协助会员应对网络安全风险。

第三十条 网信部门和有关部门在履行网络安全保护职责中获取的信息，只能用于维护网络安全的需要，不得用于其他用途。

第二节 关键信息基础设施的运行安全

第三十一条 国家对公共通信和信息服务、能源、交通、水利、金融、公共服务、电子政务等重要行业和领域，以及其他一旦遭到破坏、丧失功能或者数据泄露，可能严重危害国家安全、国计民生、公共利益的关键信息基础设施,在网络安全等级保护制度的基础上,实行重点保护。关键信息基础设施的具体范围和安全保护办法由国务院制定。

国家鼓励关键信息基础设施以外的网络运营者自愿参与关键信息基础设施保护体系。

第三十二条 按照国务院规定的职责分工,负责关键信息基础设施安全保护工作的部门分别编制并组织实施本行业、本领域的关键信息基础设施安全规划,指导和监督关键信息基础设施运行安全保护工作。

第三十三条 建设关键信息基础设施应当确保其具有支持业务稳定、持续运行的性能,并保证安全技术措施同步规划、同步建设、同步使用。

第三十四条 除本法第二十一条的规定外,关键信息基础设施的运营者还应当履行下列安全保护义务:

(一)设置专门安全管理机构和安全管理负责人,并对该负责人和关键岗位的人员进行安全背景审查;

(二)定期对从业人员进行网络安全教育、技术培训和技能考核;

(三)对重要系统和数据库进行容灾备份;

(四)制定网络安全事件应急预案,并定期进行演练;

(五)法律、行政法规规定的其他义务。

第三十五条 关键信息基础设施的运营者采购网络产品和服务,可能影响国家安全的,应当通过国家网信部门会同国务院有关部门组织的国家安全审查。

第三十六条 关键信息基础设施的运营者采购网络产品和服务,应当按照规定与提供者签订安全保密协议,明确安全和保密义务与责任。

第三十七条 关键信息基础设施的运营者在中华人民共和国境内运营中收集和产生的个人信息和重要数据应当在境内存储。因业务需要,确需向境外提供的,应当按照国家网信部门会同国务院有关部门制定的办法进行安全评估;法律、行政法规另有规定的,依照其规定。

第三十八条 关键信息基础设施的运营者应当自行或者委托网络安全服务机构对其网络的安全性和可能存在的风险每年至少进行一次检测评估,并将检测评估情况和改进措施报送相关负责关键信息基础设施安全保护工作的部门。

第三十九条 国家网信部门应当统筹协调有关部门对关键信息基础设施的安全保护采取下列措施:

(一)对关键信息基础设施的安全风险进行抽查检测,提出改进措施,必要时可以委托网络安全服务机构对网络存在的安全风险进行检测评估;

(二)定期组织关键信息基础设施的运营者进行网络安全应急演练,提高应对网络安全事件的水平和协同配合能力;

(三)促进有关部门、关键信息基础设施的运营者以及有关研究机构、网络安全服务机构等之间的网络安全信息共享;

(四)对网络安全事件的应急处置与网络功能的恢复等,提供技术支持和协助。

第四章 网络信息安全

第四十条 网络运营者应当对其收集的用户信息严格保密,并建立健全用户信息保护制度。

第四十一条 网络运营者收集、使用个人信息,应当遵循合法、正当、必要的原则,公开收集、使用规则,明示收集、使用信息的目的、方式和范围,并经被收集者同意。

网络运营者不得收集与其提供的服务无关的个人信息,不得违反法律、行政法规的规定和双方的约定收集、使用个人信息,并应当依照法律、行政法规的规定和与用户的约定,处理其保存的个人信息。

第四十二条 网络运营者不得泄露、篡改、毁损其收集的个人信息;未经被收集者同意,不得向他人提供个人信息。但是,经过处理无法识别特定个人且不能复原的除外。

网络运营者应当采取技术措施和其他必要措施,确保其收集的个人信息安全,防止信息泄露、毁损、丢失。在发生或者可能发生个人信息泄露、毁损、丢失的情况时,应当立即采取补救措施,按照规定及时告知用户并向有关主管部门报告。

第四十三条 个人发现网络运营者违反法律、行政法规的规定或者双方的约定收集、使用其个人信息的,有权要求网络运营者删除其个人信息;发现网络运营者收集、存储的其个人信息有错误的,有权要求网络运营者予以更正。网络运营者应当采取措施予以删除或者更正。

第四十四条 任何个人和组织不得窃取或者以其他非法方式获取个人信息,不得非法出售或者非法向他人提供个人信息。

第四十五条 依法负有网络安全监督管理职责的部门及其工作人员,必须对在履行职责中知悉的个人信息、隐私和商业秘密严格保密,不得泄露、出售或者非法向他人提供。

第四十六条 任何个人和组织应当对其使用网络的行为负责,不得设立用于实施诈骗,传授犯罪方法,制作或者销售违禁物品、管制物品等违法犯罪活动的网站、通信群组,不得利用网络发布涉及实施诈骗,制作或者销售违禁物品、管制物品以及其他违法犯罪活动的信息。

第四十七条 网络运营者应当加强对其用户发布的信息的管理,发现法律、行政法规禁止发布或者传输的信息的,应当立即停止传输该信息,采取消除等处置措施,防止信息扩散,保存有关记录,并向有关主管部门报告。

第四十八条 任何个人和组织发送的电子信息、提供的应用软件,不得设置恶意程序,不得含有法律、行政法规禁止发布或者传输的信息。

电子信息发送服务提供者和应用软件下载服务提供者,应当履行安全管理义务,知道其用户有前款规定行为的,应当停止提供服务,采取消除等处置措施,保存有关记录,并向有关主管部门报告。

第四十九条 网络运营者应当建立网络信息安全投诉、举报制度,公布投诉、举报方式等信息,及时受理并处理有关网络信息安全的投诉和举报。

网络运营者对网信部门和有关部门依法实施的监督检查,应当予以配合。

第五十条 国家网信部门和有关部门依法履行网络信息安全监督管理职责,发现法律、行政法规禁止发布或者传输的信息的,应当要求网络运营者停止传输,采取消除等处置措施,保存有关记录;对来源于中华人民共和国境外的上述信息,应当通知有关机构采取技术措施和其他必要措施阻断传播。

第五章 监测预警与应急处置

第五十一条 国家建立网络安全监测预警和信息通报制度。国家网信部门应当统筹协调有关部门加强网络安全信息收集、分析和通报工作,按照规定统一发布网络安全监测预警信息。

第五十二条 负责关键信息基础设施安全保护工作的部门,应当建立健全本行业、本领域的网络安全监测预警和信息通报制度,并按照规定报送网络安全监测预警信息。

第五十三条 国家网信部门协调有关部门建立健全网络安全风险评估和应急工作机制,制定网络安全事件应急预案,并定期组织演练。

负责关键信息基础设施安全保护工作的部门应当制定本行业、本领域的网络安全事件应急预案,并定期组织演练。

网络安全事件应急预案应当按照事件发生后的危害程度、影响范围等因素对网络安全事件进行分级,并规定相应的应急处置措施。

第五十四条 网络安全事件发生的风险增大时,省级以上人民政府有关部门应当按照规定的权限和程序,并根据网络安全风险的特点和可能造成的危害,采取下列措施:

(一)要求有关部门、机构和人员及时收集、报告有关信息,加强对网络安全风险的监测;

(二)组织有关部门、机构和专业人员,对网络安全风险信息进行分析评估,预测事件发生的可能性、影响范围和危害程度;

(三)向社会发布网络安全风险预警,发布避免、减轻危害的措施。

第五十五条 发生网络安全事件,应当立即启动网络安全事件应急预案,对网络安全事件进行调查和评估,要求网络运营者采取技术措施和其他必要措施,消除安全隐患,防止危害扩大,并及时向社会发布与公众有关的警示信息。

第五十六条 省级以上人民政府有关部门在履行网络安全监督管理职责中,发现网络存在较大安全风险或者发生安全事件的,可以按照规定的权限和程序对该网络的运营者的法定代表人或者主要负责人进行约谈。网络运营者应当按照要求采取措施,进行整改,消除隐患。

第五十七条 因网络安全事件,发生突发事件或者生产安全事故的,应当依照《中华人民共和国突发事件应对法》《中华人民共和国安全生产法》等有关法律、行政法规的规定处置。

第五十八条 因维护国家安全和社会公共秩序,处置重大突发社会安全事件的需要,经国务院决定或者批准,可以在特定区域对网络通信采取限制等临时措施。

第六章 法律责任

第五十九条 网络运营者不履行本法第二十一条、第二十五条规定的网络安全保护义务的,由有关主管部门责令改正,给予警告;拒不改正或者导致危害网络安全等后果的,处一万元以上十万元以下罚款,对直接负责的主管人员处五千元以上五万元以下罚款。

关键信息基础设施的运营者不履行本法第三十三条、第三十四条、第三十六条、第三十八条规定的网络安全保护义务的,由有关主管部门责令改正,给予警告;拒不改正或者导致危害网络安全等后果的,处十万元以上一百万元以下罚款,对直接负责的主管人员处一万元以上十万元以下罚款。

第六十条　违反本法第二十二条第一款、第二款和第四十八条第一款规定,有下列行为之一的,由有关主管部门责令改正,给予警告;拒不改正或者导致危害网络安全等后果的,处五万元以上五十万元以下罚款,对直接负责的主管人员处一万元以上十万元以下罚款:

(一)设置恶意程序的;

(二)对其产品、服务存在的安全缺陷、漏洞等风险未立即采取补救措施,或者未按照规定及时告知用户并向有关主管部门报告的;

(三)擅自终止为其产品、服务提供安全维护的。

第六十一条　网络运营者违反本法第二十四条第一款规定,未要求用户提供真实身份信息,或者对不提供真实身份信息的用户提供相关服务的,由有关主管部门责令改正;拒不改正或者情节严重的,处五万元以上五十万元以下罚款,并可以由有关主管部门责令暂停相关业务、停业整顿、关闭网站、吊销相关业务许可证或者吊销营业执照,对直接负责的主管人员和其他直接责任人员处一万元以上十万元以下罚款。

第六十二条　违反本法第二十六条规定,开展网络安全认证、检测、风险评估等活动,或者向社会发布系统漏洞、计算机病毒、网络攻击、网络侵入等网络安全信息的,由有关主管部门责令改正,给予警告;拒不改正或者情节严重的,处一万元以上十万元以下罚款,并可以由有关主管部门责令暂停相关业务、停业整顿、关闭网站、吊销相关业务许可证或者吊销营业执照,对直接负责的主管人员和其他直接责任人员处五千元以上五万元以下罚款。

第六十三条　违反本法第二十七条规定,从事危害网络安全的活动,或者提供专门用于从事危害网络安全活动的程序、工具,或者为他人从事危害网络安全的活动提供技术支持、广告推广、支付结算等帮助,尚不构成犯罪的,由公安机关没收违法所得,处五日以下拘留,可以并处五万元以上五十万元以下罚款;情节较重的,处五日以上十五日以下拘留,可以并处十万元以上一百万元以下罚款。

单位有前款行为的,由公安机关没收违法所得,处十万元以上一百万元以下罚款,并对直接负责的主管人员和其他直接责任人员依照前款规定处罚。

违反本法第二十七条规定,受到治安管理处罚的人员,五年内不得从事网络安全管理和网络运营关键岗位的工作;受到刑事处罚的人员,终身不得从事网络安全管理和网络运营关键岗位的工作。

第六十四条　网络运营者、网络产品或者服务的提供者违反本法第二十二条第三款、第四十一条至第四十三条规定,侵害个人信息依法得到保护的权利的,由有关主管部门责令改正,可以根据情节单处或者并处警告、没收违法所得、处违法所得一倍以上十倍以下罚款,没有违法所得的,处一百万元以下罚款,对直接负责的主管人员和其他直接责任人员处一万元以上十万元以下罚款;情节严重的,并可以责令暂停相关业务、停业整顿、关闭网站、吊销相关业务许可证或者吊销营业执照。

违反本法第四十四条规定,窃取或者以其他非法方式获取、非法出售或者非法向他人提供个人信息,尚不构成犯罪的,由公安机关没收违法所得,并处违法所得一倍以上十倍以下罚款,没有违法所得的,处一百万元以下罚款。

第六十五条 关键信息基础设施的运营者违反本法第三十五条规定,使用未经安全审查或者安全审查未通过的网络产品或者服务的,由有关主管部门责令停止使用,处采购金额一倍以上十倍以下罚款;对直接负责的主管人员和其他直接责任人员处一万元以上十万元以下罚款。

第六十六条 关键信息基础设施的运营者违反本法第三十七条规定,在境外存储网络数据,或者向境外提供网络数据的,由有关主管部门责令改正,给予警告,没收违法所得,处五万元以上五十万元以下罚款,并可以责令暂停相关业务、停业整顿、关闭网站、吊销相关业务许可证或者吊销营业执照;对直接负责的主管人员和其他直接责任人员处一万元以上十万元以下罚款。

第六十七条 违反本法第四十六条规定,设立用于实施违法犯罪活动的网站、通信群组,或者利用网络发布涉及实施违法犯罪活动的信息,尚不构成犯罪的,由公安机关处五日以下拘留,可以并处一万元以上十万元以下罚款;情节较重的,处五日以上十五日以下拘留,可以并处五万元以上五十万元以下罚款。关闭用于实施违法犯罪活动的网站、通信群组。

单位有前款行为的,由公安机关处十万元以上五十万元以下罚款,并对直接负责的主管人员和其他直接责任人员依照前款规定处罚。

第六十八条 网络运营者违反本法第四十七条规定,对法律、行政法规禁止发布或者传输的信息未停止传输、采取消除等处置措施、保存有关记录的,由有关主管部门责令改正,给予警告,没收违法所得;拒不改正或者情节严重的,处十万元以上五十万元以下罚款,并可以责令暂停相关业务、停业整顿、关闭网站、吊销相关业务许可证或者吊销营业执照,对直接负责的主管人员和其他直接责任人员处一万元以上十万元以下罚款。

电子信息发送服务提供者、应用软件下载服务提供者,不履行本法第四十八条第二款规定的安全管理义务的,依照前款规定处罚。

第六十九条 网络运营者违反本法规定,有下列行为之一的,由有关主管部门责令改正;拒不改正或者情节严重的,处五万元以上五十万元以下罚款,对直接负责的主管人员和其他直接责任人员,处一万元以上十万元以下罚款:

(一)不按照有关部门的要求对法律、行政法规禁止发布或者传输的信息,采取停止传输、消除等处置措施的;

(二)拒绝、阻碍有关部门依法实施的监督检查的;

(三)拒不向公安机关、国家安全机关提供技术支持和协助的。

第七十条 发布或者传输本法第十二条第二款和其他法律、行政法规禁止发布或者传输的信息的,依照有关法律、行政法规的规定处罚。

第七十一条 有本法规定的违法行为的,依照有关法律、行政法规的规定记入信用档案,并予以公示。

第七十二条 国家机关政务网络的运营者不履行本法规定的网络安全保护义务的,由其上级机关或者有关机关责令改正;对直接负责的主管人员和其他直接责任人员依法给予处分。

第七十三条　网信部门和有关部门违反本法第三十条规定,将在履行网络安全保护职责中获取的信息用于其他用途的,对直接负责的主管人员和其他直接责任人员依法给予处分。

网信部门和有关部门的工作人员玩忽职守、滥用职权、徇私舞弊,尚不构成犯罪的,依法给予处分。

第七十四条　违反本法规定,给他人造成损害的,依法承担民事责任。

违反本法规定,构成违反治安管理行为的,依法给予治安管理处罚;构成犯罪的,依法追究刑事责任。

第七十五条　境外的机构、组织、个人从事攻击、侵入、干扰、破坏等危害中华人民共和国的关键信息基础设施的活动,造成严重后果的,依法追究法律责任;国务院公安部门和有关部门并可以决定对该机构、组织、个人采取冻结财产或者其他必要的制裁措施。

第七章　附　则

第七十六条　本法下列用语的含义:

(一)网络,是指由计算机或者其他信息终端及相关设备组成的按照一定的规则和程序对信息进行收集、存储、传输、交换、处理的系统。

(二)网络安全,是指通过采取必要措施,防范对网络的攻击、侵入、干扰、破坏和非法使用以及意外事故,使网络处于稳定可靠运行的状态,以及保障网络数据的完整性、保密性、可用性的能力。

(三)网络运营者,是指网络的所有者、管理者和网络服务提供者。

(四)网络数据,是指通过网络收集、存储、传输、处理和产生的各种电子数据。

(五)个人信息,是指以电子或者其他方式记录的能够单独或者与其他信息结合识别自然人个人身份的各种信息,包括但不限于自然人的姓名、出生日期、身份证件号码、个人生物识别信息、住址、电话号码等。

第七十七条　存储、处理涉及国家秘密信息的网络的运行安全保护,除应当遵守本法外,还应当遵守保密法律、行政法规的规定。

第七十八条　军事网络的安全保护,由中央军事委员会另行规定。

第七十九条　本法自 2017 年 6 月 1 日起施行。

计算机软件保护条例

(2001 年 12 月 20 日中华人民共和国国务院令第 339 号公布

根据 2011 年 1 月 8 日《国务院关于废止和修改部分行政法规的决定》第一次修订

根据 2013 年 1 月 30 日《国务院关于修改〈计算机软件保护条例〉的决定》第二次修订)

第一章　总　则

第一条　为了保护计算机软件著作权人的权益,调整计算机软件在开发、传播和使用中发生的利益关系,鼓励计算机软件的开发与应用,促进软件产业和国民经济信息化的发展,根据《中华人民共和国著作权法》,制定本条例。

第二条　本条例所称计算机软件(以下简称软件),是指计算机程序及其有关文档。

第三条　本条例下列用语的含义：

（一）计算机程序，是指为了得到某种结果而可以由计算机等具有信息处理能力的装置执行的代码化指令序列，或者可以被自动转换成代码化指令序列的符号化指令序列或者符号化语句序列。同一计算机程序的源程序和目标程序为同一作品。

（二）文档，是指用来描述程序的内容、组成、设计、功能规格、开发情况、测试结果及使用方法的文字资料和图表等，如程序设计说明书、流程图、用户手册等。

（三）软件开发者，是指实际组织开发、直接进行开发，并对开发完成的软件承担责任的法人或者其他组织；或者依靠自己具有的条件独立完成软件开发，并对软件承担责任的自然人。

（四）软件著作权人，是指依照本条例的规定，对软件享有著作权的自然人、法人或者其他组织。

第四条　受本条例保护的软件必须由开发者独立开发，并已固定在某种有形物体上。

第五条　中国公民、法人或者其他组织对其所开发的软件，不论是否发表，依照本条例享有著作权。

外国人、无国籍人的软件首先在中国境内发行的，依照本条例享有著作权。

外国人、无国籍人的软件，依照其开发者所属国或者经常居住地国同中国签订的协议或者依照中国参加的国际条约享有的著作权，受本条例保护。

第六条　本条例对软件著作权的保护不延及开发软件所用的思想、处理过程、操作方法或者数学概念等。

第七条　软件著作权人可以向国务院著作权行政管理部门认定的软件登记机构办理登记。软件登记机构发放的登记证明文件是登记事项的初步证明。

办理软件登记应当缴纳费用。软件登记的收费标准由国务院著作权行政管理部门会同国务院价格主管部门规定。

第二章　软件著作权

第八条　软件著作权人享有下列各项权利：

（一）发表权，即决定软件是否公之于众的权利；

（二）署名权，即表明开发者身份，在软件上署名的权利；

（三）修改权，即对软件进行增补、删节，或者改变指令、语句顺序的权利；

（四）复制权，即将软件制作一份或者多份的权利；

（五）发行权，即以出售或者赠与方式向公众提供软件的原件或者复制件的权利；

（六）出租权，即有偿许可他人临时使用软件的权利，但是软件不是出租的主要标的的除外；

（七）信息网络传播权，即以有线或者无线方式向公众提供软件，使公众可以在其个人选定的时间和地点获得软件的权利；

（八）翻译权，即将原软件从一种自然语言文字转换成另一种自然语言文字的权利；

（九）应当由软件著作权人享有的其他权利。

软件著作权人可以许可他人行使其软件著作权，并有权获得报酬。

软件著作权人可以全部或者部分转让其软件著作权,并有权获得报酬。

第九条　软件著作权属于软件开发者,本条例另有规定的除外。

如无相反证明,在软件上署名的自然人、法人或者其他组织为开发者。

第十条　由两个以上的自然人、法人或者其他组织合作开发的软件,其著作权的归属由合作开发者签订书面合同约定。无书面合同或者合同未做明确约定,合作开发的软件可以分割使用的,开发者对各自开发的部分可以单独享有著作权;但是,行使著作权时,不得扩展到合作开发的软件整体的著作权。合作开发的软件不能分割使用的,其著作权由各合作开发者共同享有,通过协商一致行使;不能协商一致,又无正当理由的,任何一方不得阻止他方行使除转让权以外的其他权利,但是所得收益应当合理分配给所有合作开发者。

第十一条　接受他人委托开发的软件,其著作权的归属由委托人与受托人签订书面合同约定;无书面合同或者合同未做明确约定的,其著作权由受托人享有。

第十二条　由国家机关下达任务开发的软件,著作权的归属与行使由项目任务书或者合同规定;项目任务书或者合同中未做明确规定的,软件著作权由接受任务的法人或者其他组织享有。

第十三条　自然人在法人或者其他组织中任职期间所开发的软件有下列情形之一的,该软件著作权由该法人或者其他组织享有,该法人或者其他组织可以对开发软件的自然人进行奖励:

(一)针对本职工作中明确指定的开发目标所开发的软件;

(二)开发的软件是从事本职工作活动所预见的结果或者自然的结果;

(三)主要使用了法人或者其他组织的资金、专用设备、未公开的专门信息等物质技术条件所开发并由法人或者其他组织承担责任的软件。

第十四条　软件著作权自软件开发完成之日起产生。

自然人的软件著作权,保护期为自然人终生及其死亡后50年,截止于自然人死亡后第50年的12月31日;软件是合作开发的,截止于最后死亡的自然人死亡后第50年的12月31日。

法人或者其他组织的软件著作权,保护期为50年,截止于软件首次发表后第50年的12月31日,但软件自开发完成之日起50年内未发表的,本条例不再保护。

第十五条　软件著作权属于自然人的,该自然人死亡后,在软件著作权的保护期内,软件著作权的继承人可以依照《中华人民共和国继承法》的有关规定,继承本条例第八条规定的除署名权以外的其他权利。

软件著作权属于法人或者其他组织的,法人或者其他组织变更、终止后,其著作权在本条例规定的保护期内由承受其权利义务的法人或者其他组织享有;没有承受其权利义务的法人或者其他组织的,由国家享有。

第十六条　软件的合法复制品所有人享有下列权利:

(一)根据使用的需要把该软件装入计算机等具有信息处理能力的装置内;

(二)为了防止复制品损坏而制作备份复制品。这些备份复制品不得通过任何方式提供给他人使用,并在所有人丧失该合法复制品的所有权时,负责将备份复制品销毁;

（三）为了把该软件用于实际的计算机应用环境或者改进其功能、性能而进行必要的修改；但是，除合同另有约定外，未经该软件著作权人许可，不得向任何第三方提供修改后的软件。

第十七条　为了学习和研究软件内含的设计思想和原理，通过安装、显示、传输或者存储软件等方式使用软件的，可以不经软件著作权人许可，不向其支付报酬。

第三章　软件著作权的许可使用和转让

第十八条　许可他人行使软件著作权的，应当订立许可使用合同。

许可使用合同中软件著作权人未明确许可的权利，被许可人不得行使。

第十九条　许可他人专有行使软件著作权的，当事人应当订立书面合同。

没有订立书面合同或者合同中未明确约定为专有许可的，被许可行使的权利应当视为非专有权利。

第二十条　转让软件著作权的，当事人应当订立书面合同。

第二十一条　订立许可他人专有行使软件著作权的许可合同，或者订立转让软件著作权合同，可以向国务院著作权行政管理部门认定的软件登记机构登记。

第二十二条　中国公民、法人或者其他组织向外国人许可或者转让软件著作权的，应当遵守《中华人民共和国技术进出口管理条例》的有关规定。

第四章　法律责任

第二十三条　除《中华人民共和国著作权法》或者本条例另有规定外，有下列侵权行为的，应当根据情况，承担停止侵害、消除影响、赔礼道歉、赔偿损失等民事责任：

（一）未经软件著作权人许可，发表或者登记其软件的；

（二）将他人软件作为自己的软件发表或者登记的；

（三）未经合作者许可，将与他人合作开发的软件作为自己单独完成的软件发表或者登记的；

（四）在他人软件上署名或者更改他人软件上的署名的；

（五）未经软件著作权人许可，修改、翻译其软件的；

（六）其他侵犯软件著作权的行为。

第二十四条　除《中华人民共和国著作权法》、本条例或者其他法律、行政法规另有规定外，未经软件著作权人许可，有下列侵权行为的，应当根据情况，承担停止侵害、消除影响、赔礼道歉、赔偿损失等民事责任；同时损害社会公共利益的，由著作权行政管理部门责令停止侵权行为，没收违法所得，没收、销毁侵权复制品，可以并处罚款；情节严重的，著作权行政管理部门并可以没收主要用于制作侵权复制品的材料、工具、设备等；触犯刑律的，依照刑法关于侵犯著作权罪、销售侵权复制品罪的规定，依法追究刑事责任：

（一）复制或者部分复制著作权人的软件的；

（二）向公众发行、出租、通过信息网络传播著作权人的软件的；

（三）故意避开或者破坏著作权人为保护其软件著作权而采取的技术措施的；

（四）故意删除或者改变软件权利管理电子信息的；

（五）转让或者许可他人行使著作权人的软件著作权的。

有前款第一项或者第二项行为的,可以并处每件100元或者货值金额1倍以上5倍以下的罚款;有前款第三项、第四项或者第五项行为的,可以并处20万元以下的罚款。

第二十五条　侵犯软件著作权的赔偿数额,依照《中华人民共和国著作权法》第四十九条的规定确定。

第二十六条　软件著作权人有证据证明他人正在实施或者即将实施侵犯其权利的行为,如不及时制止,将会使其合法权益受到难以弥补的损害的,可以依照《中华人民共和国著作权法》第五十条的规定,在提起诉讼前向人民法院申请采取责令停止有关行为和财产保全的措施。

第二十七条　为了制止侵权行为,在证据可能灭失或者以后难以取得的情况下,软件著作权人可以依照《中华人民共和国著作权法》第五十一条的规定,在提起诉讼前向人民法院申请保全证据。

第二十八条　软件复制品的出版者、制作者不能证明其出版、制作有合法授权的,或者软件复制品的发行者、出租者不能证明其发行、出租的复制品有合法来源的,应当承担法律责任。

第二十九条　软件开发者开发的软件,由于可供选用的表达方式有限而与已经存在的软件相似的,不构成对已经存在的软件的著作权的侵犯。

第三十条　软件的复制品持有人不知道也没有合理理由应当知道该软件是侵权复制品的,不承担赔偿责任;但是,应当停止使用、销毁该侵权复制品。如果停止使用并销毁该侵权复制品将给复制品使用人造成重大损失的,复制品使用人可以在向软件著作权人支付合理费用后继续使用。

第三十一条　软件著作权侵权纠纷可以调解。

软件著作权合同纠纷可以依据合同中的仲裁条款或者事后达成的书面仲裁协议,向仲裁机构申请仲裁。

当事人没有在合同中订立仲裁条款,事后又没有书面仲裁协议的,可以直接向人民法院提起诉讼。

第五章　附　　则

第三十二条　本条例施行前发生的侵权行为,依照侵权行为发生时的国家有关规定处理。

第三十三条　本条例自2002年1月1日起施行。1991年6月4日国务院发布的《计算机软件保护条例》同时废止。

附录 B 中华人民共和国高等教育法（2018 修正）

基本信息

发文字号：中华人民共和国主席令第二十三号。

效力级别：法律。

时效性：现行有效。

发布日期：2018-12-29。

实施日期：2018-12-29。

发布机关：全国人大常委会。

法律修订

1998 年 8 月 29 日第九届全国人民代表大会常务委员会第四次会议通过。

根据 2015 年 12 月 27 日第十二届全国人民代表大会常务委员会第十八次会议《关于修改〈中华人民共和国高等教育法〉的决定》第一次修正。

根据 2018 年 12 月 29 日第十三届全国人民代表大会常务委员会第七次会议《关于修改〈中华人民共和国电力法〉等四部法律的决定》第二次修正。

第一章 总 则

第一条　为了发展高等教育事业，实施科教兴国战略，促进社会主义物质文明和精神文明建设，根据宪法和教育法，制定本法。

第二条　在中华人民共和国境内从事高等教育活动，适用本法。

本法所称高等教育，是指在完成高级中等教育基础上实施的教育。

第三条　国家坚持以马克思列宁主义、毛泽东思想、邓小平理论为指导，遵循宪法确定的基本原则，发展社会主义的高等教育事业。

第四条　高等教育必须贯彻国家的教育方针，为社会主义现代化建设服务、为人民服务，与生产劳动和社会实践相结合，使受教育者成为德、智、体、美等方面全面发展的社会主义建设者和接班人。

第五条　高等教育的任务是培养具有社会责任感、创新精神和实践能力的高级专门人才，发展科学技术文化，促进社会主义现代化建设。

第六条　国家根据经济建设和社会发展的需要，制定高等教育发展规划，举办高等学校，并采取多种形式积极发展高等教育事业。

国家鼓励企业事业组织、社会团体及其他社会组织和公民等社会力量依法举办高等学校，参与和支持高等教育事业的改革和发展。

第七条　国家按照社会主义现代化建设和发展社会主义市场经济的需要，根据不同类型、不同层次高等学校的实际，推进高等教育体制改革和高等教育教学改革，优化高等教育结构和资源配置，提高高等教育的质量和效益。

第八条　国家根据少数民族的特点和需要，帮助和支持少数民族地区发展高等教育事业，为少数民族培养高级专门人才。

第九条 公民依法享有接受高等教育的权利。

国家采取措施,帮助少数民族学生和经济困难的学生接受高等教育。

高等学校必须招收符合国家规定的录取标准的残疾学生入学,不得因其残疾而拒绝招收。

第十条 国家依法保障高等学校中的科学研究、文学艺术创作和其他文化活动的自由。

在高等学校中从事科学研究、文学艺术创作和其他文化活动,应当遵守法律。

第十一条 高等学校应当面向社会,依法自主办学,实行民主管理。

第十二条 国家鼓励高等学校之间、高等学校与科学研究机构以及企业事业组织之间开展协作,实行优势互补,提高教育资源的使用效益。

国家鼓励和支持高等教育事业的国际交流与合作。

第十三条 国务院统一领导和管理全国高等教育事业。

省、自治区、直辖市人民政府统筹协调本行政区域内的高等教育事业,管理主要为地方培养人才和国务院授权管理的高等学校。

第十四条 国务院教育行政部门主管全国高等教育工作,管理由国务院确定的主要为全国培养人才的高等学校。国务院其他有关部门在国务院规定的职责范围内,负责有关的高等教育工作。

第二章 高等教育基本制度

第十五条 高等教育包括学历教育和非学历教育。

高等教育采用全日制和非全日制教育形式。

国家支持采用广播、电视、函授及其他远程教育方式实施高等教育。

第十六条 高等学历教育分为专科教育、本科教育和研究生教育。

高等学历教育应当符合下列学业标准:

(一)专科教育应当使学生掌握本专业必备的基础理论、专门知识,具有从事本专业实际工作的基本技能和初步能力;

(二)本科教育应当使学生比较系统地掌握本学科、专业必需的基础理论、基本知识,掌握本专业必要的基本技能、方法和相关知识,具有从事本专业实际工作和研究工作的初步能力;

(三)硕士研究生教育应当使学生掌握本学科坚实的基础理论、系统的专业知识,掌握相应的技能、方法和相关知识,具有从事本专业实际工作和科学研究工作的能力。博士研究生教育应当使学生掌握本学科坚实宽广的基础理论、系统深入的专业知识、相应的技能和方法,具有独立从事本学科创造性科学研究工作和实际工作的能力。

第十七条 专科教育的基本修业年限为二至三年,本科教育的基本修业年限为四至五年,硕士研究生教育的基本修业年限为二至三年,博士研究生教育的基本修业年限为三至四年。非全日制高等学历教育的修业年限应当适当延长。高等学校根据实际需要,可以对本学校的修业年限做出调整。

第十八条 高等教育由高等学校和其他高等教育机构实施。

大学、独立设置的学院主要实施本科及本科以上教育。高等专科学校实施专科教育。经国务院教育行政部门批准,科学研究机构可以承担研究生教育的任务。

其他高等教育机构实施非学历高等教育。

第十九条　高级中等教育毕业或者具有同等学力的,经考试合格,由实施相应学历教育的高等学校录取,取得专科生或者本科生入学资格。

本科毕业或者具有同等学力的,经考试合格,由实施相应学历教育的高等学校或者经批准承担研究生教育任务的科学研究机构录取,取得硕士研究生入学资格。

硕士研究生毕业或者具有同等学力的,经考试合格,由实施相应学历教育的高等学校或者经批准承担研究生教育任务的科学研究机构录取,取得博士研究生入学资格。

允许特定学科和专业的本科毕业生直接取得博士研究生入学资格,具体办法由国务院教育行政部门规定。

第二十条　接受高等学历教育的学生,由所在高等学校或者经批准承担研究生教育任务的科学研究机构根据其修业年限、学业成绩等,按照国家有关规定,发给相应的学历证书或者其他学业证书。

接受非学历高等教育的学生,由所在高等学校或者其他高等教育机构发给相应的结业证书。结业证书应当载明修业年限和学业内容。

第二十一条　国家实行高等教育自学考试制度,经考试合格的,发给相应的学历证书或者其他学业证书。

第二十二条　国家实行学位制度。学位分为学士、硕士和博士。

公民通过接受高等教育或者自学,其学业水平达到国家规定的学位标准,可以向学位授予单位申请授予相应的学位。

第二十三条　高等学校和其他高等教育机构应当根据社会需要和自身办学条件,承担实施继续教育的工作。

第三章　高等学校的设立

第二十四条　设立高等学校,应当符合国家高等教育发展规划,符合国家利益和社会公共利益。

第二十五条　设立高等学校,应当具备教育法规定的基本条件。

大学或者独立设置的学院还应当具有较强的教学、科学研究力量,较高的教学、科学研究水平和相应规模,能够实施本科及本科以上教育。大学还必须设有三个以上国家规定的学科门类为主要学科。

设立高等学校的具体标准由国务院制定。设立其他高等教育机构的具体标准,由国务院授权的有关部门或省、自治区、直辖市人民政府根据国务院规定的原则制定。

第二十六条　设立高等学校,应当根据其层次、类型、所设学科类别、规模、教学和科学研究水平,使用相应的名称。

第二十七条　申请设立高等学校的,应当向审批机关提交下列材料:

(一)申办报告;

(二)可行性论证材料;

(三)章程;

(四)审批机关依照本法规定要求提供的其他材料。

第二十八条　高等学校的章程应当规定以下事项:

(一)学校名称、校址;

(二)办学宗旨;

(三)办学规模;

(四)学科门类的设置;

(五)教育形式;

(六)内部管理体制;

(七)经费来源、财产和财务制度;

(八)举办者与学校之间的权利、义务;

(九)章程修改程序;

(十)其他必须由章程规定的事项。

第二十九条　设立实施本科及以上教育的高等学校,由国务院教育行政部门审批;设立实施专科教育的高等学校,由省、自治区、直辖市人民政府审批,报国务院教育行政部门备案;设立其他高等教育机构,由省、自治区、直辖市人民政府教育行政部门审批。审批设立高等学校和其他高等教育机构应当遵守国家有关规定。

审批设立高等学校,应当委托由专家组成的评议机构评议。

高等学校和其他高等教育机构分立、合并、终止,变更名称、类别和其他重要事项,由本条第一款规定的审批机关审批;修改章程,应当根据管理权限,报国务院教育行政部门或者省、自治区、直辖市人民政府教育行政部门核准。

第四章　高等学校的组织和活动

第三十条　高等学校自批准设立之日起取得法人资格。高等学校的校长为高等学校的法定代表人。

高等学校在民事活动中依法享有民事权利,承担民事责任。

第三十一条　高等学校应当以培养人才为中心,开展教学、科学研究和社会服务,保证教育教学质量达到国家规定的标准。

第三十二条　高等学校根据社会需求、办学条件和国家核定的办学规模,制定招生方案,自主调节系科招生比例。

第三十三条　高等学校依法自主设置和调整学科、专业。

第三十四条　高等学校根据教学需要,自主制订教学计划、选编教材、组织实施教学活动。

第三十五条　高等学校根据自身条件,自主开展科学研究、技术开发和社会服务。

国家鼓励高等学校同企业事业组织、社会团体及其他社会组织在科学研究、技术开发和推广等方面进行多种形式的合作。

国家支持具备条件的高等学校成为国家科学研究基地。

第三十六条　高等学校按照国家有关规定，自主开展与境外高等学校之间的科学技术文化交流与合作。

第三十七条　高等学校根据实际需要和精简、效能的原则，自主确定教学、科学研究、行政职能部门等内部组织机构的设置和人员配备；按照国家有关规定，评聘教师和其他专业技术人员的职务，调整津贴及工资分配。

第三十八条　高等学校对举办者提供的财产、国家财政性资助、受捐赠财产依法自主管理和使用。

高等学校不得将用于教学和科学研究活动的财产挪作他用。

第三十九条　国家举办的高等学校实行中国共产党高等学校基层委员会领导下的校长负责制。中国共产党高等学校基层委员会按照中国共产党章程和有关规定，统一领导学校工作，支持校长独立负责地行使职权，其领导职责主要是执行中国共产党的路线、方针、政策，坚持社会主义办学方向，领导学校的思想政治工作和德育工作，讨论决定学校内部组织机构的设置和内部组织机构负责人的人选，讨论决定学校的改革、发展和基本管理制度等重大事项，保证以培养人才为中心的各项任务的完成。

社会力量举办的高等学校的内部管理体制按照国家有关社会力量办学的规定确定。

第四十条　高等学校的校长，由符合教育法规定的任职条件的公民担任。高等学校的校长、副校长按照国家有关规定任免。

第四十一条　高等学校的校长全面负责本学校的教学、科学研究和其他行政管理工作，行使下列职权：

（一）拟订发展规划，制定具体规章制度和年度工作计划并组织实施；

（二）组织教学活动、科学研究和思想品德教育；

（三）拟订内部组织机构的设置方案，推荐副校长人选，任免内部组织机构的负责人；

（四）聘任与解聘教师以及内部其他工作人员，对学生进行学籍管理并实施奖励或者处分；

（五）拟订和执行年度经费预算方案，保护和管理校产，维护学校的合法权益；

（六）章程规定的其他职权。

高等学校的校长主持校长办公会议或者校务会议，处理前款规定的有关事项。

第四十二条　高等学校设立学术委员会，履行下列职责：

（一）审议学科建设、专业设置，教学、科学研究计划方案；

（二）评定教学、科学研究成果；

（三）调查、处理学术纠纷；

（四）调查、认定学术不端行为；

（五）按照章程审议、决定有关学术发展、学术评价、学术规范的其他事项。

第四十三条　高等学校通过以教师为主体的教职工代表大会等组织形式，依法保障教职工参与民主管理和监督，维护教职工合法权益。

第四十四条　高等学校应当建立本学校办学水平、教育质量的评价制度，及时公开相关信息，接受社会监督。

教育行政部门负责组织专家或者委托第三方专业机构对高等学校的办学水平、效益和教育质量进行评估。评估结果应当向社会公开。

第五章　高等学校教师和其他教育工作者

第四十五条　高等学校的教师及其他教育工作者享有法律规定的权利,履行法律规定的义务,忠诚于人民的教育事业。

第四十六条　高等学校实行教师资格制度。中国公民凡遵守宪法和法律,热爱教育事业,具有良好的思想品德,具备研究生或者大学本科毕业学历,有相应的教育教学能力,经认定合格,可以取得高等学校教师资格。不具备研究生或者大学本科毕业学历的公民,学有所长,通过国家教师资格考试,经认定合格,也可以取得高等学校教师资格。

第四十七条　高等学校实行教师职务制度。高等学校教师职务根据学校所承担的教学、科学研究等任务的需要设置。教师职务设助教、讲师、副教授、教授。

高等学校的教师取得前款规定的职务应当具备下列基本条件:

(一)取得高等学校教师资格;

(二)系统地掌握本学科的基础理论;

(三)具备相应职务的教育教学能力和科学研究能力;

(四)承担相应职务的课程和规定课时的教学任务。

教授、副教授除应当具备以上基本任职条件外,还应当对本学科具有系统而坚实的基础理论和比较丰富的教学、科学研究经验,教学成绩显著,论文或者著作达到较高水平或者有突出的教学、科学研究成果。

高等学校教师职务的具体任职条件由国务院规定。

第四十八条　高等学校实行教师聘任制。教师经评定具备任职条件的,由高等学校按照教师职务的职责、条件和任期聘任。

高等学校的教师的聘任,应当遵循双方平等自愿的原则,由高等学校校长与受聘教师签订聘任合同。

第四十九条　高等学校的管理人员,实行教育职员制度。高等学校的教学辅助人员及其他专业技术人员,实行专业技术职务聘任制度。

第五十条　国家保护高等学校教师及其他教育工作者的合法权益,采取措施改善高等学校教师及其他教育工作者的工作条件和生活条件。

第五十一条　高等学校应当为教师参加培训、开展科学研究和进行学术交流提供便利条件。

高等学校应当对教师、管理人员和教学辅助人员及其他专业技术人员的思想政治表现、职业道德、业务水平和工作实绩进行考核,考核结果作为聘任或者解聘、晋升、奖励或者处分的依据。

第五十二条　高等学校的教师、管理人员和教学辅助人员及其他专业技术人员,应当以教学和培养人才为中心做好本职工作。

第六章　高等学校的学生

第五十三条　高等学校的学生应当遵守法律、法规,遵守学生行为规范和学校的各项管理制度,尊敬师长,刻苦学习,增强体质,树立爱国主义、集体主义和社会主义思想,努力学习马克思列宁主义、毛泽东思想、邓小平理论,具有良好的思想品德,掌握较高的科学文化知识和专业技能。

高等学校学生的合法权益,受法律保护。

第五十四条　高等学校的学生应当按照国家规定缴纳学费。

家庭经济困难的学生,可以申请补助或者减免学费。

第五十五条　国家设立奖学金,并鼓励高等学校、企业事业组织、社会团体以及其他社会组织和个人按照国家有关规定设立各种形式的奖学金,对品学兼优的学生、国家规定的专业的学生以及到国家规定的地区工作的学生给予奖励。

国家设立高等学校学生勤工助学基金和贷学金,并鼓励高等学校、企业事业组织、社会团体以及其他社会组织和个人设立各种形式的助学金,对家庭经济困难的学生提供帮助。

获得贷学金及助学金的学生,应当履行相应的义务。

第五十六条　高等学校的学生在课余时间可以参加社会服务和勤工助学活动,但不得影响学业任务的完成。

高等学校应当对学生的社会服务和勤工助学活动给予鼓励和支持,并进行引导和管理。

第五十七条　高等学校的学生,可以在校内组织学生团体。学生团体在法律、法规规定的范围内活动,服从学校的领导和管理。

第五十八条　高等学校的学生思想品德合格,在规定的修业年限内学完规定的课程,成绩合格或者修满相应的学分,准予毕业。

第五十九条　高等学校应当为毕业生、结业生提供就业指导和服务。

国家鼓励高等学校毕业生到边远、艰苦地区工作。

第七章　高等教育投入和条件保障

第六十条　高等教育实行以举办者投入为主、受教育者合理分担培养成本、高等学校多种渠道筹措经费的机制。

国务院和省、自治区、直辖市人民政府依照教育法第五十六条的规定,保证国家举办的高等教育的经费逐步增长。

国家鼓励企业事业组织、社会团体及其他社会组织和个人向高等教育投入。

第六十一条　高等学校的举办者应当保证稳定的办学经费来源,不得抽回其投入的办学资金。

第六十二条　国务院教育行政部门会同国务院其他有关部门根据在校学生年人均教育成本,规定高等学校年经费开支标准和筹措的基本原则;省、自治区、直辖市人民政府教育行政部门会同有关部门制订本行政区域内高等学校年经费开支标准和筹措办法,作为举办者和高等学校筹措办学经费的基本依据。

第六十三条　国家对高等学校进口图书资料、教学科研设备以及校办产业实行优惠政策。高等学校所办产业或者转让知识产权以及其他科学技术成果获得的收益,用于高等学校办学。

第六十四条　高等学校收取的学费应当按照国家有关规定管理和使用,其他任何组织和个人不得挪用。

第六十五条　高等学校应当依法建立、健全财务管理制度,合理使用、严格管理教育经费,提高教育投资效益。

高等学校的财务活动应当依法接受监督。

第八章　附　　则

第六十六条　对高等教育活动中违反教育法规定的,依照教育法的有关规定给予处罚。

第六十七条　中国境外个人符合国家规定的条件并办理有关手续后,可以进入中国境内高等学校学习、研究、进行学术交流或者任教,其合法权益受国家保护。

第六十八条　本法所称高等学校是指大学、独立设置的学院和高等专科学校,其中包括高等职业学校和成人高等学校。

本法所称其他高等教育机构是指除高等学校和经批准承担研究生教育任务的科学研究机构以外的从事高等教育活动的组织。

本法有关高等学校的规定适用于其他高等教育机构和经批准承担研究生教育任务的科学研究机构,但是对高等学校专门适用的规定除外。

第六十九条　本法自1999年1月1日起施行。

附录 C 求职简历模板

标准版简历

个人概况：

求职意向：_____

姓名：_____   性别：_____

出生年月：____年____月____日   健康状况：_____

毕业院校：_____   专业：_____

电子邮件：_____   手机：_____

联系电话：_____

通信地址：_____   邮编：_____

教育背景：

_____年_____年

大学：_____

专业：_____（请依个人情况酌情增减）

主修课程：_____（注：如需要详细成绩单，请联系我）

论文情况：_____（注：请注明是否已发表）

英语水平：

* 基本技能：听、说、读、写能力

* 标准测试：国家四、六级；TOEFL；GRE……

计算机水平：

编程、操作应用系统、网络、数据库……（请依个人情况酌情增减）

获奖情况：

_____ _____ _____（请依个人情况酌情增减）

实践与实习：

____年____月—____年____月_____公司_____工作

____年____月—____年____月_____公司_____工作

（请依个人情况酌情增减）

工作经历：

个性特点：

_____

（请描述自己的个性、工作态度、自我评价等）

另：
（如果你还有什么要写上去的，请填写在这里！）
*附言:(请写出你的希望或总结此简历的一句精练的话！)
例如：
相信您的信任与我的实力将为我们带来共同的成功或希望我能为贵公司贡献自己的力量。

时序型简历

中文姓名

固定电话：_____手机号码：_____

邮箱地址：_____

求职意向：_____

应聘职位：_____

教育背景(时间采取倒叙方式)：_____

本(专)科学校名称：_____ 院系名称：_____

开始时间—结束时间：_____

学位名称：_____ RANK：_____/_____ GPA：_____/_____

主修课程：(选择不超过3门的相关、高分课程)：

实践活动(时间采取倒叙方式)：_____

项目时间：_____ 项目名称：_____ 项目职位：_____

- 项目内容：_____
- 职位描述：_____
- 权责范围：_____
- 项目成果：_____
- 从项目中得到的经验和锻炼：_____
- 项目时间：_____ 项目名称：_____ 项目职位：_____
- 项目内容：_____
- 职位描述：_____
- 权责范围：_____
- 项目成果：_____
- 从项目中得到的经验和锻炼：_____

获奖情况：_____

- 时间：_____ 奖项名称：_____（奖励全校前_____%学生）_____次
- 时间：_____ 奖项名称：_____（奖励全校前_____%学生）_____次
- 时间：_____ 奖项名称：_____（奖励全校前_____%学生）_____次

个人技能

- 专业技能认证：_____ 成绩：_____
- 英语认证名称：_____ 成绩：_____
- 计算机认证名称：_____ 成绩：_____

其他资料

- 兴趣爱好：_____
- 个人评价：_____

功能型简历

中文姓名
通信地址
手机号码　　　　固定电话
电子邮箱

■ **求职意向**
(应聘职位)注:宜简单概述

■ **职业总结**(采用倒叙方式)
曾做过的相关工作情况
自身具备的素质、技能
今后的职业规划

■ **职业经历**(采用倒叙方式,一般不超过3项)

开始时间—结束时间　　　　企事业单位名称　　　　职位名称
　　◀公司概述
　　◀职位概述
　　◀工作内容
　　◀工作成果
　　◀所获经验

■ **教育经历**(采用倒叙方式)

开始时间—结束时间　　专科学校名称　　院系名称　　成绩排行
　　　　　　主修课程(选择3门与职位相关的高分课程)

■ **校园活动**(采用倒叙方式,一般不超过3项)

开始时间—结束时间　　　　社团名称　　　　职位名称
　　◀职务概述
　　◀工作内容及工作成果

■ **获奖情况**
　　时间　　　　奖项名称
　　时间　　　　奖项名称

■ **技能总结**
　　专业技能认证　　　　成绩
　　英语技能认证　　　　成绩
　　计算机技能认证　　　成绩

■ **其他资料**

附录 D MBTI 职业性格测试题

MBTI 职业性格测试题
迈尔斯－布里格斯类型指标

姓名：_____

MBTI 测试前须知：

(1) 参加测试的人员请务必诚实、独立地回答问题，只有如此，才能得到有效的结果。

(2)《性格分析报告》展示的是你的性格倾向，而不是你的知识、技能、经验。

(3) MBTI 提供的性格类型描述仅供测试者确定自己的性格类型。性格类型没有好坏，只有不同。每一种性格特征都有其价值和优点，也有缺点和需要注意的地方。清楚地了解自己的性格优劣势，有利于更好地发挥自己的特长，而尽可能在为人处事中避免自己性格中的劣势，更好地和他人相处，更好地做重要的决策。

(4) 本测试分为四部分，共 93 题；耗时约 18 分钟。所有题目没有对错之分，请根据自己的实际情况选择。将你选择的 A 或 B 所在的 ○ 涂黑，如 ●。

只要你是认真、真实地填写了测试问卷，那么通常情况下你能得到一个确实和你的性格相匹配的类型。希望你能从中或多或少地获得一些有益的信息。

(1) 哪一个答案最能贴切地描绘你一般的感受或行为？

序号	问题描述	选项	E	I	S	N	T	F	J	P
1	当你要外出一整天，你会 A. 计划你要做什么和在什么时候做；B. 说去就去	A							○	
		B								○
2	你认为自己是一个 A. 较为随兴所至的人；B. 较为有条理的人	A								○
		B							○	
3	假如你是一位老师，你会选教 A. 以事实为主的课程；B. 涉及理论的课程	A			○					
		B				○				
4	你通常 A. 容易与人混熟；B. 比较沉静或矜持	A	○							
		B		○						
5	一般来说，你和哪些人比较合得来？ A. 富有想象力的人；B. 现实的人	A				○				
		B			○					
6	你是否经常让 A. 你的情感支配你的理智； B. 你的理智主宰你的情感	A						○		
		B					○			
7	处理许多事情时，你会喜欢 A. 凭兴所至行事；B. 按照计划行事	A								○
		B							○	
8	你是否 A. 容易让人了解；B. 难于让人了解	A	○							
		B		○						
9	按照程序表做事， A. 合你心意；B. 令你感到束缚	A							○	
		B								○
10	当你有一份特别的任务，你会喜欢 A. 开始前小心组织计划；B. 边做边找须做什么	A							○	
		B								○

序号	问题描述	选项	E	I	S	N	T	F	J	P
11	在大多数情况下,你会选择 A. 顺其自然;B. 按程序表做事	A								○
		B							○	
12	大多数人会说你是一个 A. 重视自我隐私的人;B. 非常坦率开放的人	A		○						
		B	○							
13	你宁愿被人认为是一个 A. 实事求是的人;B. 机灵的人	A			○					
		B				○				
14	在一大群人当中,通常是 A. 你介绍自己与大家认识;B. 别人介绍你	A	○							
		B		○						
15	你会跟哪些人做朋友? A. 常提出新主意的;B. 脚踏实地的	A				○				
		B			○					
16	你倾向 A. 重视感情多于逻辑;B. 重视逻辑多于感情	A						○		
		B					○			
17	你比较喜欢 A. 坐观事情发展才做计划;B. 很早就做计划	A								○
		B							○	
18	你喜欢花很多时间 A. 一个人独处;B. 和别人在一起	A		○						
		B	○							
19	与很多人一起会 A. 令你活力倍增;B. 常常令你心力交瘁	A	○							
		B		○						
20	你比较喜欢 A. 很早便把约会、社交聚会等事情安排妥当; B. 无拘无束,看当时什么好玩就做什么	A							○	
		B								○
21	计划一个旅程时,你较喜欢 A. 大部分的时间都是跟着当天的感觉行事; B. 事先知道大部分的日子会做什么	A								○
		B							○	
22	在社交聚会中,你 A. 有时感到郁闷;B. 常常乐在其中	A		○						
		B	○							
23	你通常 A. 容易和别人混熟;B. 趋向自处一隅	A	○							
		B		○						
24	哪些人会更吸引你? A. 一个思维敏捷且非常聪颖的人; B. 实事求是,具有丰富知识的人	A				○				
		B			○					
25	在日常工作中,你会 A. 颇为喜欢处理迫使你分秒必争的突发事件; B. 通常预先计划,以免要在压力下工作	A								○
		B							○	
26	你认为别人一般 A. 要花很长时间才能认识你; B. 用很短的时间便能认识你	A		○						
		B	○							

(2)在下列每一对词语中,哪一个词语更合你心意?请仔细想想这些词语的意义,而不要理会他们的字形或读音。

序号	问题描述		选项	E	I	S	N	T	F	J	P
27	A.注重隐私	B.坦率开放	A		○						
			B	○							
28	A.预先安排的	B.无计划的	A							○	
			B								○
29	A.抽象	B.具体	A				○				
			B			○					
30	A.温柔	B.坚定	A						○		
			B					○			
31	A.思考	B.感受	A					○			
			B						○		
32	A.事实	B.意念	A			○					
			B				○				
33	A.冲动	B.决定	A								○
			B							○	
34	A.热心	B.文静	A	○							
			B		○						
35	A.文静	B.外向	A		○						
			B	○							
36	A.有系统	B.随意	A							○	
			B								○
37	A.理论	B.肯定	A				○				
			B			○					
38	A.敏感	B.公正	A						○		
			B					○			
39	A.令人信服	B.感人的	A					○			
			B						○		
40	A.声明	B.概念	A			○					
			B				○				
41	A.不受约束	B.预先安排	A								○
			B							○	
42	A.矜持	B.健谈	A		○						
			B	○							

续表

序号	问题描述		选项	E	I	S	N	T	F	J	P
43	A.有条不紊	B.不拘小节	A							○	
			B								○
44	A.意念	B.实况	A				○				
			B			○					
45	A.同情怜悯	B.远见	A						○		
			B				○				
46	A.利益	B.祝福	A					○			
			B						○		
47	A.务实的	B.理论的	A			○					
			B				○				
48	A.朋友不多	B.朋友众多	A		○						
			B	○							
49	A.有系统	B.即兴	A							○	
			B								○
50	A.富有想象力	B.就事论事	A				○				
			B			○					
51	A.亲切的	B.客观的	A						○		
			B					○			
52	A.客观的	B.热情的	A					○			
			B						○		
53	A.建造	B.发明	A			○					
			B				○				
54	A.文静	B.合群	A		○						
			B	○							
55	A.理论	B.事实	A				○				
			B			○					
56	A.富同情	B.合逻辑	A						○		
			B					○			
57	A.具有分析力	B.多愁善感	A					○			
			B						○		
58	A.合情合理	B.令人着迷	A			○					
			B				○				

(3) 哪一个答案最能贴切地描绘你一般的感受或行为？

序号	问题描述	选项	E	I	S	N	T	F	J	P
59	当你要在一个星期内完成一个大项目，你在开始的时候会 A. 把要做的不同工作依次列出；B. 马上动工	A							○	
		B								○
60	在社交场合中，你经常会感到 A. 与某些人很难打开话匣儿和保持对话； B. 与多数人都能从容地长谈	A		○						
		B	○							
61	要做许多人也做的事，你比较喜欢 A. 按照一般认可的方法去做； B. 构想一个自己的想法	A			○					
		B				○				
62	你刚认识的朋友能否说出你的兴趣？ A. 马上可以；B. 要待他们真正了解你之后才可以	A	○							
		B		○						
63	你通常较喜欢的科目是 A. 讲授概念和原则的；B. 讲授事实和数据的	A				○				
		B			○					
64	哪个是对你较高的赞誉？ A. 一贯感性的人；B. 一贯理性的人	A						○		
		B					○			
65	你认为按照程序表做事 A. 有时是需要的，但一般来说你不大喜欢这样做； B. 大多数情况下是有帮助的而且是你喜欢做的	A								○
		B							○	
66	和一群人在一起，你通常会选 A. 跟你很熟悉的个别人谈话；B. 参与大伙的谈话	A		○						
		B	○							
67	在社交聚会上，你会 A. 是说话很多的人；B. 让别人多说话	A	○							
		B		○						
68	把周末要完成的事列成清单，这个主意会 A. 合你意；B. 使你提不起劲	A							○	
		B								○
69	哪个是对你较高的赞誉？ A. 能干的；B. 富有同情心	A					○			
		B						○		
70	你通常喜欢 A. 事先安排你的社交约会；B. 随兴之所至做事	A							○	
		B								○
71	总的说来，要做一个大型作业时，你会选 A. 边做边想该做什么；B. 首先把工作按步细分	A								○
		B							○	
72	你能否滔滔不绝地与人聊天 A. 只限于跟你有共同兴趣的人； B. 几乎跟任何人都可以	A		○						
		B	○							
73	你会 A. 跟随一些证明有效的方法； B. 分析还有什么毛病及针对尚未解决的难题	A			○					
		B				○				
74	为乐趣而阅读时，你会 A. 喜欢奇特或创新的表达方式； B. 喜欢作者实话实说	A				○				
		B			○					

续表

序号	问题描述	选项	E	I	S	N	T	F	J	P
75	你宁愿替哪一类上司(或者老师)工作？ A.天性淳良,但常常前后不一的； B.言辞尖锐但永远合乎逻辑的	A					○			
		B						○		
76	你做事多数是 A.按当天心情去做；B.按拟好的程序表去做	A								○
		B							○	
77	你是否 A.可以和任何人按需求从容地交谈； B.只是对某些人或在某种情况下才可以畅所欲言	A	○							
		B		○						
78	要做决定时,你认为比较重要的是 A.据事实衡量；B.考虑他人的感受和意见	A					○			
		B						○		

(4) 在下列每一对词语中,哪一个词语更合你心意？

序号	问题描述		选项	E	I	S	N	T	F	J	P
79	A.想象的	B.真实的	A				○				
			B			○					
80	A.仁慈慷慨的	B.意志坚定的	A						○		
			B					○			
81	A.公正的	B.有关怀心	A					○			
			B						○		
82	A.制作	B.设计	A			○					
			B				○				
83	A.可能性	B.必然性	A				○				
			B			○					
84	A.温柔	B.力量	A						○		
			B					○			
85	A.实际	B.多愁善感	A					○			
			B						○		
86	A.制造	B.创造	A			○					
			B				○				
87	A.新颖的	B.已知的	A				○				
			B			○					
88	A.同情	B.分析	A						○		
			B					○			
89	A.坚持己见	B.温柔有爱心	A					○			
			B						○		
90	A.具体的	B.抽象的	A			○					
			B				○				
91	A.全心投入	B.有决心的	A						○		
			B					○			

续表

序号	问题描述		选项	E	I	S	N	T	F	J	P
92	A.能干	B.仁慈	A					○			
			B						○		
93	A.实际	B.创新	A			○					
			B				○				
	每项总分										

(5) 评分规则。

① 当你将●涂好后，把 8 项(E、I、S、N、T、F、J、P)分别加起来，并将总和填在每项最下方的方格内。

② 请复查你的计算是否准确，然后将各项总分填在下面对应的方格内。

评估类型						
外向	E			I		内向
感觉	S			N		直觉
思考	T			F		情感
判断	J			P		感知

(6) 确定类型的规则。

① MBTI 以四个组别来评估你的性格类型倾向："E-I""S-N""T-F"和"J-P"。请你比较四个组别的得分。每个子类别中，获得较高分数的那个类型，就是你的性格类型，例如：你的得分是：E(外向)12 分，I(内向)9 分，那你的类型便是 E(外向)。

② 将代表获得较高分数的类型的英文字母，填在下方的方格内。如果在一个组别中，两个类型获同分，则依据"性格分析"表格中的规则来决定你的类型。

评估类型				
同分处理规则	假如	E=I	请填上 I	
	假如	S=N	请填上 N	
	假如	T=F	请填上 F	
	假如	J=P	请填上 P	

性格解析

"性格"是一种个体内部的行为倾向,它具有整体性、结构性、持久稳定性等特点,是每个人特有的,可以对个人外显的行为、态度提供统一的、内在的解释。

MBTI 把性格分为 4 个维度,每个维度包含相互对立的 2 种偏好,如下图。

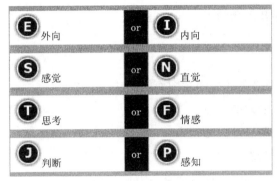

其中,"E、I"代表各人不同的精力(energy)来源;"S、N""T、F"分别表示人们在进行感知(perception)和判断(judgement)时不同的用脑偏好;"J、P"针对人们的生活方式(life style)而言,它表明我们如何适应外部环境,即在我们适应外部环境的活动中,究竟是感知还是判断发挥了主导作用。

ISTJ	ISFJ	INFJ	INTJ
ISTP	ISFP	INFP	INTP
ESTP	ESFP	ENFP	ENTP
ESTJ	ESFJ	ENFJ	ENTJ

注:根据 1978-MBTI-K 量表,以上类型中又分为 625 个小类型。

每种性格类型都具有独特的行为表现和价值取向。了解性格类型是寻求个人发展、探索人际关系的重要开端。

MBTI 十六种人格类型

ISTJ

(1)严肃、安静、借由集中心志与全力投入即可被信赖,获得成功。

(2)行事务实、有序、实际、有逻辑、真实、可信赖。

(3)乐于做任何事,工作、生活均有良好组织且有序。

(4)负责任。

(5)按设定成效来做出决策且不畏阻挠与闲言,会坚定为之。

(6)重视传统与忠诚。

(7)传统性的思考者或经理。

ISFJ

(1)安静、和善、负责任且有良心。

(2)行事尽责、投入。
(3)安定性高,常为项目工作或团体的安定力量。
(4)愿投入、吃苦及力求精确。
(5)兴趣通常不在于科技方面,对细节事务有耐心。
(6)忠诚、考虑周到、知性且会关心他人感受。
(7)致力于创构有序及和谐的工作与家庭环境。

INFJ

(1)因为坚忍、创意及必须达成的意图而能成功。
(2)会在工作中投注最大的努力。
(3)默默强力、诚挚、用心地关心他人。
(4)因坚守原则而受敬重。
(5)提出造福大众利益的明确远景而被人尊敬与追随。
(6)追求创见、关系及物质财物的意义及关联。
(7)想了解什么能激励别人,有洞察力。
(8)光明正大且坚信其价值观。
(9)有组织且果断地履行自己的愿景。

INTJ

(1)具强大动力与本意来达成目的与创意——固执顽固者。
(2)有宏大的愿景且能快速在众多外界事件中找出有意义的模范。
(3)对所承担职务,具良好能力于策划工作并完成。
(4)具怀疑心、挑剔、独立、果决,对专业水准及绩效要求高。

ISTP

(1)冷静旁观者——安静、预留余地,会以无偏见的好奇心、原始的幽默观察与分析。
(2)有兴趣探索原因及效果、技术事件是为何及如何运作的,使用逻辑的原理组构事实,重视效能。
(3)擅长掌握问题核心及找出解决方式。
(4)能分析成事的缘由且能及时从大量资料中找出实际问题的核心。

ISFP

(1)羞怯的、安宁的、和善的、敏感的、亲切的人且行事谦虚。
(2)喜欢避开争论,不对他人强加己见或价值观。
(3)无意于领导却常是忠诚的追随者。
(4)办事不急躁,安于现状,无意于以过度的急切或努力破坏现状,非成果导向。
(5)喜欢有自由的空间,按照自订的程序办事。

INFP

(1) 安静观察者,有理想,对与其价值观相同之人及重要之人具忠诚心。
(2) 希望外在生活形态与内在价值观相吻合。
(3) 具好奇心且很快能看出机会所在;常担任开发创意的触媒者。
(4) 除非价值观受侵犯,行事会具弹性,适应性强且承受力强。
(5) 具想了解及发展他人潜能的企图;想做太多事且做事全神贯注。
(6) 对所处境遇及拥有的东西不太在意。

INTP

(1) 安静、自持、有弹性且具适应力。
(2) 特别喜爱追求理论与科学原理。
(3) 善于以逻辑及分析来解决问题——问题解决者。
(4) 最有兴趣于创意事务及特定工作,对聚会与闲聊无大兴趣。
(5) 追求可发挥个人兴趣的生涯。
(6) 追求发展对有兴趣事务的逻辑解释。

ESTP

(1) 擅长现场实时解决问题——解决问题者。
(2) 喜欢办事并乐于其中。
(3) 倾向于技术事务及运动,喜欢结交同好友人。
(4) 具适应性、容忍度、务实性;投注心力于会很快有成效的工作。
(5) 不喜欢冗长概念的解释及理论。
(6) 最专精于可操作、处理、分解或组合的真实事务。

ESFP

(1) 外向、和善、接受力强,乐于分享喜乐给他人。
(2) 喜欢与他人一起行动并促成事件发生,在学习时亦然。
(3) 知晓事件未来的发展并会积极参与。
(4) 最擅长人际相处能力,具备完备常识,很有弹性,能立即适应他人与环境。
(5) 对生命、人、物质享受的热爱者。

ENFP

(1) 充满热忱、活力充沛、聪明、富有想象力,视生命充满机会但期望得到他人的肯定与支持。
(2) 几乎能做成所有有兴趣的事。
(3) 对难题很快就有对策并能对有困难的人施以援手。

(4)依赖能改善的能力而无须预做规划准备。
(5)为达目的常能找出强制自己为之的理由。
(6)即兴执行者。

ENTP

(1)反应快、聪明,善于多样事务。
(2)具激励伙伴、敏捷及直言不讳专长。
(3)会为了有趣对问题的两面加以争辩。
(4)对解决新的及挑战性的问题富有策略,但会忽视或厌烦经常的任务与细节。
(5)兴趣多元,倾向于转移至新生的兴趣。
(6)对所想要的会有技巧地找出逻辑的理由。
(7)善于看清楚他人,有智慧去解决新的或有挑战的问题。

ESTJ

(1)务实、真实、事实倾向,具实业或技术天分。
(2)不喜欢抽象理论;最喜欢学习可立即运用的事理。
(3)喜欢组织与管理活动且专注以最有效率的方式行事以达到成效。
(4)具决断力、关注细节且很快做出决策——优秀行政者。
(5)会忽略他人的感受。
(6)喜做领导者或企业主管。

ESFJ

(1)诚挚、爱说话、合作性高、受欢迎、光明正大——天生的合作者及活跃的组织成员。
(2)重和谐且善于创造和谐。
(3)常做对他人有益的事。
(4)给予鼓励及称许以有更佳工作成效。
(5)最有兴趣于会直接及有形影响人们生活的事务。
(6)喜欢与他人共事去精确且准时地完成工作。

ENFJ

(1)热忱、易感应及负责任的——具能鼓励他人的领导风格。
(2)对别人所想或需求会表达真正关切且切实用心去处理。
(3)能怡然且技巧性地带领团体讨论或演示文稿提案。
(4)爱交际、受欢迎及富有同情心。
(5)对称许及批评很在意。
(6)喜欢带领别人且能使别人或团体发挥潜能。

ENTJ

(1) 坦诚、具决策力的活动领导者。

(2) 善于发展与实施广泛的系统以解决组织的问题。

(3) 专精于具内涵与智能的谈话，如对公众演讲。

(4) 乐于经常吸收新知且能广开信息渠道。

(5) 易过度自信，会强于表达自己的创见。

(6) 喜欢长程策划及目标设定。

参考文献

REFERENCES

[1] 雷瑛.IT职业素养[M].2版.北京:高等教育出版社,2014.

[2] 唐振明.IT职业素质训练[M].北京:电子工业出版社,2012.

[3] 国家计算机网络应急技术处理协调中心.2016年中国互联网网络安全报告[M].北京:人民邮电出版社,2017.

[4] 黄坚.职业发展与素质训练教程[M].5版.北京:清华大学出版社,2016.

[5] 田新民.择业与就业——大学生职业规划与发展[M].3版.上海:上海交通大学出版社,2008.

[6] 姚裕群,刘家珉.职业生涯规划与管理[M].3版.北京:首都经济贸易大学出版社,2009.

[7] 陈守森,耿晓燕.IT职业素养[M].4版.北京:清华大学出版社,2020.